Carl-Auer

Einen herzlichen Dank an meine
liebe Tochter Nicoletta
für ihr geduldiges Übertragen
der handschriftlichen Aufzeichnungen.

Daniel Wilk

Die Melodie der Ruhe

Trance-Geschichten: Gefühle wahrnehmen und akzeptieren

Vierte Auflage, 2021

Umschlaggestaltung: Uwe Göbel
Umschlagfoto: Daniel Wilk
Satz: Drißner-Design u. DTP, Meßstetten
Printed in Germany
Druck und Bindung: CPI books GmbH, Leck

MIX
Papier aus verantwortungsvollen Quellen
FSC® C083411

Vierte Auflage, 2021
ISBN 978-3-89670-825-0 (Printausgabe)
ISBN 978-3-8497-8289-4 (ePub)

Bibliografische Information der Deutschen Nationalbibliothek:
Die Deutsche Nationalbibliothek verzeichnet diese Publikation
in der Deutschen Nationalbibliografie; detaillierte bibliografische
Daten sind im Internet über http://dnb.d-nb.de abrufbar.

Informationen zu unserem gesamten Programm, unseren Autoren
und zum Verlag finden Sie unter: **https://www.carl-auer.de/**
Wenn Sie Interesse an unseren monatlichen Nachrichten haben,
können Sie dort auch den Newsletter abonnieren.

Carl-Auer Verlag GmbH
Vangerowstraße 14 • 69115 Heidelberg
Tel. +49 6221 6438-0 • Fax +49 6221 6438-22
info@carl-auer.de

Inhalt

Einleitung

In diesem vierten Buch mit Texten, die Trancen induzieren, ist das Hauptthema das Erleben und Akzeptieren von Gefühlen, die Hinwendung zu angenehmen Gefühlen sowie die Verringerung der Belastung durch sogenannte »negative« Gefühle.

Das erste Buch mit Trance-Geschichten, *Innehalten und Verweilen* (Wilk 1999), beinhaltet meine ersten Texte zu verschiedenen Themen. Es ist dazu gedacht, Menschen auf leichten, bebilderten Wegen in konstruktive Entspannungen zu leiten. Integration und Heilung werden gefördert. Im zweiten Buch, *Auf den Schultern des Windes schaukeln* (Wilk 2005), werden zusätzlich das Erleben des Körpers und seine Akzeptanz verbessert. Das dritte Buch, *Ein Käfer schaukelt auf einem Blatt* (Wilk 2006), erleichtert Kindern, sich zu spüren und eine gute Verbindung zu sich und zur Welt zu behalten.

Die Texte wirken sowohl durch Vorlesen als auch durch das eigene Lesen. Tiefere Entspannungen und Trancen entstehen, wenn sie auf eine zugewandte Art vorgelesen werden. Ähnliche – wenngleich etwas weniger tiefe – Wirkungen werden erzielt, wenn die Texte selbst gelesen werden.

Die Geschichten sollen Sichtweisen oder Veränderungen stets lediglich anregen und erlauben. Sie sollen sie nicht erzwingen.

Die vorangegangenen Bücher haben gezeigt, dass die Anwendung der in ihnen enthaltenen Texte nahezu immer zuverlässig entspannend wirkt: auf den Körper, indem die Verspannungen nachlassen, auch schon seit Langem andauernde Schmerzen abklingen und sogar Wirbel wieder ihren Platz in der Wirbelsäule einnehmen. Positive Wirkungen auf die Psyche zeigen sich in einer Aufhellung der Stimmung, in nachlassenden Ängsten und in einer zunehmenden Gelassenheit des Hörers oder Lesers. Die unbewusste Verarbeitung von Traumata wird gefördert und das Denken, die Wahrnehmung und das Gedächtnis funktionieren besser. Alle diese positiven Veränderungen geschehen aus sich selbst heraus während der entspannten Trance und werden mit gezielten Formulierungen und durch die Verwendung geeigneter Bilder indirekt und direkt unterstützt.

In diesem Buch werden schwerpunktmäßig Gefühle angesprochen. Gefühle begleiten uns immer. Nicht nur, wenn wir wach sind, sondern auch wenn wir schlafen. Das erleben wir, wenn wir mit intensiven Gefühlen aufwachen.

Gefühle wirken sich auf den Körper aus, auf unsere Stimmungen und auf unser Verhalten. Deshalb ist es sinnvoll, sie auf eine Weise anzusprechen, die erwünschte körperliche Reaktionen, wie Entspannung, Heilung, das Wahrnehmen von Grenzen der Leistungsfähigkeit und auch vermehrte Freude, durch das Empfinden des Körpers fördert. Damit kann die Verbindung zum eigenen Körper verbessert werden. Die Stimmungen werden – auch über das Befinden des Körpers – positiv beeinflusst. Es wird uns bewusster, welche Beziehung wir zu uns selbst haben und zu allem, das für uns wichtig ist. Durch dieses Mehr an Bewusstheit werden unser Handeln und auch unser Fühlen weniger unwillkürlich beeinflusst.

Unsere Vorstellungen und die Erinnerungsbilder und -eindrücke sind Wege in nicht bewusst steuerbare körperliche Vorgänge. Deshalb wirken die Geschichten nicht nur auf die Psyche, sondern auf den Menschen in seiner Gesamtheit. Sie haben sowohl Einfluss auf die Gefühle als auch auf den Körper und die Gedanken. Wenn ein Gefühl angesprochen wird, wie z. B. Freude, dann hat das immer auch eine Entsprechung im Körper (anregend, gesundheitsfördernd).

Der Hörer oder auch Leser gewinnt durch den Aufbau und den Inhalt der Texte Vertrauen in seine allgemeinen Fähigkeiten, dem Leben konstruktiv zu begegnen und seine Gesundheit zu fördern. Indem positive Gefühle (Freude, Liebe, Glücksgefühl etc.) gefördert werden, nehmen heilsame Prozesse in Körper und Seele zu.

Dieses Buch ist in vier Kapitel eingeteilt. Im ersten findet sich ein Vorschlag, wie Geschichten selbst weiterentwickelt werden können. Das zweite Kapitel enthält Geschichten, die positive Gefühle fördern. Das sind Gefühle, die wir gerne fühlen und die einen guten Einfluss auf uns haben. Im dritten Kapitel sind Geschichten zu sogenannten negativen Gefühlen enthalten. Der Hörer wird angeregt, sie zu akzeptieren und aus anderen Perspektiven zu betrachten. So kann sich sein Verhältnis zu ihnen auf eine für ihn sinnvolle Weise verändern. Im letzten Kapitel wird der konstruktive Umgang mit verschiedenen Gefühlen angestrebt.

Zur Vereinfachung spreche ich im Folgenden vom »Hörer«, gemeint ist immer auch der »Leser« – selbstverständlich auch die »Hörerin« sowie die »Leserin«.

Gefühle und Körper sind untrennbar

Im Alltag werden Körper und Gefühle oft als getrennt erlebt. Während der Körper sichtbar und fühlbar ist, sind die Gefühle, die nicht unmittelbar mit dem Körper zusammenhängen, weniger in der bewussten Wahrnehmung repräsentiert.

Der Körper wird meist für die Ziele benutzt, die als erstrebenswert angesehen werden. Solange er diesen Ansprüchen dient, ist man mehr oder weniger mit ihm einverstanden. Sobald er aber schmerzt oder eingeschränkt ist, wird er abgelehnt und nicht selten sogar beschimpft.

Obwohl der Körper meist nicht die Pflege bekommt, die er braucht, wird er doch noch wesentlich häufiger und deutlicher wahrgenommen als es die eigenen Gefühle werden. Er ist mit den fünf Sinnen erfassbar – im Gegensatz zu den Gefühlen, die »nur« empfunden werden können.

Instinktiv streben wir danach, ein Wohlgefühl zu haben. Insofern gibt es erwünschte und unerwünschte Gefühle. Zu den erwünschten gehören Freude, Glück und Zufriedenheit. Abgelehnt werden solche, die als unangenehm empfunden werden, wie Ängste, Ärger und Trauer.

Aber alle Gefühle, zu denen wir fähig sind, sind natürliche Bestandteile unseres Erlebens und können uns bereichern, wenn sie möglichst ohne Wertung in ihren Facetten wahrgenommen, angenommen und integriert werden. Die Integration kann bewusst gefördert werden, indem Entspannung gesucht und die Gefühle zugelassen werden. Ein traumatisches Erlebnis kann dementsprechend seinen Platz in der Psyche und im Körper finden, wenn die aus ihm entstandenen Gefühle bis in ihre Verzweigungen als Bestandteil des eigenen Erlebens und der eigenen Geschichte wahrgenommen und angenommen werden. Mit Verzweigungen sind die weiteren Gefühle gemeint, die aus dem erinnerten Trauma entstehen: Ein primäres Gefühl kann Entsetzen sein, dem der Wunsch folgt, dieses Gefühl abzulehnen, zu vergessen. Es wird häufig begleitet von Schlafstörungen und Ablehnung von ähnlichen Situationen oder Personen, die mit dem Trauma ursprünglich verbunden waren.

All diese Gefühle und ihre Verzweigungen sollten wahrgenommen und akzeptiert werden. Wichtig ist dabei die richtige zeitliche Einordnung: Das Trauma ist vergangen, die momentanen Gefühle sind Gegenwart, beziehen sich aber auf etwas Vergangenes, das verletzend auf das eigene Wesen gewirkt hat. Aber die Verletzung liegt in der Vergangenheit und wird durch die Erinnerung weiter schädigend wirken. Eine bewusste Einordnung als »vergangen« hilft wesentlich, die Schädigung zu beenden. Entsprechend wichtig ist es, sich die Gefühle, die sich auf gegenwärtiges Erleben und Geschehen beziehen, bewusst zu machen.

Durch den beschriebenen Prozess der Wahrnehmung und Akzeptanz kann der Körper sich von negativen Folgen wie Verspannungen, erhöhtem Blutdruck oder Schlafstörungen, die aus den abgelehnten Gefühlen entstanden sind, befreien. Sie lösen sich oft auf.

Gefühle werden erst ab einer gewissen Intensität bewusst erlebt

Davor werden sie gar nicht oder nur diffus wahrgenommen. Es wird uns selten bewusst, dass sie nicht nur unsere Stimmungen, sondern auch jeden Gedanken und unser Wohlbefinden beeinflussen. Darüber hinaus haben sie einen starken Einfluss auf die Gesundheit unseres Körpers.

Am Beispiel der Angst kann leicht nachvollzogen werden, wie sehr Gefühle sich körperlich manifestieren. Wenn starke Angst eintritt – vielleicht durch ein gefährliches Geschehen im Straßenverkehr, durch einen Albtraum oder eine Erinnerung –, dann wirkt sich das messbar auf den Körper aus: Die Herzfrequenz steigt, die Atmung verändert sich, die Muskeln verspannen sich in vielen Bereichen, der Körper wird insgesamt unruhiger. Neben diesen bewusst wahrnehmbaren Veränderungen wirkt sich das Gefühl im Körper insgesamt aus. Es beeinflusst auch den Stoffwechsel, die Ausschüttung von Hormonen und alle Verdauungstätigkeiten. Man kann also davon ausgehen, dass häufige Angst den Körper schädigen kann. Wird die Angst nicht bewältigt und sinnvoll integriert, bleibt sie mindestens unterschwellig vorhanden und wirkt weiter belastend auf den Körper. Ähnliches gilt für häufigen und starken Ärger, für Wut, Frustration, Gefühle der Ablehnung, nicht bewältigte Trauer und Depression.

Aber nicht nur intensive und lang andauernde Gefühle beeinflussen den Körper, auch leichte Ängste oder Unsicherheiten, beständige milde Unzufriedenheit oder häufiger leichter Ärger haben ihren belastenden Einfluss auf alles Körperliche. So genannte »positive« Gefühle dagegen schützen die Gesundheit und begünstigen Heilung.

Indem wir den Einfluss der Gefühle auf unser Leben akzeptieren, können wir erkennen, dass sie unsere Stimmungen und unsere Gesundheit beeinflussen und somit auch eine wesentliche Wirkung auf unsere Lebensqualität haben. Es lohnt sich also, die eigenen Gefühle nicht nur zu spüren, sondern auch nach Wegen zu suchen, diejenigen von ihnen zu fördern, die uns konstruktiv beeinflussen, und die Wirkung derer, die uns schaden können, zu minimieren.

Die Auswirkungen der Gefühle auf unseren Körper und auf unser Erleben und Verhalten können beeinflusst werden

Gefühle haben keine physische Erscheinungsform. Freude beispielsweise ist nicht messbar, sondern immer individuell und situativ verschieden. Aber niemand würde deshalb ihre Existenz infrage stellen. Und doch ist der einzige Beweis dafür, dass es Freude gibt, das eigene Erleben.

Indem wir das eigene Fühlen beobachten, können wir leicht feststellen, dass es mit körperlichen Reaktionen verbunden ist. Diese Aussage klingt für Menschen, die ihre Gefühle ohnehin gut spüren, banal. Aber es gibt sehr viele Menschen, die in ihrem Alltag ihren Gefühlen keinen Wert beimessen – und sie oft sogar dann nicht bewusst wahrnehmen, wenn sie schon sehr intensiv sind.

Eine starke Angst wird immer eine höhere Herzfrequenz hervorrufen und viele weitere körperliche Reaktionen. Freude wird sich ebenfalls im Körper abbilden – aber mit angenehmen Auswirkungen.

Die Verbindung von Gefühl und Körper ist also eindeutig und kann von jedem nachvollzogen werden. Allerdings braucht es ein gewisses Maß an Sensibilität für sich selbst, um auch bei weniger intensiven Gefühlen körperliche Reaktionen zu erleben. Wie aber etwas, das physisch keine Existenz hat, physische Reaktionen auslösen kann, ist nicht bekannt.

Die Intensität der Gefühle und ihre körperlichen Reaktionen beeinflussen einander wechselseitig: Über den eigenen Ärger ärgert man sich nicht selten – eben weil die körperlichen Reaktionen schnell unangenehm werden und das Verhalten eher unkontrollierbar. Die Angst verstärkt die Herzfrequenz, die oft wiederum die Angst verstärkt.

Indem der Körper entspannt wird, werden Gefühle in ihm weniger »wirksam«. Wird die Entspannung häufig mit einer gewissen Tiefe erreicht, stellen sich Gefühle ein, die vielleicht ein grundsätzliches, dem Menschen innewohnendes Empfinden sind: tiefe Zufriedenheit mit dem eigenen Sein, milde Freude, Glück und umfassende Liebe. Als wäre der Mensch mit allem verbunden, als würde er von allem geliebt und genährt werden und Gleiches auch für alles ihn Umgebende empfinden. Vielleicht ist das die Liebe, die als Gott innewohnend oder als Gott selbst bezeichnet wird?

Indem wir still werden, verlieren wir das ehrgeizige Streben nach Materiellem, nach Erfolg, nach Anerkennung. Wir genügen uns selbst.

Entspannung an sich reduziert die Intensität der körperlichen Antwort auf Gefühle und unterbindet somit die aus den Körpersensationen folgenden Gefühle, das »Aufschaukeln«. Ein Mensch, der seinen eigenen unbewussten Rhythmus findet und ihm folgt, wird aus sich selbst heraus zufrieden und mag sich selbst.

Hinwendung zum Körper als Perspektivenwechsel

Im Alltag sind wir unserem Körper wenig nahe. Wir benutzen ihn und spüren – mehr oder weniger feinfühlig – Störungen in seinem Funktionieren. Wir verfolgen Ziele, die unsere soziale, berufliche und finanzielle Existenz betreffen. Die Benutzung des Körpers zur Erreichung dieser Ziele erfolgt unter der Annahme, dass er leistungsfähig ist und uns selbstverständlich als Werkzeug zur Verfügung steht. Er wird den angestrebten Zielen untergeordnet. Erst wenn seine Leistungsfähigkeit so ernsthaft eingeschränkt ist, dass wir nicht nur registrieren, dass wir es zu weit getrieben haben, sondern sogar die angestrebten Ziele infrage stellen, beginnen wir, unseren Umgang mit dem Körper zu hinterfragen.

Indem man eine bessere Beziehung zum Körper aufbaut und versteht, dass er es ist, der uns in der Welt repräsentiert, und dass es ohne ihn gar keine Ziele geben wird, eröffnet man sich *den* Zugang zu ihm, der es ermöglicht, ihn zu schützen und durch ihn umfassend in der physischen Welt zu sein. Die Hinwendung zum Körper verfeinert die Wahrnehmung und führt nach einiger Zeit zu differenzierteren und auch neuen Sichtweisen, die unsere Welt durch unsere erweiterte Wahrnehmung bereichern.

Die Wahrnehmung des Körpers an sich kann uns schließlich zu Lebenszielen führen, durch die wir mehr Zufriedenheit im körperlichen und seelischen Bereich erlangen, weil der Ausgangspunkt – die eigene Wahrnehmungs- und Leistungsfähigkeit – die Ziele realistischer bestimmen hilft. Die Sicht der Welt wird verankert im Sein des Körpers. Alles Betrachten und Wollen hat seinen Ausgangs- und Endpunkt im Körper.

Das, was wir von der Welt bewusst wahrnehmen, stellt sich uns gern als die ausschließliche Wirklichkeit dar. Tatsächlich wird es aber stark von unseren bisherigen Erfahrungen und den dazugehörigen Gefühlen beeinflusst, die mit dem Wahrgenommenen und den vergangenen Erlebnissen verbunden sind. Das ist leicht ersichtlich aus der selektiven Wahrnehmung: Wenn man sich für den Kauf eines bestimmten Autos entschlossen hat, gibt es plötzlich viel mehr von dieser Sorte auf den Straßen – jedenfalls für die bewusste Wahrnehmung. Wer in der Vergangenheit beängstigende Erfahrungen mit Hunden gemacht hat, wird in der Nähe von Hunden leichter Angst haben, als wenn ihm die unangenehmen Erfahrungen erspart geblieben wären. Lernt man nun einen Hund als lieben Hund kennen, ändert sich das eigene Erleben wiederum entsprechend.

Wenn man diesen Gedanken tiefer verfolgt, wird ersichtlich, dass das Bewusstsein zwar die Bühne der subjektiven Welt ist, was sich dort abspielt, wird aber immer auch aus dem Verborgenen, dem Unbewussten mitbestimmt. Hinter der Bühne gibt es bekannte und unbekannte Bereiche. Unbekannt ist auf jeden Fall die Zahl der Zimmer und der Schauspieler, auch wenn einzelne bekannt sind.

Unser Erleben und Handeln wird also nicht nur durch unseren Verstand bestimmt, sondern in unterschiedlichem Ausmaß auch durch unbewusste Erfahrungen und Bedürfnisse.

In tiefen Entspannungen kann auf diese unbewussten Inhalte Einfluss genommen werden. Ein entspanntes Bewusstsein verengt sich zunächst, erweitert sich als Folge häufiger Entspannungen jedoch aus sich selbst heraus. Es öffnet sich für zuvor unbewusste Inhalte und setzt sie neu in Bezug zueinander. Das wird gelingen, weil in der tiefen Entspannung zuvor unverarbeitete Erlebnisse ganz natürlich integriert werden. Sie werden durch unbewusste Mechanismen in ein gutes Verhältnis zueinander gebracht. In der Folge werden sie auch konstruktiv genutzt – zumindest in dem Sinne, dass sie vor ähnlichen unangenehmen Erlebnissen schützen.

Als Beispiel kann man sich vorstellen, dass ein Nichtschwimmer, der im Strandbereich des Meeres fast ertrunken wäre, weil er sich zu weit hinausgewagt hat, diese Erfahrung zunächst verdrängt. Wird diese Erfahrung nicht verarbeitet, meidet er zunächst die Erinnerung daran, die ihn jedes Mal aufregt. Das Meer wird er auch nicht mehr betreten wollen. Möglicherweise empfindet er bei jedem Anblick einer größeren Wassermenge starkes Herzklopfen und eine unangenehme Angst, die generalisiert wird. In tiefer Entspannung dagegen mag es ihm möglich sein, in der Vorstellung im Wasser zu schwimmen und die damit verbundenen schönen Gefühle zu genießen. Möglicherweise kommt er zu dem konstruktiven Entschluss, in einem sicheren Rahmen schwimmen zu lernen, um den fantasierten Genuss tatsächlich erleben zu können.

Zuvor verdrängte Gefühle und Erfahrungen werden bewusst zugelassen, sobald sie auf eine gute Weise in uns integriert werden.

Mit unserem bewussten Verstand halten wir unterschiedlich stark an vorgefassten Meinungen über die (Un-)Veränderbarkeit unserer Lebensbedingungen fest. Das hat den Vorteil, dass es uns die (manchmal trügerische) Sicherheit gibt, dass unsere Welt von uns kontrolliert werden kann und sie bis zu einem bestimmt Ausmaß unveränderbar scheint. Allerdings ist das eine Illusion, denn alles verändert sich permanent. Tatsächliche Sicherheit ergibt sich nur aus der Anpassung an die Veränderung, an den »Fluss der Dinge«, wie die fehlende Konstanz gerne genannt wird.

Indem wir annehmen, es gebe eine konstante Wirklichkeit, schaffen wir scheinbare Beständigkeit, die uns beruhigt. Andererseits bleiben uns Lösungen für Probleme leichter verborgen. In der Entspannung spielt der Verstand eine wesentlich geringere Rolle für unser Befinden in der Welt. Dadurch werden die bewussten Einstellungen flexibler. Indem in den Geschichten dieses Buches alternative Perspektiven auf diesem (unbewussten) Boden beispielhaft dargestellt werden, können sich neue Lösungswege eröffnen.

Achtsamkeit oder Bewusstheit als Weg zur Veränderung

Unsere Gefühle sind allgegenwärtige Bestandteile unseres wachen Seins. Und doch nehmen wir sie erst ab einer gewissen Intensität wahr. Wir lernen in unserer Sozialisation normalerweise nicht, dass sie etwas sind, auf das wir achten, das wir zu einer wichtigen Grundlage für unser Denken und Handeln machen sollten. Und doch bilden sie unser Sein in der Welt und unser Sein mit uns selbst vollständig ab, indem sich alle unsere Beziehungen auch im Kleinsten durch sie interpretiert finden. Wir fühlen uns – grob ausgedrückt – zumindest wohl oder unwohl in der Nähe von Menschen, Tieren, der Natur, Farben, Gegenständen – von allem, zu dem wir irgendwie in Beziehung treten. Die Herkunft dieses Gefühls (und aller anderen) ist vielfältig mit den Erlebnissen (und den daraus resultierenden Gefühlen) unserer Vergangenheit verbunden.

Diese Verbindungen sind selten eindeutig nachvollziehbar. Zwar können einzelne Schwerpunkte erschlossen und ihre Beteiligung am späteren Fühlen und Erleben vermutet werden, aber letztlich ist die Bedeutung der Vergangenheit nicht mit Sicherheit anzunehmen. Ein Maß für die Direktheit und Intensität der Verbindung ist das »Wiederaufflammen« des alten Gefühls, wenn Ähnliches erlebt wird.

Jedenfalls kann die Intensität der Gefühle reduziert werden, indem sie wahrgenommen und nicht bewertet werden. So kann es beispielsweise sein, dass beim Anblick eines Kindes, das ein bestimmtes Verhalten zeigt, Ärger empfunden wird, weil (möglicherweise) in der Vergangenheit ein Kind mit ähnlichem Verhalten das Spielzeug des eigenen Kindes beschädigt oder etwas gestohlen hat. Dann hilft es, den eigenen Ärger wahrzunehmen, ihn als »berechtigt« zu akzeptieren, das damit in Verbindung stehende Kind wahrzunehmen, sich aber gleichzeitig seine Unschuld an diesem Gefühl in sich selbst bewusst zu machen.

Durch dieses Wahrnehmen und Akzeptieren entsteht Distanz. Man ist nicht mehr Spielball der Gefühle, sondern kann sie beobachten. Statt zu *re*agieren, *agiert* man. Die Gefühle und ihre Wirkungen entflechten sich.

Indem wir also unsere Gefühle auf diese Weise behandeln, gewinnen wir Abstand zu den unbewussten Beziehungen, mit denen wir uns und der Welt begegnen. Dadurch nehmen wir uns zunehmend als getrennt von der Welt wahr, in dem Sinne, dass wir weniger fremdbestimmt sind und über unser Verhalten von Situation zu Situation selbst entscheiden können. Wir erhalten einen deutlich größeren Handlungsspielraum zu entscheiden, ob wir uns verknüpfen oder es sein lassen. Das führt zu einem Gefühl der inneren Zufriedenheit mit uns selbst und der Welt. Es entsteht eine sich allmählich vertiefende Ruhe aus uns selbst heraus. Sie schafft Heiterkeit und reduziert alle schädigenden Gefühle.

So gesehen sind Gefühle nicht sinnvoll oder sinnlos und auch nicht gut oder schlecht, sie *sind* einfach und haben ihre Berechtigung durch ihre Existenz. Sie verändern sich in ihren Auswirkungen auf uns, indem sie wahrgenommen und akzeptiert werden.

Man hört oft Aussprüche wie: »Wenn du das tust, *muss* ich mich ärgern.« Im eben beschriebenen Sinne verliert sich die angenommene

Zwangsläufigkeit, sobald ich mir bewusst mache, dass mein Ärger nicht die einzige mögliche Reaktion ist. Er entsteht auf der Grundlage meiner bisherigen Erfahrungen. Ich sehe, dass sein Handeln von meinem Ärger getrennt existiert. Zwar *kann* ich mich ärgern – und das auch akzeptieren –, aber ich *muss* es nicht. Indem wir die Verbindung zwischen dem Ärger und dem vorausgegangenen Handeln erkennen und akzeptieren, verliert der Ärger seine Macht und seine schädigende Wirkung auf den Körper. Im idealen Fall entwickelt sich Verständnis sowohl für den Handelnden als auch für das eigene Re-Agieren. Beide werden nun frei, sich anders zu verhalten.

Man wird das Ziel, alle Gefühle in dieser Weise stets akzeptierend wahrzunehmen, kaum je vollständig erreichen, aber alleine das Streben danach bringt mehr Freiheit, mehr Gesundheit, authentischere Beziehungen und mehr Weisheit.

Die beschriebene wahrnehmende und akzeptierende Haltung gegenüber Gefühlen zu entwickeln wird in den Geschichten auf vielfältige Weise gefördert.

Der Aufbau der Geschichten

In den Geschichten realisiere ich Prinzipien aus der Hypnotherapie nach Milton H. Erickson, um durch Trancen konstruktive Veränderungen herbeizuführen. Die Begriffe »Entspannung« und »Trance« verwende ich oft synonym, weil durch die Texte ein entspannter Zustand hervorgerufen und eine Trance begünstigt wird. Trancen sind nicht immer von körperlicher Entspannung begleitet. Entspannungen müssen auch nicht immer in eine Trance münden. In meinen Texten verbinde ich jedoch beides.

Trance in diesem Sinne ist ein wohlbekannter Zustand, der täglich vielfach unwillkürlich auftritt. Er bedeutet einen Bewusstseinszustand, der dem Schlaf ähneln kann. Die Aufmerksamkeit ist nicht fokussiert, das Bewusstsein wendet sich vom Alltagsgeschehen ab. Ein Gefühl des Schwebens zwischen Wachsein und Schlaf tritt ein, mal näher dem Wachsein, mal näher am Schlaf. Oft vergisst man, was man in diesem Zustand getan oder gehört hat.

Man kennt Trance-Zustände von alltäglichen Verrichtungen, die sehr häufig durchgeführt werden, wie beispielsweise Zähneputzen, Rasieren, Autofahren, das Spielen eines Instruments oder auch berufliche Routinen. Der Klavierspieler bedient sich der sehr feinen Wahrnehmungen seines Unbewussten, das seine Fingermotorik mit seinem Gehör und seinem Gedächtnis sehr fein koordinieren kann, so dass wir schöne Melodien hören können. Sobald der Spieler dagegen dieses Zusammenspiel bewusst koordinieren möchte, werden seine Finger langsamer, das Spiel beginnt zu stocken. In diesem Sinne sind Trancen hilfreiche Zustände, um unbewusste Fähigkeiten nutzen zu können.

Die Geschichten gliedern sich in:

- Die **Einleitung** (Induktion), die meist mit der Wahrnehmung der momentanen Höreindrücke beginnt, dann auf den Körper überleitet, oft auf die Wahrnehmung seiner Schwere und seiner Wärme. Aus dem autogenen Training (Wilk 2004, 2007) ist bekannt, dass durch das Spüren der Schwere und Wärme des Körpers die Entspannung wesentlich gefördert und – nach mehrmaliger Anwendung – auch deutlich beschleunigt werden kann. Diese Wirkung begünstigt auch das Herbeiführen einer entspannten Trance.

  Das möglichst genaue Einstellen auf den Leser oder Hörer und die Rückmeldungen seiner Wahrnehmungen wird »Pacing« genannt. Durch die Einleitung löst sich das Denken leichter vom Alltag, von den eigenen beschränkenden Einstellungen und öffnet sich für Entspannung und die Beschäftigung mit anderen Inhalten. Dadurch wird der Boden für die Nutzung von eigenen Kräften (Lösungsmöglichkeiten, Heilkräften) bereitet, was im »normalen« Denken als nicht realistisch angesehen wird.
- **Leading mit Vertiefung:** Dem Leser wird im nächsten Schritt angeboten, sich von den jeweiligen Inhalten des Textes leiten zu lassen und dabei unter anderem die Entspannung zu vertiefen. In der vertieften Trance ist der Leser seinem Unbewussten näher, in welchem die Fähigkeiten aufgerufen und koordiniert werden, die für die gewünschten Veränderungen genutzt werden sollen. Außerdem werden in jeder tiefen Entspannung ganz natürlich alle gesunden Vorgänge aus dem Menschen selbst heraus gefördert. Dazu gehört auch die konstruktive Integration traumatischer Erlebnisse.
- **Therapeutische Inhalte als Anregungen:** Die therapeutischen Inhalte in meinen Texten fördern eine akzeptierende Öffnung

der Wahrnehmung, eine konstruktive Veränderung der Perspektiven, mit denen das Leben gesehen werden kann und unterstützen eigene Ressourcen, insbesondere die Heilkräfte, die in jedem Menschen wirken. Sie werden oft indirekt angeboten, indem sie in Bilder oder Vergleiche »verpackt« sind, so dass sie die bewussten Einschränkungen leichter umgehen können.

Das aufnehmende Unbewusste des Hörers interpretiert die Anregungen in seinem subjektiven Bezugsrahmen und entscheidet selbst über deren Verwendbarkeit. Um nicht zu manipulieren, sondern die Verwendung der Anregungen freizustellen, verwende ich Worte und Wendungen wie »vielleicht«, »kann«, »mag« und »wie es wohl wäre«.

Bezüglich vergangener Traumatisierungen wird durch die Veränderungen der Perspektiven nahegelegt, sich zu dissoziieren, also innerlich Abstand von belastenden Ereignissen zu nehmen, indem die Ereignisse und ihre Wirkungen von anderen Standpunkten aus betrachtet werden, die weniger belastend wirken und neue Lösungswege eröffnen.

- Die **Rückführung** ist sehr wichtig, weil wir in der Trance in tiefe unbewusste Bereiche »absinken« können. Das ist bekannt aus manchen, meist deutlich weniger tiefen Tagträumen, bei denen wir manchmal auch einen Moment brauchen, um uns zurückzuorientieren.

  In tiefen Trancen fällt es dem Unbewussten leichter, Inhalte in das eigene Weltbild zu integrieren, die aus früheren Erlebnissen stammen und mit vielen belastenden Gefühlen verbunden sein können. Die Geschichten erleichtern diese gute Integration in die Persönlichkeit, indem sie allgemeine Beispiele geben, die in Bereichen »spielen«, mit denen der Hörer scheinbar nichts zu tun hat. Das sind oft Vorgänge in der Natur, wie das Wachstum der Pflanzen.

  Um aber den Traumatisierungen so nahe sein zu können, dass eine Verarbeitung möglich wird – und ihnen gleichzeitig so fern zu sein, dass sie nicht zu einer bewussten Re-Traumatisierung führen – ist eine relativ tiefe Trance notwendig. Sie benötigt ein sorgfältiges Abschließen dieser Vorgänge, bevor der Hörer wieder in den bewussten Alltag zurückkommt, in dem er weder die soeben erlebten Inhalte, noch die damit assoziierten Gefühle erleben soll, bevor sie ausreichend verarbeitet sind.

Wenn die Rückführung nicht sorgfältig genug ausgeführt wird, ist die Psyche noch in einem anderen Bewusstseinszustand, während sie gleichzeitig den Alltag wahrnehmen und bewältigen soll. Das kennt man aus einem abgebrochenen Mittagsschlaf oder auch nach einer unruhigen oder zu kurzen Nacht. Insbesondere wenn mit dem Aufwachen Teile eines Albtraums in den Wachzustand hineingetragen werden, ähnelt das dem Zustand, in dem unangenehme Inhalte in der Trance verarbeitet wurden, dieser Prozess aber vor dem Aufwachen nicht ausreichend abgeschlossen wurde.

Ein waches und ausgeglichenes Alltagsbewusstsein wird angestrebt, indem der Hörer sich noch einmal für einige Minuten tief entspannt und dem Unbewussten den Auftrag gibt, die soeben bearbeiteten Inhalte – die das Bewusstsein nicht kennt und auch nicht erforschen sollte – für den Moment abzuschließen. Die Wahrnehmung und das Bewusstsein sind hinterher klarer und der Körper ist ruhiger. Die Aufmerksamkeit ist dann nicht mehr mit den vergangenen, tiefer liegenden Gefühlen und Inhalten beschäftigt, sondern sie kann sich wieder den Anforderungen des Alltags zuwenden.

Jede Geschichte enthält Formulierungen zur Rückkehr in das Wachbewusstsein. Diese Formulierungen sind nur dann unnötig oder sogar störend, wenn der Hörer danach einschlafen soll oder will. Er gleitet nach den Geschichten in einen normalen, gesunden Schlaf.

Falls ein Hörer trotz der weckenden Formulierungen zu schnell aus der Trance kommt und dann schläfrig wirkt, seine Augen eher schwer offen halten kann, dann sollte eine kurze weitere Trance von ungefähr zwei Minuten Dauer angeschlossen werden.

Als bewährte Anweisung können folgende Worte gewählt werden: »Lass dich jetzt noch einmal in die Ruhe sinken ... dorthin, wo du eben noch warst ... nimm dir in den nächsten zwei Minuten alle Zeit, die du brauchst, um die Dinge abzuschließen ...«

Ungefähr zwei Minuten später folgt diese Anweisung: »Du beginnst dich jetzt wieder zu sammeln ... nimmst mit jedem Einatmen Frische und Klarheit auf ... und bist mit dem Öffnen deiner Augen wieder so wach und klar ... dass du deine Aufgaben ausgeruht bewältigen kannst.«

Inhalte der Geschichten

Die Geschichten enthalten allgemeine konstruktive Bilder und regen – überwiegend visuell – ressourcenorientierte Erinnerungen und Vorstellungen an. Sie eignen sich gut, sowohl die Bewältigung spezifischer Probleme zu fördern, als auch Angst zu reduzieren oder depressive Stimmungen aufzuhellen und ganz allgemein die Resilienz zu stärken, sowie das Vertrauen in sich selbst und den konstruktiven Umgang mit Gefühlen zu fördern.

Spezifische Inhalte sind geeignet, einen anderen Umgang mit bestimmten Problemen zu finden. Manche Geschichten enthalten bereits einen solchen spezifischen Inhalt, jede kann aber als Rahmen genutzt werden. In die Geschichte »Kraft aus der Tiefe« (siehe Kapitel »Depression und Traurigkeit«) könnte man konkrete Bestandteile aus dem Leben des Hörers einfließen lassen – als Eigenschaft eines der Bäume beispielsweise –, die hilfreich wären, um die Bäume zueinanderfinden zu lassen.

Alle Texte sind *allgemein konstruktiv* aufgebaut. Durch die Wahl der Worte, die möglichst immer mit konstruktiven und angenehmen Gefühlen und gedanklichen Assoziationen verbunden sind, und auch durch die Vorstellungen, die angeregt werden, werden eine allgemein offene Grundhaltung dem Leben gegenüber und eine akzeptierende Einstellung sich selbst gegenüber gefördert.

Dazu gehört der Wechsel von Perspektiven, beispielsweise durch ungewohnte Vorstellungen, Wortspiele und entsprechend gesetzte Pausen, der oft überraschend schnell zu Lösungen und dem Entdecken neuer Lebenswege führt.

Das zunächst noch überwiegend unbewusste Wissen und die unbewussten Fertigkeiten werden durch das Hören der Geschichten zunehmend bewusster und sie werden in ihrer Bedeutung für das eigene Leben klarer. Ihre Integration in die Gesamtperson geschieht von selbst.

Schließlich entsteht mehr Bewusstheit, mehr Selbstsicherheit und Selbstakzeptanz. Sie bieten eine wichtige Grundlage für einen zufriedenen Umgang mit sich selbst.

Die Zielsetzungen

- (1) Das Vertrauen in die eigenen Ressourcen wird gestärkt. Im oben genannten Sinne soll der Hörer für die Erkenntnis sensibilisiert werden, dass in jedem Menschen ein sehr großes unbewusstes Wissen angelegt ist, das ohne Beteiligung des Bewusstseins wirkt, das unter anderem unsere Lebensfunktionen steuert. Es kann angesprochen und gefördert werden, indem Vorstellungen und Erinnerungen genutzt werden. Diese Ressourcen ermöglichen jedem Menschen in allen Bereichen eine bessere Integration in seine Welt.

- (2) Einschränkungen, die durch die gewohnte Realitätssicht gestützt werden, lockern sich. So werden Veränderungen ermöglicht, die ansonsten durch bewusste Einstellungen, aber auch durch Ängste blockiert werden. Das Lockern der Beschränkungen geschieht durch wachsendes Vertrauen in sich selbst sowie durch (eine zeitlich sehr beschränkte und milde) Verwirrung und Ablenkung des Verstandes.
- (3) Die körperliche Gesundheit wird verbessert, indem der Hörer vielfältig dazu angeregt und angeleitet wird, besser mit sich umzugehen. Psyche und Körper unterstützen sich gegenseitig in dem Bestreben, gesund zu sein.
- (4) Psychische Störungen verändern sich. Ängste werden gelockert oder verschwinden manchmal sogar auch vollständig aus dem Leben, indem sich der Hörer in entspannter Haltung das Angst auslösende vorstellt (beispielsweise Höhenangst, Angst vor Wasser, vor eigenen Körperfunktionen) und derartige Situationen dann als angstfrei oder sogar lustvoll erlebt.
- In Verbindung mit mehr Selbstzufriedenheit, Selbstakzeptanz und Gelassenheit schwächen sich depressive Stimmungen ab. Durch den besseren Umgang mit sich selbst wird die Grundlage für ein erfülltes Leben besser.

Grundannahmen

- Alle Veränderungen geschehen durch den Hörer selbst. Die Texte wirken, indem sie den Hörer dazu anregen, besser mit sich umzugehen. Der Leser hat die Wahl, dieser Anregung zu folgen oder sie zu verwerfen.
- Die vorhandenen Ressourcen können durch die Geschichten angesprochen werden, so dass sie in der gewünschten Weise wirken. Aber nicht jeder Mensch wird in der gleichen Weise reagieren. Möglicherweise möchte er der Anregung nicht folgen, weil es für ihn (im seltenen Einzelfall) sinnvoller ist, beispielsweise ängstliches Verhalten zu zeigen.

- Schon alleine durch die hervorgerufene Entspannung geht es dem Hörer nach der Trance in nahezu allen Fällen besser.
- Die Kompetenz des Klienten in Bezug auf seine eigene Gesundheit wächst durch die wiederholte Anwendung. Die Entspannungsfähigkeit steigt, ebenso das Vertrauen in sich selbst und in die eigenen Fähigkeiten.
- Sein Bewusstsein erweitert sich angstfrei in zuvor unbewusste Bereiche. Durch die Entspannung und die angstfreie Wahrnehmung zuvor vollständig unbewusster bzw. angstbesetzter Bereiche kann der Hörer diese Wahrnehmungen zunehmend auch bewusst zulassen.

Die Anwendung

Die Texte können sowohl selbst gelesen, als auch als Hörer genossen werden. Wenn sie vorgelesen werden, kann es sinnvoll sein, sie zu verändern. Allerdings kann ihre Wirkung abgeschwächt werden, wenn entscheidende Formulierungen ersetzt oder weggelassen werden. Von Laien sollten keine Suggestionen hinzugefügt werden, da sie unangenehme Folgen für den Hörer haben können.

Therapeuten können Veränderungen an den Texten vornehmen, indem sie beispielsweise an vorhergehende Therapiegespräche anknüpfen oder ein Gespräch vorbereiten. Eine spezifische derartige Anwendungsmöglichkeit ist das »Zuschneiden« der Vorstellungen innerhalb der Geschichten auf individuelle Probleme und die Vorstellungswelt des Hörers. Die Erfahrungen des Hörers sollten in einem direkt anschließenden Gespräch bearbeitet werden.

Allgemeine Bedingungen:

- Es sollte ein ruhiger, ungestörter **Rahmen** gewählt werden. Besonders geeignet ist die Zeit unmittelbar vor dem Einschlafen oder aber auch eine längere Pause während des Tagesablaufs.
- Falls nach der Geschichte die Aufmerksamkeit wieder für Alltagsaufgaben benötigt wird, insbesondere in Situationen, wo eine Ablenkung gefährlich sein könnte (zum Beispiel im Straßenverkehr oder bei der Bedienung von Maschinen), ist unbedingt auf eine sorgfältige Rückführung zu achten, wie sie oben beschrieben wurde.

- Die Geschichten können **im Einzelgespräch angewendet** werden, um dem Hörer etwas Gutes zu tun, ihm eine Entspannung zu erleichtern oder auch den Schlaf zu fördern.
- Im therapeutischen Kontext sollen die Geschichten **nur von Therapeuten** angewendet werden, da durch die therapeutische Anwendung intensive Gefühle ausgelöst werden können, die eine kompetente Begleitung brauchen. In diesem Bereich können sie genutzt werden, um durch häufige Anwendung Perspektivenwechsel zu bewirken und Ressourcen in tieferen Schichten des Unbewussten zu erreichen.
- **Perspektivenwechsel** sind im therapeutischen Kontext außerordentlich hilfreich, da ein veränderter Blickwinkel manche Probleme direkt auflöst, die Bewältigung anderer Probleme erleichtert und auch das Bewusstsein des Hörers seiner selbst und seiner Beziehungen zu seinen Mitmenschen und zur Welt erweitert.
- **Hilfreiche Ressourcen** werden in jedem Text angesprochen. Das geschieht sowohl durch die Art seiner Konstruktion als auch durch seine Inhalte. Beides stärkt außerdem auch das bewusste Vertrauen in die eigenen Fähigkeiten. Da eines unserer stärksten Bedürfnisse von Beginn unserer individuellen Existenz an die Erhaltung unserer Gesundheit ist, versetzen tiefe Entspannung und Vertrauen in uns selbst uns praktisch automatisch in einen Zustand der Heilung und der Integration. Das wird auch bei der Verarbeitung von Traumata sichtbar, wenn traumatisierte Menschen nach dem Hören der Geschichten von der Erleichterung sprechen, die sie durch eine tiefe Entspannung erfahren haben. Durch die Traumatisierung war es ihnen zuvor nicht mehr möglich gewesen, sich zu entspannen. Sie waren in einem Zustand permanenter Angst und Anspannung, die auch im Schlaf nicht weichen wollte und zu Albträumen führte. Durch die milde Anregung der Geschichten, in die Ruhe zu gehen, kann Angst leichter losgelassen werden.
- Die **Anwendung in Gruppen** erreicht zuverlässig eine tiefe Entspannung bei nahezu allen Hörern. Die Tiefe der Entspannung ist aber individuell verschieden. Ohne Ausnahme sollte der Wunsch des einzelnen Hörers respektiert werden, sich auf die Geschichte in dem Maße einzulassen, wie er es möch-

te. Offene Augen können das Gefühl, die Kontrolle über das Geschehen zu haben, verstärken und ein ungewolltes tiefes Absinken verhindern. Bei Angst vor tiefer Entspannung kann deshalb empfohlen werden, die Augen so lange geöffnet zu halten, bis genügend Vertrauen entstanden ist, so dass sich die Augen – vielleicht zunächst vorübergehend – von alleine schließen können.

Falls ein Therapeut sich nicht sicher genug fühlt, um gleich einen längeren Text anzuwenden, beginnt er mit einer kurzen Geschichte, die er in jedem Bereich auch verkürzen kann – abgesehen von der Rückführung, die stets sorgfältig durchgeführt werden muss.

- Die **Pausen** sind durch Auslassungspunkte gekennzeichnet. Mehrere Auslassungspunkte bedeuten, dass ich längere Pausen empfehle. Ein Absatz verlängert die Pause noch einmal. Wie lange die Pausen tatsächlich beim Vorlesen oder Lesen gemacht werden, hängt vom (Vor-)Leser ab. In der Regel vertiefen längere Pausen die Trancen. Falls die Stimme nach einer Pause zu laut einsetzt, kann sie störend wirken.
- Wann immer möglich, sollte **im Liegen** und auf einer weichen Unterlage entspannt werden. Die Halswirbelsäule sollte gerade liegen, was durch ein Handtuch oder ein kleines Kissen leicht einzurichten ist.

1. Erweiterbar strukturierte Geschichten

Man kann sich vorstellen, es gäbe ein Schloss, in dem die Gefühle wohnen. Alle Gefühle. So gibt es einen Ort im Irgendwo, den man in der Fantasie aufsuchen kann (denn dort befindet sich das Schloss), um allen Gefühlen auf neutralem Boden zu begegnen. Dort, wo man sie sich anschauen, mit ihnen sprechen kann, ohne dass man sie fühlen muss. Es gibt zwar die Möglichkeit, sie zu fühlen, wenn man mag, aber eigentlich ist es dort eher die Ausnahme. Denn in ihrem Schloss haben die Gefühle Freizeit. Sie sollten dort nicht arbeiten müssen. Falls aber jemand es sehr wünscht, lassen sie sich bestimmt auch mal fühlen.

Man kann diese Geschichten nutzen, um mit Abstand jene Gefühle zu betrachten, die entweder so intensiv sind, dass sie Schwierigkeiten bereiten oder aber so wenig vertreten sind, dass man mehr davon haben möchte. Indem die Gefühle dort angesprochen werden können, entsteht eine Verbindung zu dem Teil des Unbewussten, der weiß, wie der erwünschte Zustand erreicht werden kann. Auch wenn es nicht immer bewusst wird, kann sich nach einer solchen Geschichte doch etwas ändern.

Um vor den Gefühlen geschützt zu sein, kann man sich am Eingang des Schlosses von der Gelassenheit abholen lassen, vielleicht auch von der Freude oder dem Interesse.

Die Geschichten können also an die individuelle Situation angepasst werden. In diesem Sinne sind sie lediglich Beispiele – deren Einleitungen und Rückführungen unverändert übernommen werden können.

Das Schloss der Gefühle

Die Beschreibung des Ortes, an dem sich das Schloss befindet, in dem die Gefühle wohnen, ist stark dissoziierend. Das hilft, von den Gefühlen einen guten Abstand zu halten.

Unser aller Verstand geht davon aus, dass es dieses Schloss nicht gibt. Und weil es das nicht gibt, kann es auch keinen konkreten Ort geben, an dem es sein könnte. Deshalb kann der Verstand die ungewöhnliche Beschreibung der Örtlichkeit relativ leicht annehmen und es dann auch leichter akzeptieren, von ihr »entführt« zu werden, so dass er dem weiteren Verlauf nicht mehr aufmerksam folgen wird.

Negative Gefühle wie Ärger und Traurigkeit müssen nicht unangenehm auf uns wirken. Indem sie personifiziert werden, gelingt es leichter, sie nicht mehr als »Feinde« zu betrachten, sondern sich über den Sinn dieser Gefühle Gedanken zu machen und sie auch in sich selbst leichter zu akzeptieren.

... und weil es dir guttut ... wenn du dich jetzt sinken lässt ... angenehm schwer und wohlig warm ... ... und weil dabei dein Verstand sich auch in die Ruhe sinken lassen kann ...

... mag es irgendwo einen hellen und warmen Saal geben ... in einem älteren Schloss ...

... es liegt ziemlich genau in der Mitte ... ... zwischen den Baumwipfeln und dem Blau des Himmels ... ... manche meinen, es liegt mehr Richtung Grün ... andere sehen mehr als eine Spur Violett in seiner Nähe ... ... wie dem auch sei ... in diesem Saal treffen sich die Gefühle ... die manchmal zu uns Menschen kommen ... und dann auch wieder gehen ... zurück ins Schloss ...

... sie fühlen sich dort wohl ... tauschen ihre Erfahrungen mit den Menschen untereinander aus ... ... und von dort kommen sie auch ... wenn sie gerufen werden ... und so kannst du dich sinken lassen ... angenehm schwer und wohlig warm ... es deinem Unbewussten dadurch ermöglichen ... für dich zu sorgen ... so dass du dich gründlich erholen kannst ... jetzt ... unbewusst ... natürlich ...

... denn wir haben eine natürliche Tendenz ... in unsere Mitte zu kommen ... so dass wir uns in uns wohl fühlen ... ... und sobald wir in unserer Mitte sind.. haben wir ein besseres Gefühl für alles ... was uns angeht ...

... und es ist nicht wirklich wichtig ... wo der Verstand die Mitte lokalisiert ... ... sie ist eben einfach in der Mitte ... auch wenn der Verstand sie in den Bauch interpretiert ... das ist der Mitte irgendwie egal ... auch im Bauch fühlt sie sich am rechten Ort ...

... und in der Mitte sein ... heißt ... bei sich sein ... und alles andere deutlicher sehen ... und deutlicher erkennen ... was alles andere mit uns zu tun hat ... und wie es zusammenhängt mit uns ... und wo es mit uns verbunden ist ... und wie es gelöst werden kann ... von uns ...

... und so kannst du aus deiner Mitte frei entscheiden ... auf was du zugehst ... und was du zu dir kommen lässt ... ... und so ist es erst dann ... wenn du in deiner Mitte bist ... wirklich möglich ... dich von deinen Gefühlen und Vorstellungen zu entfernen ... irgendwie ... oder sie kommen zu lassen ... irgendwie ...

... und deshalb kannst du dich jetzt wirklich gründlich erholen ... ... auf allen Ebenen erholen ... ... während du einfach nur hier liegst ... angenehm schwer ... oder leicht ... und wohlig warm ...

... und so kannst du dir einmal die Gefühle im Saal anschauen ... und du kennst sie alle wirklich gut ... sie alle haben dich schon häufiger besucht ...

... und es gibt von all den Gefühlen dort ... in dem weitläufigen Saal mit seinen vielen Tischen und Sesseln ... wo die Gefühle es sich bequem gemacht haben ... ... große und kleine Ausgaben ... und auch mittlere ... und sie sind entsprechend ihren Aufgaben gekleidet ... jedenfalls bevor sie sich ihre Freizeitkleidung angezogen haben ... danach ist äußerlich kaum noch zu erkennen ... welche Spezialisierung sie haben ...

... da ist beispielsweise die Freude ... wie wir wissen ... ist sie hell und strahlend ... sie ist so schön ... dass du gar nicht mehr wegschauen möchtest ... wenn du ihr erst einmal in die Augen geschaut hast ...

... und ich weiß nicht ... wie ich wissen könnte ... ob dir die große oder die kleine Freude besser gefällt ... ... und es gibt sie als Mann und als Frau ... und wenn sie sich durch den Raum bewegt ... hinterlässt sie einen hellen Schein ... dort wo sie war ...

... und wenn sie sich in der Nähe des Ärgers bewegt ... dann wird der Ärger unscheinbarer ... wenn sie ihm ganz nahe steht ... dann ist er sogar unsichtbar ... irgendwie ... je näher sie ihm kommt ... desto schwerer ist er zu erkennen neben ihr ...

... und sie hat Freundinnen und Freunde dort ... in dem Saal ... sie sind fast immer zusammen unterwegs ... zu ihnen gehört das Glück ... und auch die Zufriedenheit ... und natürlich ihre gemeinsame Mutter ... die Liebe ...

... Ärger und Wut schauen ... dass sie ihnen fern bleiben ... denn je näher sie ihnen kommen ... desto mehr verblassen sie ... ... denn dann wird alles hell und irgendwie fröhlich ...

... und sie erzählen dir ... dass alle diese Gefühle nur auf Bestellung kommen ... und dass die Bestellungen meist unbewusst aufgegeben werden ... obwohl das Bewusstsein einigen Einfluss nehmen könnte ...

... und so kannst du dich begleiten lassen ... von der Freude ... und ihren Freundinnen und Freunden ... und dich in ihrem Licht baden ...

... und sie mitbringen ... und sie bleiben bei dir ... solange du es willst ... ... und heute Nacht im Schlaf ... zeigen sie dir Schönes ... und lassen es dich fühlen ... so dass es dir guttut ... auf allen Ebenen ...

... während du jetzt diese Dinge für den Moment abschließt ... dich wieder sammelst ...

... und dich hierher zurückbewegst ... so schnell oder langsam wie es gut ist für dich ...

Gelassenheit besuchen

Die Gefühle haben eine Heimat in einem Schloss im Irgendwo. Dort müssen sie keinen Einfluss auf das Befinden der Menschen nehmen. Dadurch kann der Hörer die Gefühle aus der Entfernung betrachten.

Der Sinn der Schlossgeschichten ist entsprechend: es zu ermöglichen, einen zunehmend vertrauteren Umgang mit Gefühlen zu bekommen, ihnen freundschaftlich und unabhängig von den sonstigen Wertungen begegnen zu können, in einem zunehmend besser bekannten Vorstellungsraum, so dass Gefühle allgemein zu etwas werden, mit dem man gut umgehen kann.

... und weil der Atem den Sauerstoff in den Körper bringt ... kannst du das geschehen lassen ... und dich in den Moment sinken lassen ... angenehm schwer und wohlig warm ...

... und wie es wohl wäre ... wenn du mit deiner Vorstellung in den Saal der Gefühle wandern würdest ... ... wie du vielleicht weißt ... irgendwie ... liegt er in einem älteren Schloss ... ... ziemlich genau in der Mitte ... ... zwischen den Baumwipfeln und dem Blau des Himmels ... ... manche meinen, es liegt mehr Richtung Grün ... andere sehen mehr als eine Spur Violett in seiner Nähe ...

... dort treffen sich die Gefühle der Menschen ... der Saal hat große klare Fenster ... in die viel Licht hereinfällt ... das die Farben der Wände und der Teppiche beleuchtet ...

... dicke Teppiche ... auf denen die Gefühle sich ausruhen ... und miteinander unterhalten ... es sind wirklich weiche Teppiche ... und es ist sehr angenehm ... auf ihnen zu liegen ...

... alle Gefühle tragen lockere Freizeitkleidung ... denn das Schloss ist ein Ort der Ruhe und der Geborgenheit für sie ...

... so sind sie entspannt dort ... und gut drauf ... es wird viel gelacht ... manchmal gehustet und genießt ... oder auch geweint ... je nach Gefühl eben ...

... und während du hier liegst ... und es genießt ... einfach nur bei dir zu sein ... in diesem Moment ... zur Ruhe kommst ... weil dein Unbewusstes sich in Augenblicken wie diesem ... besonders gut um deine Gesundheit kümmert ...

... kannst du dir vorstellen ... auf einer Ebene ... wie es wohl wäre ... dort in den Saal hineinzugehen ... und die Gefühle zu besuchen ... als willkommener Gast ...

... denn selten kommen die Menschen zu den Gefühlen ... normalerweise ist es umgekehrt ...

... kaum je findet ein Mensch diesen Ort ... so dass die Gefühle sich freuen ... wenn mal einer vorbeischaut ... und so begrüßt dich sofort ein Gefühl der Gelassenheit ... lächelt dich erfreut an ... bietet dir etwas zu trinken an ... oder zu essen ... und einen bequemen Sessel ... ... in dem eine tiefe Gelassenheit sich dir vermittelt ... die fast so tief ist wie die angenehme Schwere ... in die ein lockerer Körper sinken kann ...

... und die Gelassenheit setzt sich neben dich ... erkundigt sich nach deinem Tag ... und deinen Wünschen ... und was sie für dich tun kann ... denn sie wirkt ehrlich interessiert an dir ...

... und weil sie so nahe bei dir sitzt ... überträgt sich ein ganz dichtes und sehr angenehmes Gefühl der Gelassenheit auf dich ...

... du magst in die Runde schauen ... beobachtest die vielen Farben ... und die anderen Gefühle ...

... kannst im Saal ihr Lachen hören ... und vielleicht auch sehen ... das Weinen der Traurigkeit ... was dort so gar nichts Trauriges an sich hat ... denn was soll die Traurigkeit denn anderes tun ... wenn sie ganz wie sie selbst ist ... und so wirkt die Traurigkeit ganz gut dabei ... während sie ist wie sie ist ... ... und der Ärger wirkt ganz gelassen in seinem für ihn so normalen Ärger ... ... und dir ist so ... als hättest du gar nichts damit zu tun ... denn du liegst ja in Wirklichkeit hier ... angenehm schwer ... und wohlig warm ... und gelassen ...

... und an ihrem Platz in der Vorstellung ... im Saal der Gefühle ... sitzt die Gelassenheit in Person direkt neben dir ... lächelt dich an ... und der Rest der Gefühle ist gerade sowieso nicht so recht im Dienst ... und hat mit dir auch gar nichts zu tun ... dort ...

... und es ist ein so gutes Gefühl ... bei sich zu sein ... gelassen und locker ... in den Armen und Beinen ... im Oberkörper ... im Atem ... der frei und frisch strömt ... und im Kopf ... in den Gelenken ... auch in den Gedanken ... die in der Gelassenheit sofort ruhiger werden ... und sich klarer anordnen ... so dass irgendwo auch Lösungen sichtbar werden ... ... und du kannst all das gelassen beobachten ... und es annehmen wie es eben so ist ...

... und die Gelassenheit schließlich auch mitnehmen ... gut integriert in deinen Körper ... in deinen Gefühlen ... in deiner Art, mit dir umzugehen ... ... um gelassen hierher zurückzukommen ... so schnell oder langsam wie es gut ist für dich ...

Gelassenheit und Ärger

Im Schloss der Gefühle kann man den Gefühlen begegnen. Dort sind sie nicht »bei der Arbeit«. D. h., sie haben keinen Einfluss auf die Person, die sie sich anschaut. Es gibt genügend Distanz, um nicht von ihnen beeinflusst zu werden. Das zeigt auch dem Verstand, dass es verschiedene Wahlmöglichkeiten gibt, wenn eine Situation auftritt, von der man bisher dachte, nun müsse man sich ärgern.

... und so kannst du dich jetzt sinken lassen ... angenehm schwer und wohlig warm ... und den Alltag ein Stück von dir weg sinken lassen ... wohin auch immer er sinken will ... und das Gute davon zulassen ...

... und ob es wohl irgendwann möglich ist ... bewusst zu unterscheiden ... ob der Atem rechts oder links in der Nase langsamer strömt ... denn es wechselt ständig ... ist wohl nie gleich ... und hat nichts mit Gerechtigkeit zu tun ... es passt sich den Bedürfnissen deines Körpers an ... mal strömt mehr Frische links ein ... mal rechts ... ... und es gibt Menschen ... und Situationen ... da würde auch das Ärger auslösen ... und die Nase wäre daran ganz und gar unschuldig ... wie auch der Atem ...

... und vielleicht kennst du es schon ... das Schloss in den Wolken ... mit dem großen Saal ... in dem die Gefühle sich treffen ... um sich auszutauschen und auszuruhen ...

... und du kannst mit deiner Vorstellung dorthin gehen ... dich in einen bequemen Sessel setzen ... in dem du dich gut erholen kannst ... in dem du dich sicher und geborgen fühlst ... und es dir aus dir heraus gut gehen lassen ...

... die Gelassenheit entdeckt dich bald in deinem Sessel ... sie freut sich ... dich zu sehen und kommt lächelnd zu dir ... natürlich ist alles an ihr gelassen ... ihr Gang ... ihr Lächeln ... das leichte Schwingen ihrer Arme beim Gehen ... sogar ihre Kleidung und ihre Frisur ... selbst die Luft um sie herum wirkt gelassen ... als würde auch sie mit mehr Ruhe um die sich nähernde Gestalt strömen ... ... schon während sie sich dir nähert ... überträgt sich ihre Gelassenheit auch auf dich ... ohne Eile wird alles an dir gelassener ... ... sie setzt sich neben dich ... gelassen nimmt der Sessel sie auf ... und strahlt ihre angenehme Ruhe auf dich aus ... und in dich hinein ... die Gelassenheit ... ... und es tut dir einfach nur gut ... alle unnötige Spannung löst sich von dir ... jede Angst verliert sich ... so dass du dich sinken lässt ... angenehm schwer und wohlig warm ... alles mit einem guten Abstand betrachtest ... was sich so tut ... als hättest du gar nichts damit zu tun ...

... und während du es genießt ... dich jetzt zu erholen ... und zur Ruhe zu kommen ... auf deine Weise ... und das ist die Weise ... die für dich am besten ist ... und das weißt nur du ... zeigt die Gelassenheit dir eine Gruppe bunter Gestalten ... dort im Saal im Licht unter der Palme ... und sie beschreibt sie dir als diejenigen ... die für Gefühle des Ärgers zuständig sind ...

... und du schaust sie dir gründlich an ... voller Gelassenheit betrachtest du ihre Gesichter ... ihre Kleidung ... ihre Bewegungen ... ... und bist doch sehr verwundert ... denn du hast eigentlich erwartet ... dass alles, was mit Ärger zu tun hat ... irgendwie dunkel und bedrohlich ist ... und Spannung hervorruft ... aber die Gestalten dort sind heiter und nett anzuschauen ...

... und irgendwann stehst du gelassen auf .... gehst zu ihnen ... wirst begleitet von der Gelassenheit ... um sie aus der Nähe anzuschauen ... und auch aus der Nähe sind sie freundlich ... sie freuen sich sogar, dass jemand zu ihnen kommt ... denn normalerweise werden sie gemieden ... und sie erklären dir ... dass derjenige, der sie direkt anschaut ... gut mit ihnen auskommt ... und nur der, der sie meiden möchte ... und so tut ... als gäbe es sie nicht ... ihren großen Schatten sieht ... und weil er nicht richtig hinschaut ... hält er den Schatten für die Wirklichkeit und ärgert sich ... worüber auch immer ...

... und du kannst mit ihnen plaudern ... sie bieten dir etwas Gutes zu essen an ... das du gerne nimmst ... es schmeckt köstlich ... und sie erzählen dir Geschichten über ihre Arbeit ... dass sie in erster Linie die Aufgabe haben ... die Menschen zu prüfen ... ihnen zu helfen ... ihre wahre Seite zu sehen und dadurch gelassener zu werden ... und dass diese Aufgabe oft sehr mühsam ist ... ... und sie versprechen dir ... dich zu besuchen im Alltag ... und dir zu zeigen ... wie du ihren Schatten ganz leicht meiden kannst ... indem du sie direkt anschaust und ihre Aufgabe erkennst ...

... und so schlenderst du zurück zu deinem bequemen Sessel ... lässt dich hineinsinken ... genießt die Gelassenheit die immer noch aus dir heraus strahlt ...

... um dann schließlich in deiner eigenen Geschwindigkeit hierher zurückzukommen ...

Traurigkeit

Begleitet von der Gelassenheit kann das Gefühl der Traurigkeit kennengelernt werden – sozusagen in einem neutralen Rahmen, in dem die Traurigkeit nicht gefühlt wird. Die Traurigkeit bekommt in diesem gelassenen Rahmen die Gelegenheit, von ihren schönen Wirkungen zu erzählen.

... und dein Körper kann sich in aller Ruhe hier erholen ... so weit, wie es für dich in Ordnung ist ... ... dabei wird er Spannung loslassen ... und hinuntersinken ... angenehm schwer ... und wohlig warm ...

... so dass du dich treiben lassen kannst ... in die oft farbige Weite deiner Fantasie hinein ... dorthin, wo alle Ideen herkommen ... ... dich jetzt treiben lassen ... soweit es angenehm ist für dich ... und dir guttut ...

... dich dabei an Regentropfen erinnern ... oder sie hören ... an fallende Regentropfen ...

... und durch das Hören vielleicht auf eine Art sehen ... dass das Fallen der Tropfen entlang der Luft ... Wärme erzeugt ... durch die Reibung ... wie ein stilles Rauschen ... denn es tut gut ... sich in die eigene Wärme sinken zu lassen ... in tiefem Vertrauen ... in das eigene Unbewusste ... und seine vor dem Bewusstsein meist verborgenen Fähigkeiten ...

... und dein Unbewusstes weiß viel ... über Gefühle ... und es weiß auch ... wie es mit ihnen umgehen muss ... damit es gut ist für dich ... ... denn es könnte so sein ... dass es ein Stück hinter den grünen Wäldern ... dort wo das Blau des Himmels immer ein bisschen grün schimmert ...

... ein sehr großes Haus gibt ... wie ein Schloss ... mit einem hellen warmen Saal ... in dem sich die Gefühle der Menschen immer dann versammeln ... wenn sie gerade nicht gebraucht werden ...

… und so kannst du dich jetzt in deiner Vorstellung in einen bequemen Sessel dort setzen … mit einem Teil deiner Fantasie … und zwar auch mit dem Teil … der zuständig ist für die Gefühle … und dich ausruhen … während dein Körper seine Spannung hier abgibt … über deine Unterlage an den Boden … angenehm schwer … und wohlig warm sinken lassen … und sich wirklich gründlich erholt dabei …

… und sobald dein Teil dort bequem sitzt … und die vielen bunten Gefühle die sich dort im Saal aufhalten … die aussehen können wie Menschen auf einem Karneval … sieht und hört … vielleicht kann der Teil sie sogar riechen … und er kann sich dort locker sitzen lassen … und die Eindrücke genießen … denn die Gelassenheit setzt sich zu dir … sie lächelt dich freundlich an … die Gelassenheit … und strahlt so viel heitere Ruhe aus … dass es dir wohlig warm wird … und hell in deinen Gefühlen … und du dich sicher und geborgen fühlst … und dich bequem sinken lassen kannst … … … angenehm schwer und wohlig warm …

… und eine Weile schweigt ihr so vor euch hin … und es geht dir gut damit … und dann fragt dich die Gelassenheit … nach einigen Momenten des gelassenen Zuschauens … welches Gefühl sie dir vorstellen soll … und du überlegst gründlich … und wägst ab … und entscheidest dich dieses Mal vielleicht für die Traurigkeit … weil sie eine so schöne dunkle Farbe ausstrahlt … die dir gefällt … … … und die Gelassenheit ruft sie zu euch … und sie kommt gerne zu euch … setzt sich so, dass die Gelassenheit zwischen euch sitzt … und du schaust sie dir an … und kannst erkennen … dass es ihr guttut … der Traurigkeit … sich hier zu erholen … und vielleicht das erste Mal kommt dir der Gedanke … dass es für die Traurigkeit anstrengend sein mag … das Leid der Menschen zu fühlen … durch das sie zu ihnen gerufen wird …

… denn das macht ihren Job sehr anstrengend … weil die Menschen sie selten mögen … obwohl sie die Menschen mag … und ihnen so vieles erzählen und zeigen möchte … und so erzählt sie dir … wie wichtig es ist … auch traurig sein zu dürfen … und sich zu erlauben … manchmal traurig zu sein …

… und sie zeigt dir … irgendwie … wie schön die Welt aussehen kann … wenn die Traurigkeit sie einfärben darf … … … und sie mit ihrer Melodie unterlegen darf …

... und sie zeigt dir ... dass die Freude eine der besten Freundinnen der Traurigkeit ist ... und dass sie sogar meist zusammen unterwegs sind ...

... so dass du dich jetzt beruhigt erholen kannst ... mit einem guten inneren Abstand ... angenehm schwer ... oder leicht ... und wohlig warm ... ... und so schweigt ihr ein Weilchen vor euch hin ...

... und nach einiger Zeit verabschiedet sich die Traurigkeit ... mit einem schönen Lächeln von dir ... und die Gelassenheit erzählt dir noch so manches ... mit ihrer gleichmäßigen melodischen Stimme ... ... du schaust dich um dabei ... genießt die Farben ... und die Musik der Töne der Stimmungen ...

... um dich dann allmählich wieder zu sammeln ... und in deiner eigenen Geschwindigkeit ... so, wie es dir guttut ... jetzt hierher zurückzukommen ... in diesen Raum und in diese Zeit ...

Farbige Gefühle

Farben rufen Gefühle in uns hervor. Es ist ein interessanter Gedanke, über die Farben Einfluss auf unsere Gefühle zu nehmen. Sich dazu ins Schloss der Gefühle treiben zu lassen und dort als Regisseur die Gefühle und ihre Farben auf eine gute Art abzustimmen.

... und während du dich hier sinken lassen kannst ... in eine angenehme Ruhe hinein ... ein Stück entfernt vom Alltag ... dich von ihm wegsinken lassen kannst ... für ein paar angenehme Minuten ... ... auch deinen Körper sinken lassen kannst ... angenehm schwer ... und wohlig warm ...

... bist du umgeben von Licht ... und alles um dich herum wird durch das Licht farbig ... denn wenn es kein Licht gäbe ... dann gäbe es auch keine Farben ...

... und wie du vielleicht auch bewusst weißt ... reagierst du auf alle Farben mit Gefühlen ... so sind helle Farben eher mit Freude verbunden ... und mit Leichtigkeit ... und dunkle Farben drücken eher Trauer aus ... und Schwere ...

... und so kannst du es dir auch einmal umgekehrt vorstellen ... dass nicht nur die Farbe ein Gefühl bei dir hervorruft ... sondern die Gefühle sich farbig zeigen … … … das mag im Schloss der Gefühle gut sichtbar sein … da mag es eine Sitzgruppe geben … da sitzen die hellen Freuden zusammen … und es ist so gar nicht wichtig … ob die Sessel bequem sind … oder ob sie auf dem Boden sitzen … es ist einfach hell bei den Freuden … … … und wenn sich aus einer anderen Ecke ein dunkelblauer Schmerz dazugesellt … dann wird die Freude kaum gemildert … sie bekommt etwas mehr Kontrast … wird dadurch sogar auffälliger … und das dunkle Blau wird in seiner Dunkelheit gemildert … wird sogar auch interessant …

… und so kannst du dort als Regisseur tätig werden … kannst die Farben bitten … sich verschieden zu mischen … denn die Farben sind im Schloss der Gefühle … und sie spielen gerne mit … es ist wie ein interessantes Theaterstück für sie … … … und so gibst du der grauen Trauer etwas gelbes Glück dazu … und spürst in dich hinein … wie es sich anfühlt … … … und ich weiß nicht … wie sich Ärger bei dir anfühlt … aber du kannst ihm mal etwas Trauer zufügen … und spüren, wie es sich anfühlt …

… mal viel Gelassenheit dazu geben … und sehen, was sich dann verändert … und spüren, wie es sich anfühlt … … … und so kannst du jetzt einmal damit experimentieren … … … und so allmählich immer genauer herausfinden … wie du die Gefühle so abstimmen kannst … dass es dir guttut …

… und den Gefühlen gefällt dieses Spiel …. diese Möglichkeit der Veränderung …

… so mag es irgendwie seltsam scheinen … wenn die Trauer sich freut … über das Glück … das ihre Dunkelheit erhellt … aber im Schloss der Gefühle ist es wie im Traum … alles ist möglich …

… und vielleicht stellst du fest … dass es sehr angenehm ist … das eigene Gefühl zu verändern … eine gute Abstimmung herzustellen … die dir guttut …

… und irgendwann dann zeigen dir die Gefühle eine Farbtafel … auf der du dich selbst wandern lassen kannst … wie ein Lichtfleck … der darüber schwebt … … … oder wie ein Blatt … das sich auf die Farbe senkt …

und dann das dazugehörige Gefühl empfindet … … … und so kannst du dich dort treiben lassen … mal mehr zur einen Seite … mal mehr zur anderen … … … und in dich hineinspüren … wie es sich anfühlt …

… und allmählich findest du immer genauer heraus … bei welchem Gefühl du dich wohlfühlst … und das mag von Situation zu Situation verschieden sein …

… und du findest die Farbe … irgendwie … die dir jetzt guttut … die dir im Körper und in der Stimmung guttut … … … lässt dich auf sie hinuntersinken … und genießt es ausgiebig … dass es dir gut geht jetzt …

… und vielleicht willst du dir diese Farbe merken … um sie später leichter wiederzufinden … vielleicht macht sie sich auch gut als Schal … … … während du beim Einschlafen … oder bei anderen guten Gelegenheiten … dich weiter damit beschäftigen kannst … deine Gefühle gut auf dich einzustimmen … … … beginnst du nun damit … dich für den Alltag zu sammeln … löst dich wieder aus dem Schloss der Gefühle … und von den Vorstellungen dort … … … wirst dazu mit jedem Einatmen frischer und klarer … und kommst so schnell oder langsam hierher zurück … wie es dir jetzt guttut …

… wirst dabei mit jedem Einatmen frischer und klarer …

Weitere mögliche Inhalte:

Gefühle vermehren

Im Schloss angekommen, unterhält sich der Hörer (oder ein Stellvertreter) mit den Gefühlen, die er mag, um zu erfahren, was er tun muss, damit sie sich häufiger bei ihm aufhalten, sich wohler fühlen bei ihm. Die Freude erklärt ihm beispielsweise, was sie mag: Licht; helle Farben; Aufmerksamkeit auch für die kleinen Dinge des Lebens; Zeit; Körpergefühl; Kontakte zu anderen Menschen etc.

Gefühle reduzieren

Beispielsweise unterhält der Hörer sich mit der Unzufriedenheit, um zu erfahren, wie sie ihn verlassen könnte: sich über kleine Dinge freuen; den Blick auf das richten, was er schon geleistet hat; mit der Stimme Kontakt aufnehmen, um ihr einen anderen Klang zu geben etc.

2. »Positive« Gefühle bringen Energie

Wenn man sich gut fühlt, ist es nicht nur einfach angenehm für das Empfinden. Jeder kennt die Auswirkungen: Es entspannen sich die Muskeln spürbar, der Blutdruck ist eher auf einem guten Niveau, die Gedanken sind kreativer, der Stress spielt keine Rolle – alle körperlichen und psychischen Faktoren begünstigen dabei einen gesunden Zustand. Deshalb ist es erstrebenswert, möglichst viele positive Gefühle zu haben.

Die Geschichten in diesem Kapitel begünstigen die Hinwendung zu diesen Gefühlen.

Weg in die Ruhe

Ziel ist es, seinen eigenen Weg in die Ruhe zu finden. Durch Beispiele werden Erinnerungen an beruhigende Assoziationen ausgelöst. Das fördert den Zustand der Ruhe während des Hörens.

... und wie es so ist ... wenn du zur Ruhe kommst ... oder kommen willst ... denn manchmal dauert es etwas länger ... ... und vielleicht, wenn du es dir anschaust ... irgendwie ... ... ein Weg zu einem Ziel ... so wie es viele Wege gibt ... und unendlich viele Ziele ... ... und ein Ziel ist Ruhe ... auf deinem Weg ... heute ... deine Ruhe ... jetzt ... ... und all deine anderen Wege ... können im Hintergrund bleiben ... mehr oder weniger ... verändern sich ... wie es eben so geschieht ... während dein Weg der Ruhe in den Vordergrund treten kann ... für den Moment ... ... und ich weiß nicht ... welchen Weg du dir ausgesucht hast ... wenn überhaupt ... welcher Weg für dich der Richtige ist ... im Moment ... und er ist wie alles in Veränderung begriffen ... er passt sich an ... an deine Bedürfnisse ... so, wie es gut ist für dich ... ... vielleicht anfangs eine vielbelebte Straße ... wie im Feierabendverkehr ... dann nach einigem Abbiegen und Warten ... im Stau der Unruhe ... vielleicht eine Fußgängerzone ... mit vielen Menschen zuerst ... durch die du dich hindurchtreiben lassen kannst ... ... gelassen oder schimpfend ... je nachdem ... ... aber schon bald ruhiger ... und dann lassen auch die Hindernisse nach ... der Weg wird zu einem natürlich unbegradigten Weg ... staubig ... oder grasbewachsen ... oder all das gleichzeitig ... irgendwie ... eben ein Weg in der Natur ...

... und du weißt ... irgendwann breitet sich Ruhe aus ... angenehme ... milde Ruhe ...

... und wo das Ende ist ... bestimmst du ... jedes Mal neu ... vielleicht nicht bewusst ... oder nur teilweise ... immer neu ... lässt du die Ruhe in dich hineinströmen ... warm und wohlig ... lässt deine Sinne sich öffnen ... für die Harmonie des Weges ... die Farben der Natur ... die auf den Bäumen zu sehen sind ... auf den Wiesen ... den Feldern ...

... und so kann die Ruhe tiefer werden ... mit dem Ausatmen tiefer ... ... und du kommst dem Ziel allmählich näher ... hast es vielleicht schon in der Bewegung dorthin gefunden ... ... spürst die Erleichterung ... loslassen zu dürfen ... kannst es genießen ... ... der Duft der Natur mag dich begleiten ... das Streicheln der weichen grünen Blätter des Maises aneinander ... oder sein derbes Rascheln wenn die Blätter bereits vertrocknet sind ... sie flüstern ... oder rufen einander etwas zu ... beschreiben dir den Weg ... sagen dir etwas über dich dabei ... laden dich ein zu hören ... das Gelb ihrer Früchte zu fühlen ... ihre glatte Härte zu sehen ... und eine Verbindung zu spüren ... zu dir selbst ... in den ungeahnten Wegen ... der harmonischen Ruhe ...

... und es tut gut ... zu akzeptieren ... dass dein Verstand wenig damit anfangen kann ... vielleicht mag er sich freuen ... über die Pause ... und die Geborgenheit auf der weichen Unterlage ... angenehm schwer oder leicht und wohlig warm ... jetzt ...

... und sich dem gesunden Schwingen des Lebens überlassen ... ... gesunde Entwicklung zulassen ... in der Ruhe besonders ... und zu fördern ... während das Licht ... das irgendwie dazugehört ... deine Stimmung von innen wärmt ... und deinen Verstand erhellt ...

... und so kannst du jetzt einige Gelassenheit mitbringen ... während du dich sammelst ... und in deiner eigenen Geschwindigkeit hierher zurückkehrst ... und dabei wach und frisch wirst ...

Hoffnung und Zuversicht

Alle Geschichten dieses Kapitels wirken entlastend und nähren die Hoffnung auf konstruktive Veränderungen im Leben – wie auch immer es gerade sein mag. Die Hoffnung an sich wirkt bereits vitalisierend und fördert die Vorgänge in uns, die uns helfen, Probleme zu bewältigen und schwierige Situationen besser auszuhalten.

Es wird das Gefühl gestärkt, dass die Dinge sich zum Guten entwickeln werden. Dass in uns Potenziale sind, die wir fördern können und die uns helfen, auch Schwieriges zu bewältigen. Unsere Widerstandsfähigkeit gegen Erkrankungen jeder Art wird unterstützt.

Frühlingshauch

Der Frühling ist das Ende des kalten, sonnenarmen Winters. Er bringt Hoffnung auf Gefühle der Wärme und der hellen Veränderungen. Er kommt immer. Auch wenn der Winter lang war. Dieser Vergleich legt nahe, dass alle schlimmen Gefühle irgendwann von konstruktiven Veränderungen abgelöst werden.

... und begleitet von den Geräuschen um dich herum ... kannst du dich sinken lassen ... angenehm schwer und wohlig warm ... während die Gedanken frei werden ... in der Ruhe ...

... und wenn man durch die Natur geht in diesen Tagen ... und das kann auch in der Erinnerung sein ... während dein Körper sich nicht an seine angenehme Schwere erinnern muss ... denn sie begleitet die Entspannung immer auch ... und besonders in der Wärme des Raumes ... wird die eigene Schwere oft zu einem wohligen Gefühl der Erholung ...

... und so zieht der Frühling durch die Natur ... leichtfüßig und fröhlich ... er selbst ist unsichtbar ... aber dort, wo er vorbeikommt ... verbreitet sein Atem einen grünen Hauch über die Pflanzen ... ... pünktlich wird er kommen ... soweit das für die Natur eben gilt ... die keine Uhr kennt ... nur eine Abfolge von Jahreszeiten ... ihrem eigenen Rhythmus folgend ... auf jeden Winter folgt ein Frühling ... der auch noch ein halber Winter sein kann ... oder schon ein kleiner Sommer ...

... und das Grün ist sehr unterschiedlich ... vielleicht liegt es daran, dass der Frühling mal kräftig ausatmet ... und mal leicht ausatmet ... je nachdem wie ihm gerade zumute ist ... und ob er sich angestrengt hat ... denn vielleicht ist es für den Frühling anstrengender ... einen ganzen Wald zu begrünen ... mit seinen vielen verschiedenen Bäumen ... und Grüntönen ... als über einen Fluss zu ziehen ... oder einen kahlen Bergrücken ...

... und so ist das Grün mal dunkler und mal heller ... mal eher gelb oder auch bläulich ...

... und den Frühling kümmert das nicht wirklich ... er zieht eben weiter ... mit leichtem Schritt ... ... und hinter ihm bleibt sein grüner Hauch ... und verbreitet Leichtigkeit und Fröhlichkeit in den Stimmungen der Menschen ...

... Hoffnung auf Licht und Wärme ... Zuversicht ... dass die Zeit der Kälte vorüber geht ... dass etwas Neues beginnt ... und dass die Anspannung des Winters nachlassen kann ... weil in der Wärme und im Licht Neues wachsen wird ...

... denn in seinem Schlepptau kommt die wohlige Wärme ... sie verteilt weitere Farben auf den Pflanzen ... das Weiß und Gelb ... das Blau und Rot der Blumen ... in vielen verschiedenen Tönungen ... und Formen ...

... so ist das milde Grün erst der Beginn des Frühlings ... das leichte Atmen ... das sein Kommen ankündigt ...

... und mit seinem Hauch bringt er so die Stimmungen der Menschen in Bewegung ...

... sie werden freundlicher und fröhlicher ... schwemmen das Grau und die Schwere des Winters aus ...

... und die kräftigen Farben ersetzen es ... und werden zum lachenden Überschwang ... der sich als Klang einer für das normale Hören nicht hörbaren Stimme ... durch die Frühlingsluft verbreitet ...

... so mögen die Farben sichtbar gewordene Fröhlichkeit des Frühlings sein ... gereift in den langen Nächten des Winters ... dann geboren ... und verstärkt in der Freude der Seelen ...

... wo sie sich von Mensch zu Mensch fortpflanzen ... und dabei kräftiger werden ... oder abschwächen ... je nachdem ... ... und der Frühling nimmt sie dankend auf ... um sie freigiebig weiterzuverteilen ... oder wieder mitzubringen im nächsten Jahr ... falls etwas übrig bleibt ...

... und so hilft es ... bis in die Tiefen des Empfindens ... die Farben des Frühlings in die Seele hineinzulassen ... ... begleitet von der Wärme ... und dem Licht der Sonne ... damit die schweren Stimmungen verdünnt und ausgeschwemmt werden ... auch in diesem Moment ...

... so dass die Seele leichter und heller wird ... und ihre Freude weitergeben kann ...

... und so kannst du die Farben des Frühlings sich ausbreiten lassen ... auch in dir ... die Schwere sich verdünnen lassen ... und zusehen, wie sie sich verflüchtigt ... ... allmählich ...

... und auf deine innere Frühlingswiese wandern ... dir dort einen schönen Ruheplatz suchen ... und die Farben im warmen Frühlingslicht genießen ...

... den Melodien des Frühlings lauschen ... die sich zu verschiedenen Orchestern verbinden ...

... um einige dieser schönen Gefühle mitzubringen ... während du dich jetzt wieder sammelst ... und in deiner eigenen Geschwindigkeit hierher zurückkommst ...

Ein Blatt erwacht

Ein Blatt hat dem Leben gegenüber nur die Verpflichtung, zu existieren. Es ist dazu bestimmt, zu sein. Dazu gehören sein Wachstum und seine Gesundheit.

Ist es mit uns Menschen nicht genauso? Wir werden geboren wie ein Blatt – ohne Verpflichtungen. Die kommen erst durch die Umstände, in die wir geboren werden. Aber sie gehören nicht eigentlich zu uns.

Wenigstens in der Vorstellung können wir uns von all unseren Verpflichtungen, die wir uns im Laufe der Zeit aufgeladen haben, auch wieder lösen. Sobald wir uns in der Vorstellung gelöst haben, geschieht es leichter – und manchmal wie von selbst – in der Wirklichkeit.

... und nachdem die Schwere spürbar wird ... wenn die Muskeln sich lockern ... kannst du deine Fantasie jetzt treiben lassen ... ... und wie es wohl für ein Blatt sein mag ... wenn es das erste Mal die Sonne aufgehen sieht ... ... bisher die schützende Dunkelheit gewohnt ...

erlebt es die Dämmerung ... zuerst ein Grau auf der einen Seite des Himmels ... ... das heller wird ... und Farbe bekommt ... von der Sonne gespeist ... ... die Frische der Nachtluft umhüllt es noch ... ... dann die ersten Strahlen am Horizont ... noch bevor die Sonne zu sehen ist ... und das erste Mal in seinem jungen Leben sieht das Blatt Farben ... und es ist sehr aufmerksam ... und es entsteht Freude in ihm ... irgendwie ... durch die Farben ... und das Licht ... und es spürt Wärme ...

... denn aus dem Grau der Dämmerung ... wächst zuverlässig ... die rötliche Strahlung der aufgehenden Sonne ... ... langsam steigt sie nach oben ... breitet sich über den Himmel aus ... ... während in der Nähe noch Menschen in ihren Betten schlafen ... oder schon Geräusche machen ... Vogelstimmen erwachen ... färbt sie den Bodennebel ... und streckt ihre weichen Arme nach dem Blatt aus ... und nach dem Rest der Welt ... sieht auch das Blatt zum ersten Mal ... begrüßt es freundlich und berührt es zart ...

... immer mehr ... beginnen die Strahlen das Blatt zu wärmen ... das Rot wird zu einem hellen Gelb ... wird wärmer ... hüllt das Blatt ein ... ... und das Blatt genießt es ... wie die Wärme es aufleben lässt ... während sein Rücken noch den Schatten der Nacht bewahrt ... ... fühlt es in seinem Inneren ... wie die Wärme sich verbindet mit dem Licht ... und wie beides zusammen es wachsen lassen ... und es spürt dieses Wachsen auch innerlich ... ... das Größerwerden im Licht ... in der Wärme der Sonne ... ganz intensiv in allem, was es ist ...

... und weil es ein Blatt ist ... an einem Baum ... und weiter keine Verpflichtung hat ... als eben das zu sein, was es ist ... kann es die Dinge zu denen es bestimmt ist ... aus sich selbst heraus ... geschehen lassen ... und die schlafenden Menschen und ihre Geräusche sind ihm gleichgültig ... ... deshalb genießt es sein eigenes Dasein ... in Licht und Wärme ... und lässt sich hängen ... vom Wind schaukeln ... hin und wieder ...

... in sich und mit sich zufrieden ... ... und weil das ein wirklich ... gutes Gefühl ist .... mit sich selbst zufrieden zu sein ... kannst du genießen ... dass es auch in dir ist ... und wachsen wird ... ... und so lässt du die Zufriedenheit in dir wachsen ... in allen Zellen und Poren ... vom Kopf ... bis in die Finger ... und Zehen ...

... und bringst Zufriedenheit mit ... so dass sie deine Freude am Tag und an der Nacht nährt ... während du jetzt mit jedem Atemzug frischer und wacher wirst ... in deiner eigenen Geschwindigkeit ... so dass du wieder aufmerksam in diese Realität zurück kommst ...

Ein See schwemmt schwere Gefühle aus

Wir kennen das Bild, wenn Wasser Verunreinigung auswäscht, etwa aus einem Stoff oder aus dem Salat. Indem wir uns vorstellen, dass Wasser auch uns innerlich reinigt, werden entsprechende Ressourcen in uns angesprochen. Dadurch werden wir gereinigt – nicht im moralischen Sinne, sondern von Krankheit und von Gefühlen, die uns peinigen.

... und während du dich hier mit deiner Schwere sinken lässt ... in eine erholsame Ruhe ... ... sinken lässt ... angenehm schwer und wohlig warm ... ... könntest du auch an einem warmen Sommertag ... mit allem was zu solch einem schönen Tag gehört ... ... an einem See liegen ... vielleicht auf einer Decke im Gras ... und die Dinge an dir vorüberziehen lassen ...

... den Duft des Grases ... von der Sonne erwärmt ... wie er vom Wind herangetragen wird ... und wieder mitgenommen ... nachdem deine Nase davon kosten durfte ... es genießen können ...

... weil du auch dort wie hier einfach nur daliegen kannst ... angenehm schwer und wohlig warm ... in den Moment der Ruhe hineinsinken lassen ...

... und nach einiger Zeit der Ruhe ... wenn du Lust auf Abwechslung bekommen hast ... willst du dir vielleicht den See anschauen ... und lässt deinen Blick ruhig schweifen ... über die glatte Oberfläche des Wassers ... ... verfolgst den Verlauf seines Ufers mit den Augen ... kannst die Pflanzen betrachten ... und die Tiere ...

... während du dir erlaubst ... es zu genießen ... überall im Körper ... deine Spannungen loszulassen ... ist der See sehr friedlich ... bis in seine Tiefen ... und irgendwie auch freundlich ... lächelnd ... soweit ein See das eben kann ... als würde er dich einladen, zu ihm zu kommen ... ... langsam kannst du zu ihm hinschlendern ... dich an sein Ufer stellen ... beobachten wie das Licht der Sonne sich in ihm spiegelt ...

... und dich durch das klare Wasser bis auf den Grund sehen lässt ... bis zu den Steinen die entspannt in ihrer Schwere dort liegen ... und ihrem grünen Bewuchs ... der sich ganz locker vom Wasser bewegen lässt ... hin und her ...

... das Wasser ist ganz außergewöhnlich klar ... so dass du sehen kannst ... dass er recht flach ist ... ... es ist als würde er dich einladen ... deine Füße in ihm zu baden ... und du gehst vielleicht ein Stück hinein ... das Wasser hat genau die Temperatur die dir guttut ... ... und du kennst das Gefühl ... das Wasser umspült deine Füße sehr angenehm ... streichelt sie ... umspült deine Zehen ... und die Knöchel ... so zart wie nur Wasser es kann ...

... und so fühlst du dich bald leichter ... irgendwie ... als würde das Wasser alle Lasten aus deinen Füßen spülen ... vielleicht die Anstrengung des Tages ... und wenn du länger bleibst ... auch die alten Anstrengungen ... die Tage, Monate und Jahre zurückliegen ... und so genießt du es noch mehr ... dort zu sein ... mit den Füßen im warmen Wasser ... das deine Lasten weich ausspült ...

... und magst vielleicht ein Stück tiefer hineingehen ... ... so weit, wie du dich wohlfühlst ... ... und weiter umspült das Wasser deine Haut ... weich und spielerisch ... reinigt es die Haut ... und weiter fühlst du dich leichter ... auch innerlich erleichtert ... ... und so versuchst du vielleicht ... dich noch einen oder zwei Schritte tiefer sinken zu lassen ... und kannst dich schließlich mit dem Körper so in das klare und warme Wasser hineinlegen ... dass nur noch der Kopf über Wasser ist ... dich im Moment tragen lassen ... ... und wieder fühlst du dich dadurch leichter ... auch innerlich ... und gereinigt ... befreit von neuen und alten Lasten ...

... und wenn du magst ... tauchst du in deiner Vorstellung kurz deinen Kopf unter Wasser ... und wie du ihn wieder aus dem Wasser hebst ... ist er leichter geworden ... sind deine Augen gereinigt ... ist dein Blick klarer ... und deine Ohren sind gereinigt ... so dass du besser hörst ... und auch deine Nase und dein Mund sind gereinigt ... so dass du besser riechen kannst und schmeckst ... und so erfüllt dich Ruhe und eine gute Verbindung zum Leben ... in allem, was du bist ...

... und weil es dir guttut ... wiederholst du es vielleicht noch einige Male ... bis du dich auch innerlich gereinigt und stark fühlst ... gesund und hell ...

... um dann langsam und leicht ans Ufer zurückzugehen ... und dich dort noch einmal hinzulegen ... um in der Sonne zu trocknen ...

... und du spürst ... während du so daliegst ... dass eine Freude dich erfüllt ... und sich noch weiter ausbreitet ... so als hätte der See alle schweren Gefühle aus dir ausgeschwemmt ...

... und so kannst du es genießen ... einfach hier zu sein ... angenehm erleichtert und wohlig warm ... ... um dich dann allmählich wieder zu sammeln und bereit zu machen für den Rückweg ...

... und du kommst so langsam oder schnell wie es gut ist für dich jetzt hierher zurück ...

Die leichte Schwere eines Vogels

Für den Verstand klingt es unverständlich: wie Schwere leicht sein kann. Das Gefühl aber kennt es: dass etwas, das zuvor schwer auf der Stimmung, auf der Seele lastete, unvermittelt leicht werden kann. Alleine das Wissen, dass es das gibt – und die Erinnerung an dieses Gefühl der Erleichterung – sind geeignet, entsprechende Veränderungen einzuleiten. Auch jetzt.

Diese Geschichte ist durch ihren für den Verstand verwirrenden Aufbau stark dissoziierend. Dadurch wird die Trance meist tiefer. Sie ist entsprechend gut geeignet, um therapeutisch zu arbeiten.

... nachdem du dich jetzt zurechtlegst .... und eine gute Haltung findest ... in der du eine Weile locker liegen kannst ... und dich erholen kannst ... auf allen Ebenen ... ... kannst du deinen Körper sinken lassen ... ... in seine angenehme Schwere und wohlige Wärme ...

... Gedanken und Geräusche kommen dabei ... und gehen auch wieder ... irgendwann ...

... und das Gefühl der Schwere mag eine Form der Ruhe sein ... ... darum kommt die Ruhe als Schwere manchmal leichter daher ... vielleicht wie ein satter, gemütlich dahinstapfender Elefant ... der das

Leben genießt und sein Gewicht tänzelnd durch den Staub trägt … … … und manchmal kommt die Ruhe schwerer daher … vielleicht ist der Elefant dann müde … weil er schon ein ganzes Stück seines Weges gegangen ist … und es verdient hat … sich auszuruhen …

… und ich weiß nicht … wie sie aussehen würde … die angenehme Schwere … die ein wichtiger Teil der Ruhe ist … … … wenn sie selbst eine Gestalt hätte … sie könnte auch ein Vogel sein … vielleicht bunt wie ein Papagei … so mag der Elefant sich manchmal fühlen wollen … … … und wenn er müde ist … der Vogel … der so schwerelos leicht durch die Luft fliegt … landet er irgendwo … wo es schön ist … klappt seine Flügel zusammen … und lässt sich irgendwo in Sicherheit zusammensinken … angenehm schwer … … … um in der Erholung allmählich wieder leicht zu werden …

… unter dem Federkleid wohlige Wärme … so dass die Ruhe bald tiefer wird … wie bei einem erholsamen Schlaf …

… er mag sich auf einem Baum in eine Astgabel gesetzt haben … lässt sich mit seiner Schwere hineinsinken … lehnt sich vielleicht sogar an einen Ast an … es sieht ja keiner … obwohl ihm auch das egal ist … wenn er nur müde genug ist … und es ist gut … dass er in dem Moment kein Elefant ist … außer wenn es ein sehr kräftiger Ast wäre … würde es keine Rolle spielen … … … und so genießt er die Ruhe … auf seine Art …

… während die Blätter des Baumes um ihn herum … leicht vom Wind bewegt werden … miteinander leise flüstern … um ihm seine Ruhe zu lassen … damit ihr Gast sich in Ruhe erholen kann …

… gemeinsam mit dem Wind … bewegen die Blätter den Ast auf dem er sitzt … um ihn sanft zu wiegen … in der Geborgenheit des Baumes …

… und in seinen Träumen wird er getragen … federleicht über die Wolken … legt sich auf die oberste, weiße Wolke … wie in ein weiches Bett …

… um ihn herum … unter dem Blau des Himmels … im Licht der warmen Sonne … sind andere Vögel … manche kommen von weit her … … … und sie erzählen sich, was sie gesehen haben … auf ihren Flügen … … … sie lachen miteinander … und entspannen sich …

... und die Blätter im Baum sehen ihn schlafen ... den Vogel ... sehen wie er lächelnd träumt ... der Vogel ... der eigentlich die Schwere ist ... und doch so leicht in der Ruhe ... und immer leichter wird in der Ruhe ... nachdem er zuerst schwer sein durfte ... ... und dann ... nachdem er sich erholt hat ... wacht er wieder auf ... fühlt sich frisch ... bleibt noch ein Weilchen sitzen ... beobachtet die Blätter ... ... ihr Spiel mit dem Wind ... ... und mit dem Licht ...

... sammelt sich wieder ... ... und lässt sich schließlich in den Wind fallen ... um wieder ein Stück weiterzufliegen ... und Freude am Leben zu spüren ...

... und so kannst du dich jetzt sammeln ... und hierher zurückkehren ... in deiner eigenen Geschwindigkeit ... so schnell oder langsam wie es gut ist für dich ...

Sonnenuntergang

Auch der Sonnenuntergang kommt jeden Tag. Gleichgültig, wie der Tag war und was an ihm passiert ist. Er ist verlässlich.

Es gibt also Dinge, die verlässlich sind und völlig unabhängig von menschlichen Veränderungen geschehen. Das legt die Hoffnung nahe, dass es für jede Situation wenigstens einen Ausweg gibt. Das Unbewusste erinnert sich an wärmende Sonnenuntergänge, relativiert das eigene Leid und sucht nach Auswegen ...

... und dein Körper erinnert sich ... es ist angenehm für ihn ... die warmen Strahlen der Sonne zu spüren ... ... so dass die Muskeln sich von ganz alleine entspannen dabei ... und die Wärme überall guttut ...

... manchmal ist es angenehmer, wenn die Sonne sehr hoch steht ... besonders im Frühling ... und im Herbst ... ... und im Sommer ist es angenehmer am Abend ... wenn ihre Strahlung und ihr Licht nicht mehr so intensiv und hell sind ... und ihre Wärme milder ...

... und so kannst du deine Aufmerksamkeit in deine Haut wandern lassen ... und ihre Wärme genießen ... für ein paar Minuten ausgiebig genießen ...

... während die Sonne an jedem Tag langsam nach unten wandert ... zum Horizont ... nachdem sie ihren höchsten Punkt überschritten hat ... der an jedem Tag an einer anderen Stelle ist ... ... mit jedem Augenblick ein Stück tiefer ... strahlt sie ihre wohlige Wärme durch die Haut ... in die Tiefen des Körpers ... und der Stimmungen ...

... und ihre Wärme verwandelt sich in deinem Inneren in wohliges Licht ... das dich von innen wärmt ... auf eine andere wohltuende Weise ...

... und mit dem Licht geht auch der Tag ... und so manches andere in das Vergessen ... das am nächsten Tag anders sein wird ... das wir vertrauensvoll der Nacht übergeben können ...

... und so sinkt die Sonne mit dem Herankommen der Nacht tiefer ... dem Horizont entgegen ...

... ihr Licht verändert sich ... während sie sinkt ... und mit ihm die Farben der Welt ... und unsere Sicht der Dinge ... irgendwie ... ... während sie tiefer sinkt ... verändern sich die Farben der Dinge ... sie bekommen einen warmen Ton ... ... werden unschärfer ... weicher ... milder ... verlieren ihre klare Gestalt ... können sich für das Auge zu etwas Neuem fügen ...

... die Schatten werden größer ... ... und in den Schatten findet die Kreativität ihre Nischen und ihre Nahrung ... ... der Verstand kann sich lösen ... sich ausruhen ... von der einen oder anderen Realität ... es werden Ideen geboren ... währenddessen ... unbewusst ... die über die Wirklichkeit hinausgehen ... oder eine andere Wirklichkeit schaffen ... ... dabei und nebenbei wird dieses oder jenes Problem gelöst ... noch unwissend neue Erfindungen geboren ... ... im Halbschlaf des Schattens der untergehenden Sonne ...

... und so kann eine Ahnung entstehen ... für den bewussten Verstand ... über die Möglichkeiten ... sich selbst gut zu entwickeln ... während das Unbewusste weiß ...

... und das leichte Licht ... gibt Raum ... gibt Vertrauen ... der Ahnung nachzuforschen ... und so wird sie dichter ... und klarer ... irgendwann zu einer Vorstufe der Gewissheit ... dass gute Entwicklung auch dort möglich ist ... wo sie bisher verborgen war ...

denn in dem Maße, wie die Sonne für die einen untergeht ... auf der einen Seite der Erde ... steigt sie für die anderen auf ... auf der anderen Seite ... ... und wenn die Vorstellung die Nacht durchwandert ... kommt sie an einen Punkt ... irgendwann ... und immer wieder ... wo die Nacht vorüber ist ... und die Sonne aufgeht ... ... sie wird heller und wärmer dabei ... erfüllt dort die Schatten mit Licht ... und schafft beruhigende Klarheit für den Verstand ... ... neue Möglichkeiten ergeben sich ... der ausgeschlafene Mensch hat neue Kraft und neue Ideen ... geboren im Unbewussten ...

... und so genießt du die schönen Bilder in dir ... Erinnerungen an Sonne und Wärme ... lässt dich davon ausfüllen ... und wärmen ...

... und bringst einiges davon mit ... während du in deiner eigenen Geschwindigkeit in die wache Wirklichkeit dieses Tages zurückkommst ...

Straßenpfosten

Diese Geschichte wirkt erheiternd. Sie löst im Verstand Widerspruch gegen die beschriebenen Vorstellungen aus – und beschäftigt ihn dadurch. Gleichzeitig nimmt das Unbewusste die Anregungen auf, dass manche Dinge ganz anders sind, als der Verstand sie sich vorstellt. Und warum soll das nur auf der Straße so sein?

... und während du zur Ruhe kommst ... und deine Glieder hinuntersinken dürfen ... angenehm schwer ... und wohlig warm ...

... dabei kann sich dein Körper erinnern ... an die letzten angenehmen Berührungen erinnern ... und an manche, die noch weiter zurückliegen ... und denen nachlauschen ... im Körper ... in seinen Erinnerungen ... die guten Gefühle finden ... die dazugehören ... und sie genießen ... ... Berührungen ... die deiner Haut besonders gut gefallen haben ... deinen Muskeln ... vielleicht sogar deinen Knochen ... und auch Gelenken ... ... besonders gut gefallen haben ... und so kannst du sie noch einmal genießen ... aus der Erinnerung heraus ... sich in dir ausbreiten lassen ... ... dich erinnern an angenehme Berührungen ... und an die guten Gefühle ... die dazugehören ... und dich sinken lassen ... in den Moment hinein ... angenehm schwer ... und wohlig warm ...

... und immer wenn du auf der Straße fährst ... sind rechts und links der Straße ... schwarz-weiße Pfosten ... sie sind nicht sehr groß ... und tagsüber auch unauffällig ... nachts leuchten sie oben auf der einen Seite rund ... auf der anderen Seite eckig ... immer dann, wenn Licht auf sie fällt ... und ganz still stehen sie da ... und vielleicht registrieren sie alles, was an ihnen vorüberzieht ...

... man könnte meinen, sie seien unbeweglich ... und würden immer an derselben Stelle stehen ... während du hier liegst ... angenehm schwer und wohlig warm ...

... denn manches ist ganz anders ... als der Verstand denkt ... und er darf es weiterhin denken ... denn es gibt ihm Sicherheit ... so dass es dir gut geht damit ... ... und dass manches doch ganz anders ist ... gibt dir die Gewissheit ... dass auch dort gute Veränderungen möglich sind ... wo du sie nicht erwartest ...

... und sogar der Verstand erlaubt es sich ... zu akzeptieren ... dass nicht alles so ist ... wie er meint ... denn es gibt ihm Sicherheit ... einerseits ... und Zuversicht ... andererseits ...

... einer könnte aber auch meinen ... dass die Zahl der Straßenpfosten gar nicht so groß ist ... ... und er könnte glauben ... dass sie mit ihm ziehen ... wenn er an ihnen vorüberfährt ...

... dann würden sie jetzt bereits am Ortsende auf ihn warten ... um ihn nach Hause zu begleiten ...

... immer, wenn einer hinter ihm im Dunkeln verschwindet ... so dass er ihn nicht mehr sehen kann ... auch nicht im Rückspiegel ... rennt der ganz schnell los ... außerhalb seiner Sicht rennt er ein Stuck nach vorne ... das setzt natürlich voraus ... dass er wirklich schnell rennen kann ... aber wie man weiß ... sind Straßenpfosten sehr geduldig ... warum sollten sie dann nicht auch sehr schnell rennen können ... besonders wenn es dunkel ist ... ... und dann wartet er ein Stück weiter vorne im Dunkeln ... gewohnt geduldig auf ihn ... während der an den anderen vorüberfährt ...

... und wer weiß schon ... was sie treiben ... während langer Stunden nachts ... wenn kein Auto kommt ... vielleicht tanzen sie irgendwo auf einem Feld ... und andere sitzen nachts vielleicht in einer Ecke ... und malen die Farben die an ihnen vorübergezogen sind ... zuvor ... während des Tages ... ... und die daraus entstehenden Bilder ... bei denen, die malen ... werden von Leuchtkäfern aufgehellt ... ... vielleicht ruhen sich andere aus ... vielleicht ist es anstrengend ... an der Straße zu stehen ... ... vielleicht sind es auch die Straßenpfosten ... die die runden Kreise in den Kornfeldern machen ... oder sie liegen sonst irgendwo herum ... und ruhen sich einfach nur aus ...

... so wie du jetzt ... hier liegen kannst ... und dich gründlich erholen ... ... manchmal sieht man morgens am Straßenrand noch irgendwo einen liegen ... der hat möglicherweise verschlafen ... und tut dann so als könnte er nicht mehr alleine an seinen Platz ...

... und weil das genau so sein könnte ... oder auch ganz anders sein könnte ... freuen sich deine Glieder darüber ... hier liegen zu können ... und über ihre schönen Erinnerungen ... daran ... berührt und bewegt zu werden ... und können deshalb ihre Spannungen nach unten abgeben ... auch die inneren ... und sich erholen ... alle deine Glieder ... jetzt ... und was sonst noch zu dir gehört ... und die Erholung brauchen kann ...

... um dann nach und nach wieder zu erwachen ... und sich frisch und ausgeruht zu fühlen ...

Das Puzzle des Lebens

Unsere Erfahrungen können verschiedene Reaktionen in uns auslösen. Sie müssen nicht zu diesem oder jenem Gefühl führen. Je nachdem wie wir damit umgehen und wie sehr wir das Erlebte bewerten, bekommt es mehr oder weniger Einfluss auf uns.

Auch diese Geschichte ist durch ihren für den Verstand verwirrenden Aufbau stark dissoziierend. Dadurch wird die Trance meist tiefer. Sie ist entsprechend gut geeignet, um therapeutisch zu arbeiten.

... und während deine Ohren hier warten ... und sich wohlfühlen bei dir ... ... und während dein Körper sich dabei sinken lässt ... angenehm schwer und wohlig warm ... die Gelegenheit nutzt, um sich gründlich zu erholen ...

... und dein Gehirn sich auf seine Weise beschäftigt ... mit diesem ... mit jenem ... ... und vielleicht darf es sich mehr mit dem beschäftigen ... was dich bei dir sein lässt ... weil jenes anders sein kann ... weil es dich nicht bei dir sein lässt ... als dieses ... das die Ruhe in dir fördert ... ... das vielleicht vorher auch einmal jenes gewesen ist ... oder gewesen sein wird ... denn es gibt für die Realität ... die auch nur eine Vorstellung ist ... irgendwie ... ... einen Bereich, in dem die Zeiten nebeneinander existieren ... und austauschbar sind ... und weil es für den Verstand nicht sonderlich angenehm ist ... zu denken ... der gestrige Tag käme nach dem morgigen ... oder der Schlaf sei der wachere Zustand ... ... und weil all das so verwirrend klingen mag ... kannst du den einfachen Weg zu dir nehmen ... den der einfach da ist ... dich selbst in deinem Körper fühlen ... und die Ruhe in dir ... sich ausbreiten lassen ... ... Gedanken sein lassen ... sich denken lassen ... während es sehr angenehm ist ... einfach nur im Körper zu sein ... sich spüren und Erholung zulassen ... auf allen Ebenen ... ... weil aus ihr die Kraft entsteht ... um alles zu schaffen ... irgendwie ... irgendwann ... aus der Ruhe in dir ...

... dabei sind manchmal andere Geräusche zu hören ... und so ist es gut ... dass die Natur für eine Regelmäßigkeit sorgt ... mit dem Herbstwind lösen sich die Blätter vom Baum ... bilden bunte Muster auf dem Boden ... scheinbar ... oder wirklich zufällig ... die dem Auge gefallen ... in denen du eine Spiegelung deiner Gefühle entdecken kannst ... die Vorlage für neue Ideen ... ... und so mag die Nacht im Schlaf des bewussten Verstandes eine Tür öffnen für uns ... in der wir nach vorne gehen können ... in die Vergangenheit, um die Zukunft neu zu ordnen ...

... während der Verstand sieht ... mehr oder weniger bewusst ... wie sich in einem Traum ... Farben zu einem wunderbaren Bild verdichten ... vielleicht eine Landschaft ... oder das Erlebnis eines Spaziergangs im Herbst ... ... und es ist wiederum eine Spiegelung unseres Selbst ... aus der Ideen entstehen ... um die Dinge anders zu sehen ... und Lösungen für Probleme entstehen zu lassen ... ... kann eine Instanz in uns sich mit Leichtigkeit lösen ... von der Begrenztheit des Alltags ... und das Puzzle des Lebens vervollständigen ... hier noch einen Farbton verstärken ... dort eine Lücke füllen mit scheinbar Unwichtigem ... ... denn ein Teil eines Puzzles alleine mag zwar interessant sein ... und es bekommt eine ganz andere Bedeutung ... wenn es mit den anderen Teilen zusammengefügt wird ... seinen Platz findet ... zunächst unbewusst ... irgendwie ...

... und Träume können wunderbare Gefühle auslösen ... in einer Farbe schwingen ... oder schweben ... schwerelos im All die Sterne verbinden ... zu einem Klang ... oder einer Melodie ... ... wie ein Zweig im warmen Wind geschaukelt werden ... grün oder gelb oder rötlich ... die Farben des Herbstes ... ... die Rundung eines Balles spüren ... der eine Seifenblase sein mag ... alle Farben ... und doch durchsichtig ... seine Vollkommenheit innen und außen ... seine Grenzen ... seine Fähigkeit sich zu verbinden mit anderen ... ... sich aufzulösen in viele kleine Bälle ... alle farbig ... alle fast schwerelos ... perfekt rund ... ... und den Blick oder den Finger entlang gleiten lassen ... an dieser weichen und glatten Rundung ... mal innen ... mal außen ...

... wie ein Kind auf der Luft schweben ... auf dem Wasser dahintreiben ... und sich lösen davon ... ... von der Farbe ... von dem Zustand ... die eigenen Grenzen spüren ... und festigen ... die Gegenwart als Ergebnis der Vergangenheit ... und als Voraussetzung für die Zukunft akzeptieren ... unbewusst wissend, dass das auch ganz anders sein kann ... ... während dein Unbewusstes dafür sorgt ... dass du dich in diesem Moment weiter und wirklich gründlich erholst ...

... und so sammelst du dich jetzt ... und kehrst in deiner eigenen Geschwindigkeit hierher zurück ... so schnell oder langsam, wie es gut ist für dich ...

Traumkisten

Kisten in denen Träume lagern, kann man öffnen, um in den Träumen zu suchen, und diejenigen auszuwählen, die guttun, die schöne Erfahrungen bringen.

Die Vorstellung einer schwarzen Möwe und eines weißen Raben hilft, die beschränkende Normalität loszulassen – zugunsten konstruktiver Veränderungen.

... und am Beginn einer Entspannung ... weiß man nie so recht ... welche schönen Bilder sich in der Fantasie entwickeln werden ... ... und das kann beruhigend wirken ... denn so kann der Körper sich gelassen hinuntersinken lassen ... in seine eigene Schwere ... und wohlige Wärme ...

... und weil noch niemand eine schwarze Möwe gesehen hat ... jedenfalls keine, die von einem weißen Raben begleitet wurde ... ... weil, wenn sie zusammen unterwegs sind ... sie sich eigentlich immer auf der Erde im Gras einer bestimmten Wiese treffen ... wo sie dann irgendwo im Gras liegen ... von außen nicht zu sehen ... sich dort aneinander kuscheln ... und es genießen ... zu wissen ... dass niemand glaubt ... dass es sie gibt ... ... und Pläne entwickeln ... wie sie zusammenziehen könnten ... um für immer beieinander zu sein ... um sich nicht mehr verstecken zu müssen ...

... und dabei entspannen sie sich sehr gut ... denn so ein Umzug ... egal ob der nicht existierende weiße Rabe zur schwarzen Möwe zieht oder umgekehrt ... ist immer gut ... besonders um Altes loszuwerden ... was wiederum die Erholung fördert ... und gutes Neues gedeihen lässt ...

... und in so mancher alten Holzkiste ... von außen oft unscheinbar ... liegen Erinnerungen ... mit intensiv schönen Gefühlen ... ... vielleicht gibt es da ein Buch ... das in der Kindheit gelesen wurde ... irgendwo an einem schönen Ort ... wo du deine Ruhe hast und träumen kannst ... von Dingen, die du gerne hättest ... ... ein Ort, an dem dein Körper sich ausruhen kann ... während deine Augen die Buchstaben verweben ... zu schönen Träumen ... die irgendwann und irgendwie zu Wirklichkeiten werden können ... ... und solch eine alte Erinnerung ... kann etwas öffnen ... das sich dann neu und besser fügt ... für den Verstand ... zunächst unbemerkt ... ... und dann haben sich Dinge neu integriert ... irgendwie ... zum Guten neu zusammengefügt ... und ab da fühlst du dich besser ...

... und so birgt jede Kiste wenigstens einen Traum ... denn Träume wohnen nicht nur in Büchern ... und Kopfkissen ... Träume wohnen auch in Kisten ... ... bei den Umzügen rutschen sie manchmal auf den Kistenboden ... bleiben dort liegen ... und der Nächste, der die Kiste öffnet ... vielleicht Jahrzehnte später ... und bis auf den Grund schaut ... entdeckt ganz unerwartet einen schönen Traum ...

... und so kannst du in deiner Vorstellung ... die eine oder andere Kiste öffnen ... und vielleicht in die Kiste auch hineinsteigen ... wenn sie groß genug ist ... in diejenige ... deren Traum dir besonders gut gefällt ... kannst hineinsteigen und Teil des Traumes werden ... seinen Verlauf und Ausgang vielleicht sogar direkt mitbestimmen ... ... oder von oben zuschauen ... und es genießen ... zu träumen ... während dein Körper Harmonie herstellt ... und sich gründlich erholt ... warm und locker ... ... wie es Rabe und Möwe erfahren ... geborgen miteinander im Gras liegend ...

... um dann Wärme und gute Gefühle mitzubringen ... indem du die Dinge auf die richtige Weise sein lässt ... und sich entwickeln lässt ... ... und mit dem Einatmen frischer und klarer wirst ... ... in deiner eigenen Geschwindigkeit ... um den Rest des Tages mit Freude zu verbringen ...

Die Gestalt der Wärme

Wenn es Engel gibt, dann schützen und helfen sie uns in schwierigen Situationen. Möglicherweise brauchen Engel unsere Aufmerksamkeit, damit sie sich uns zuwenden können. Vielleicht sind sie aber auch nur Fantasiegestalten, die es uns ermöglichen, unsere Ressourcen zu nutzen.

Der Vogel kann mit seinem Flügelschlag vieles schicken: Heilung – auch an bestimmten Körperstellen oder für bestimmte Störungen –, Mut, Freude, Ideen .... Entsprechendes kann in die Geschichte hineinformuliert werden.

... und die Wärme kann sich angenehm ausbreiten ... in deinem Körper ... ... und während du spürst ... wie deine Glieder aufliegen ... und ihr Gewicht abgeben ... und ihre Spannung abgeben ... an die Unterlage ... und sich wohlfühlen dabei ... ... fühlt es sich ähnlich an ... oder fast ganz genauso ... oder zumindest beinahe so ähnlich ... wenn du an einem schönen Ort liegst ... im Schatten vielleicht ... über dem Schatten die warme Sonne ... und deine einzige Beschäftigung darin besteht ... dich zu fühlen ... dich sein zu lassen ... und dich mit dir wohlzufühlen ...

... so dass du alles andere beiseite lassen kannst ... dich so tief sinken lässt ... wie es optimal für dich ist ... und das wird unbewusst gesteuert ... ... während in der Ruhe eine Nähe zu der Gewissheit leichter gefunden wird ... dass die Dinge sich gut entwickeln werden ... dass es gut ist ... sie sich auf ihre Weise gut entwickeln zu lassen ... ... und du fühlst es vielleicht sogar schon bewusst ... weil es wirklich guttut ... dass du dir vertraust ...

... und irgendwo dort ... wo auch immer es sein mag ... schickt die Sonne über dir die Wärme zu dir ... und ich weiß nicht ... wie du sie besonders wohlig spürst ... die Wärme ... die von der Sonne kommt ... ... und ob sie eine Gestalt hat ... und wie sie wohl aussehen würde ... die Wärme ... wenn sie eine Gestalt hätte ... und ob die Sonne nur eine ihrer vielen Verkleidungen ist ...

... vielleicht ist es ein heller Engel ... der dich freundlich anlächelt ... der sich langsam nähert ... um Erlaubnis fragt ... ob es dir recht ist ... dass er sich dir nähert ... und nach deinem Einverständnis ... einmal kurz zur Seite schaut ... warum auch immer ... und sich dann zu dir setzt ... in den Schatten ... ... und sein Lächeln ist so freundlich ... seine Augen schauen so angenehm ... dass es einfach nur schön für dich ist ... hineinzuschauen ... ... und für manche mag der Engel der Wärme ein Vogel sein ... dessen Flügel wie exotisch geformte Heizkörper wirken ... und deine Glieder erwärmen ... so dass sie Spannung loslassen ... und noch ein Stück tiefer sinken ... in ihre eigene angenehme Schwere ... ... und so kannst du deine Gedanken treiben lassen ... es zulassen ... dass du dich auf deine Art gründlich erholst ... und dass unbewusst alles getan wird ... was nötig ist ... damit es dir besser geht ...

... und das ist möglich ... weil du es zumindest unbewusst weißt ... dass die Dinge sich zum Guten entwickeln werden ... irgendwie ... wenn die Voraussetzungen geschaffen sind ...

... und der Vogel ... der ein Engel ist ... oder umgekehrt ... aber das ist nicht so wichtig ... denn er beginnt zu erzählen ...

... gestern war er in einem Dorf ... und hat in ein Fenster geschaut ... hinter dem ein Mensch schlief ... und der Mensch war wohl sehr müde ... denn er hatte viel geleistet ... und als er einschlief hatte er das Gefühl ... dass er gar keine Kraft mehr hatte ... und all die Dinge nicht mehr schaffen würde ... ... und der Vogel setzte sich an seine Füße ... und hüllte sie mit seinen warmen Schwingen ein ... und der Mensch bekam im Schlaf ein entspanntes und helleres Gesicht ... er freute sich lächelnd ... ohne bewusst zu wissen ... was seine Füße wärmte ... und das war auch nicht nötig ...

... und der Vogel schickte ihm ... mit einem Flügelschlag ... einen schönen Traum ... so träumte der Mensch ... von einem schönen Erlebnis irgendwo in der Wärme ... und er erholte sich sehr gründlich dabei ... ... viel schneller und mehr, als er dachte ... und es gewohnt war ... ... und dabei flüsterte der Vogel seinem Unbewussten Ideen ein ... wie er zukünftig besser mit sich umgehen konnte ... denn Leistungen hatte er genug gebracht ... von nun an durfte er gut zu sich sein ...

... und als der Vogel zur Sonne zurückflog ... ließ er etwas Warmes zurück ... in der Nähe des Herzens ... im Körper des Menschen ... so dass der auch später noch die Wärme in sich spürte ... und das Licht ... und alles ging viel leichter am nächsten Morgen ... auch das Gut – sein zu sich selbst ...

... und nachdem der Vogel zu sprechen aufgehört hatte ... sank der Mensch noch einmal in einen tiefen ... und sehr erholsamen Schlaf ... in dem sich die neuen Dinge in ihm ... mit den alten auf eine sehr gute Art integrierten ... und er nahm sich in diesem Schlaf alle Zeit ... die er dazu brauchte ... und dazu reichen ein paar Minuten schon aus ... denn in einer Minute kann sich die Ewigkeit mehrmals verstecken ...

... irgendwann dann ... später ... als alles gut geregelt war ... begann der Vogel aufzuwachen ... bevor er los flog ... und auch dabei ließ er sich Zeit ... das hatte er schon gelernt ... in einer der kürzeren Ewigkeiten ... ... er setzte sich zur rechten Zeit auf ... bewegte seine Schwingen in deine Richtung ... und es ist ... als löse sich etwas ... wie eine warme helle Kugel aus seiner Mitte ... sie schwebt zu dir ... hüllt dich kurz ein ... dir wird angenehm warm ... und hell ... ... und es ist ... als würde die Wärme und das Helle seinen Platz in dir gefunden haben ... und dich von nun an sicher begleiten ... was sich sehr gut anfühlt ... und so fliegt der Vogel also zurück zur Sonne ...

... und so kannst du dich jetzt noch einmal sinken lassen ... angenehm schwer ... und wohlig warm ...

... und dich dann wieder sammeln ... und in deiner eigenen Geschwindigkeit ... hierher zurückkehren ... in diesen Raum und in diese Zeit ...

Gefühlseindrücke des Tages

Wir kennen den Einfluss von Wasser und Wind auf die Natur. Was für den Sand am Strand gilt, zeigt sich auch in unserer eigenen Erfahrung:

Die Dinge verändern sich. Löcher (z. B. Verletzungen) werden wieder zugeschüttet, Neues kann entstehen.

Alles verändert sich ständig. So verändern sich auch eigene Bedingungen, die zunächst unveränderlich erscheinen mögen. Und oft fördert das Vergessen die Heilung.

... und weil die eigene Schwere deutlich spürbar wird ... wenn die Spannungen nachlassen ... ... kann sich dein Körper erinnern ... denn im Laufe des Tages ... hat sich so einiges angesammelt im Körper ... und in der Nacht ... ... die vielen Gefühle des Tages haben sich abgebildet im Körper ... unsichtbar ... und doch spürbar ...

... haben Eindrücke hinterlassen ... und andere Spuren ... ... vielleicht wie an einem Strand ... wo die vielen Füße der Badenden tagsüber ... den Sand aufwühlen ...

... manche graben tiefe Löcher ... in den weichen Sand ... ... oder bauen Burgen ... mit den bunten Eimern und den Schaufeln der Kinder ... und mit ihren eigenen Händen ... der Sand sammelt sich ... auch unter den Fingernägeln ...

... und abends ... wenn der Tag zu Ende geht ... und die Sonne tiefer sinkt ... ... dann bleiben allmählich nur noch die Eindrücke ... die Spuren übrig ... vom unruhigen Geschehen des Tages ... die von den Aktivitäten der Menschen erzählen ... ... und Ruhe beginnt sich auszubreiten ... kommt aus ihren Verstecken ... nimmt kleine Inseln am Strand in Besitz ... die immer größer werden ... friedlich ... unsichtbar ... gut fühlbar ... angenehm ... im ganzen Körper ... ... die selbstverständliche Ruhe der Natur ...

... die schon undenkbar alt ist ... und so viel verschiedene Unruhe schon gesehen hat ...

... und sich immer danach ausgebreitet hat ... irgendwann ... ... abends ... und im Laufe der Nacht ... hat sie den Platz der Unruhe eingenommen ... nachdem sie müde davongeschlichen ist ... in ihren verschiedenen Gestalten ... die sich alle irgendwo zur Ruhe begeben haben ...

... so dass sie die Spuren der Unruhe ausgleichen konnte ... ... mithilfe des Windes ... der den Sand verweht ... ihm eine runde Gestalt gibt ... oder auch scharf wirkende Ecken ...

... Ruhe breitet sich aus ... ... mithilfe des Meeres ... das den Strand glättet ... und alle Löcher füllt ... ... so dass bald ... nur noch natürliche Gleichmäßigkeit übrig ist ...

... auch der Regen hilft dabei ... wenn er zufällig gerade vorbeikommt ...

... und die Natur sieht das Geschehen mit großer Gelassenheit ... sie hat schon so vieles gesehen ... ... und selbst wenn ein Mensch jeden Tag an der gleichen Stelle sein Loch gräbt ... und sei es noch so tief ... ... die Natur füllt es wieder auf ...

... irgendwann ...

... und so kannst du einfach nur hier liegen ... die Dinge geschehen lassen ... denn sie werden sich ausgleichen ... auf eine gute Art ... irgendwann ...

... während du dich spüren kannst ... auf deinem Platz ... und sinken lassen ... ... angenehm schwer ... und wohlig warm ... ... in tiefem Vertrauen ... in die gelassene Weisheit der Natur ... ... die auch in deinem Unbewussten wirkt ... und an einem gesunden Ausgleich webt ...

... vielleicht mag es sich anfühlen ... wie ein warmer Wind ... der die Eindrücke des Tages in deiner Seele ... in deinem Körper ... weich zuweht ... ... oder wie eine erfrischende Meereswelle ... die auch die tiefsten Löcher füllt ... in der Zeit ... ...

... oder wie ein stetiger warmer Regen ... der auch erfrischend wirken kann ... der für weiteren Ausgleich sorgt ... und für Erneuerung ...

... und so kannst du die guten Dinge zulassen ... und sie weiter wirken lassen ... und es begrüßen ... dass gute Veränderungen in dir wirken ...

... und dich dann in deiner Geschwindigkeit ... so dass es gut ist für dich ... wieder hierher zurückorientieren ...

Löwenzahn

Überraschend vieles entwickelt sich deutlich besser, wenn man nicht versucht, es zu kontrollieren, sondern es auf seine Weise wachsen lässt. Der Löwenzahn weiß das. Wir wissen das auch – irgendwie; und haben die Erfahrung schon gemacht; und können es wieder tun. Indem wir dem Wissen in uns vertrauen.

... und während dein Unbewusstes sich um deine Erholung kümmert ... denn das kann es wirklich gut ... ... und weil deine Spannung sich während des Ausatmens gut löst ... ... und weil es schon ein paar Tage warm war ... in diesem Jahr ... das schon einige Zeit zurückliegen mag ... ... konnten sich auch die Blätter entwickeln ... ihrem natürlichen Verlauf entsprechend ... grün und größer werden ... so dass die Bäume und Büsche draußen grün wurden ... ... und wenn es wieder kälter geworden ist ... entwickeln sie sich langsamer ... ... und weil das so ganz natürlich ist ... ... kannst du hier einfach nur daliegen und in Ruhe abwarten ... die Dinge sich regeln lassen ...

... denn du hast deine warme Kleidung ... die dich schützt ... und dein Wissen an der Oberfläche ... und in der Tiefe ... aus dem sich in der Ruhe Zuversicht entwickelt ... aus dir heraus ... aus dem unbewussten Wissen ... dass viele Dinge sich regeln ... wenn man sie nur lässt ... wie von selbst ...

... auch der Löwenzahn hat irgendwann ... hier und da schon seine ersten Blätter ausgetrieben ... sie verschaffen der ganzen Pflanze helle Sonnennahrung ...

... und innen ... tief im Inneren ... wartet zum vorherbestimmten Zeitpunkt ... das, was einmal die runde Kugel der Pusteblume werden wird ... recht ungeduldig auf die Wärme ... die sich vielleicht gerade wieder zurückgezogen hat ... mit ihren vielen federleichten Samen ...

... und diese Samen des Löwenzahns ... die für uns zu diesem Zeitpunkt noch gar nicht sichtbar sind ... sie sind ungeduldig im Schutz der Tiefe des Löwenzahns ... sie möchten sich entwickeln ... und durch die warme Luft fliegen ... und träumen von langen hellen Frühlingstagen ... im warmen Sonnenlicht ... von dem Gefühl getragen zu werden

… von der Erde abzuheben … nach oben … mit einer weiten Sicht … viel Neues entdecken …

… und ob der Löwenzahn wohl ein Bewusstsein hat … und einen Verstand … vor dem sein unbewusstes Wissen verborgen ist … so dass sein Verstand Zweifel haben könnte … ob die gelbe Blüte sich je entwickeln wird … oder weiß er vielleicht noch gar nichts von seinen strahlend schönen Blüten … bis sie sich eines Tages gelb entfalten … denn mit dem Wissen des Verstandes ist das so eine Sache …

… und ohne sich groß um den Verstand zu kümmern … wird er aus dem Unbewussten heraus träumen … von satten grünen Wiesen … die übersät sind von weichen gelben Löwenzahnblüten … so als ob die Sonne selbst sie als ihre Kinder in die Wiesen gepflanzt hätte … … … so dass sich eine innere Zuversicht ausbreitet … die irgendwann auch dem Verstand ausreichende Sicherheit gibt … so dass er sich zurückzulehnen wird … ohne es begründen zu können … zum Glück fragt ihn keiner …

… mit einer Zuversicht … zurücklehnen … die ihm Frieden bringt … und Raum für die Entwicklung seiner Fähigkeiten … wie das eben so ist beim Löwenzahn … und in der Natur …

… und sie mögen träumen von dem Tag … an dem sie endlich fliegen dürfen … sich endlich von der Erde lösen können … die ihnen dafür die Nahrung gab … und den warmen Schutz … damit sie sich dann zur rechten Zeit von ihr lösen können … um bald wieder zu ihr zurückzukehren …

… und wenn es soweit ist … pflückt der leichteste Windhauch sie ab … oft gleich mehrere … und nimmt sie sanft mit … … … ausgesandt von einem Baum … circa 3,6 km Luftlinie weiter um den Hügel herum … auf der Südseite … der gerne mehr Gelb um sich haben möchte … im nächsten Frühling … … … und so nimmt der Windstoß ein paar von ihnen mit … und verteilt sie um den Baum … auf den Maulwurfhügeln… und zwischen den Gräsern …

… und auch unter den Baum … der sich freut … und ihnen verspricht … dass er ihnen tagsüber Schatten gewähren wird … und an trockenen

Tagen Feuchtigkeit geben wird ... aus seiner Tiefe geschöpft ... die von seinen Blättern tropfen wird ... damit sie gedeihen können ... und sich wohlfühlen in seiner Nähe ... ... und ihn im nächsten Frühjahr von unten gelb anstrahlen ...

... und andere träumen von weiten Reisen ... hinaufgetragen in den blauen Himmel ... jenseits der Wolken ... und von einer Luftströmung zur anderen weitergereicht ... um irgendwann ... auf einer Mauer im Gebirge ... ... in einer Nische am Strand ... ... oder auf einer Waldlichtung sich zu entfalten ... und einen neuen Löwenzahn zu entwickeln ... aus den eigenen Fähigkeiten heraus ... die bis dahin verborgen bleiben ... und geborgen ... in der eigenen Tiefe ...

... und so bist du nicht der Einzige ... der träumt ... vom Frühling ... von seiner Wärme ... seinem Licht ... ... und kannst die Gewissheit genießen ... dass er kommen wird mit seiner Wärme ... seinen Farben und Düften ... jedes Jahr neu ... nach dem Winter ... und vor dem Sommer ...

... und deshalb wirst du jetzt noch einmal Kraft und Erfrischung schöpfen ... aus deiner Tiefe ... ... und einiges davon mitbringen ... während du dich sammelst ... und in deiner eigenen Geschwindigkeit hierher zurückkehrst ... und dabei mit jedem Einatmen frischer und klarer wirst ...

Bilder aufhellen

Die in uns gespeicherten negativen Erinnerungen können leichter werden und ihren dunklen Einfluss auf unsere Stimmungen verlieren, indem wir sie uns heller vorstellen. Zunächst geschieht die Veränderung vielleicht nur unbewusst. Aber auch das hat einen Einfluss auf den Alltag und seine Stimmungen.

... und wenn du es magst ... kannst du deine Augen jetzt schließen ... für die nächsten Minuten der Erholung ... ... während dein Körper eine gute Position findet ... in der er sich locker sinken lassen kann ... ... und wie es wohl wäre ... wenn du auch innerlich die Augen schließen könntest ... ab einer gewissen Tiefe ... oder Höhe der Ruhe ... deine Augen auch innerlich schließen können ...

... und wie es wohl wäre ... wenn du manche Dinge, die in der Vergangenheit geschehen sind ... in ihren Auswirkungen verändern könntest ... für den Verstand geht das natürlich nicht ... das weiß der Verstand sehr gut ... ... aber in der Vorstellung sind sogar Dinge möglich ... die der Verstand sich nicht vorstellen kann ... und das ist gut so ... denn es ist eine Voraussetzung dafür ... dass der Verstand sich mit anderem beschäftigen kann ... auf andere Weise gut für dich sorgen kann ... dich zuverlässig in der normalen Wirklichkeit verankert ...

... deshalb kannst du dir also vorstellen ... in einem Buch zu blättern ... einem Buch in dem es fast nur Bilder gibt ... während du tiefer in eine erholsame Ruhe sinken kannst ... mit jedem Ausatmen ein Stück tiefer ... sinken lassen ... ... und dabei kannst du dir vielleicht sogar bewusst vorstellen ... dass dein ganzes Leben in einem Bilderbuch dargestellt ist ... ... und so kannst du ... während du dich mit dem Ausatmen mehr und mehr löst ... und tiefer sinkst ... soweit es eben gut ist für dich ...

... kannst du also zurückblättern ... im Bilderbuch deines Lebens ... und dabei nur die hellen Bilder betrachten ... die meist auch farbig sind ... sie in Ruhe und mit Freude betrachten ... und du kannst dabei mit dem Ausatmen noch immer tiefer gehen ... und wenn du es magst ... weiter zurückblättern ... und nur die hellen und farbigen Bilder sehen ... und das sind mehr, als du bisher vielleicht gedacht hast ... ... und wenn du magst ... kommst du so beim Blättern irgendwann in die Kindheit ... in der besonders viele farbige und helle Bilder sind ... während der Körper einfach nur hier liegt ... angenehm schwer ... oder leicht ... und wohlig warm ... und sich gründlich erholt ... weit entfernt von der Kindheit ... in der Geborgenheit des Augenblicks ...

... und du kannst ein besonders schönes Bild noch einmal erleben ... oder auch zwei ... oder so ... und sobald du darauf schaust ... kann es sich in einen Film verwandeln ... in bewegte Bilder ... vielleicht sogar mit Ton ... seltener mit Geruch und Geschmack ...

... und in deinem Film mögen Bäume vorkommen ... alte und junge Bäume ... oder auch nicht ... je nachdem, wie es für dich besser ist ... und da ist das intensive Gefühl der Lebensfreude in der Kindheit ... das Gefühl der Geborgenheit ... und die kindliche Neugier ... die an allem interessiert ist … … … und weil es heutzutage viele ungeahnte Möglichkeiten gibt … die fast alle ihre Wurzeln in der Vergangenheit haben … kannst du die schönen Bilder genießen … jetzt … während die dunkleren und die dunklen Bilder aufgehellt werden … irgendwie … durch Fähigkeiten … die der Verstand nur in seinen Wirkungen kennt … und doch oft nicht glauben kann … … … und indem sie heller werden … breitet sich Freude aus in dir … und Gelassenheit … und Kraft wächst in dir … wie ein leuchtend gelber Löwenzahn … in der warmen Frühlingssonne … der auch unter schwierigen Voraussetzungen wächst … und sein schönes Gelb entwickelt … von innen heraus …

… und so kannst du ein Weilchen weitermachen … während du helle Bilder aus der Vergangenheit genießt … werden nebenbei die dunkleren Bilder auf den anderen Seiten heller … und auch in ihnen werden freudige Bereiche sichtbar … durch das Licht … und durch das Wissen und die Fähigkeiten des Unbewussten …

… und dann blätterst du nach vorne … verlässt jetzt die Bilder in der Kindheit wieder … blätterst nach vorne in die Zukunft … die das Jetzt ist … in der Gegenwart … … … und auch dabei werden die ganzen dunklen Bilder heller … viele sind auch schon blass geworden … und die Gelassenheit und die Zuversicht in dir wachsen … mit jedem aufgehellten Bild … … … auch das bewusste Wissen über die eigenen Stärken wächst … so dass es dir besser geht … auf allen Ebenen …

… und so sammelst du dich … und kehrst in deiner eigenen Geschwindigkeit hierher zurück … um zur geeigneten Zeit aus deinem Bilderbuch Kraft zu schöpfen … und Zuversicht und Freude … … … und wirst nun mit jedem Einatmen frischer und klarer …

Entwicklung

Die Geschichten dieses Kapitels fördern die Entwicklung zu mehr Gelassenheit, mehr Akzeptanz der eigenen Gefühle und all der Dinge, die uns begegnen. Sie sollen auch die Vielfältigkeit im Umgang mit den Ereignissen des Lebens aufzeigen und unsere Fähigkeiten, sie in unser Leben gut zu integrieren, erweitern. Denn unsere Ressourcen sind weitaus größer, als unser Verstand erfassen kann. Auch indem er darauf vertrauen kann, wird Entwicklung gefördert.

Aus der Tiefe

In unserer inneren Tiefe ist das Potenzial zur Veränderung im Unbewussten verborgen. Der Maulwurf gräbt stellvertretend für uns, denn er kennt sich dort besser aus, als unser Verstand.

Durch diese Geschichte kann der Weg in die nicht bewussten Bereiche gegangen werden. Dort können Ideen gepflanzt werden, die dann auch ins Bewusste wachsen.

... und weil es manchmal wirklich einfach ist ... den Atem loszulassen ... so dass unnötige Spannungen einfach wegfließen ... mit dem Ausatmen wegfließen ...

... kannst du die nächsten Minuten ein Stück weit genießen ... hier im warmen Zimmer ... ein Stück eingesunken in die weiche Unterlage ...

... während draußen unter irgendeinem Busch ... der Maulwurf seiner Nachbarin ... der mit den roten Fingernägeln ... anbietet ... ihr tief unten in der Erde ... die Höhle zu zeigen ... in der jeder Frühling vorbereitet wird .... bevor er auf die Erde kommt ...

... und weil sie sich dafür interessiert ... gräbt er sich ihr voraus in die warme Tiefe ... räumt diesen oder jenen Erdbrocken beiseite ... damit seine Nachbarin saubere Finger behält ... sie dankt ihm auf ihre Art ... ... und so graben sie danach weiter ... manchmal lassen sie sich auch kontrolliert tiefer rutschen ... und wie das so ist bei Maulwürfen ... sie haben viel Freude am Graben ... während du einfach nur hier liegst ... angenehm schwer ... oder schon leicht ... und wohlig warm ... ... und mit Maulwürfen eigentlich weniger zu tun hast ... im täglichen Leben ...

... und so kommen sie schließlich zu einer Felsspalte ... er hilft ihr höflich hinein ... sie genießen die Wärme aus der Tiefe ... und lassen sich noch ein Stück tiefer rutschen ...

... bald kommen sie in die erste Höhle ... ruhen sich dort erst einmal aus ... und lauschen dabei auf die schönen beruhigenden Geräusche ... etwas gedämpft ...

... nachdem sie etwas unruhig wird ... weil sie immer dringender die zweite Höhle sehen möchte ... graben sie sich dorthin ... und staunend sieht sie die vielen Farben und Pflanzen ... dort, wo der Verstand sie nicht erwartet hat ... und viele farbige Maulwürfe ... die doch eigentlich alle grau sein müssten ...

... nach einem Moment des ruhigen Staunens ... rutschen sie langsam näher ... und entdecken in der Mitte der Höhle ... eine helle Kugel ... ... sie schwebt ein Stück über der Erde ... sie sieht aus wie eine kleine Sonne ... und strahlt wohlige Wärme aus ... und ein schönes Licht nach allen Seiten ...

... und wie sie noch näher kommen ... sehen sie, wie die Maulwürfe kleine Felsstücke bringen ... die ganz verschieden geformt sind ... und sie in das Licht der Kugel tauchen ... und wenn sie ihre Hände wieder aus dem Licht zurückziehen ... halten sie jedes Mal ein Stück farbigen Frühling in der Hand ... eine Blume ... ein Blatt ... und alles andere, das zum Frühling gehört ... entsteht hier in seiner ganzen Reichhaltigkeit ... ... und sie staunen ... und im Staunen öffnen sie sich innerlich für das Neue ... ordnen es ein ... und ihre Welt verändert sich dadurch etwas ... wird etwas weiter ...

... und die farbigen Maulwürfe freuen sich über die Besucher ... denn eigentlich weiß niemand von ihrem Tun ... so dass sie sich jedes Mal sehr freuen ... wenn einmal jemand in die Tiefe kommt ... zu ihnen ...

... zum Abschied geben sie den beiden etwas mit ... ein schönes Stück Frühling ... den sie oben in die Erde pflanzen werden ... um sich daran zu freuen ... und um sich zu erinnern an ihren Ausflug ... wann immer sie es anschauen ... und ihm zuschauen ... während es sich an der Oberfläche entwickelt ... verbunden mit der Tiefe ... über seine unsichtbaren Wurzeln ...

... und so machen sie sich auf den Rückweg ... in ihren Alltag ... noch immer staunend ... und freudig berührt ... von dem Neuen in der Tiefe ... das schon immer da war ... unsichtbar in der Tiefe ...

... und so kommst auch du in deiner eigenen Geschwindigkeit hierher zurück ... wirst dabei mit jedem Einatmen frischer und klarer ... um den Rest des Tages zu genießen ... und morgen vielleicht mit etwas anderen Augen den Frühling zu sehen ... so wie er sich jetzt zeigt ...

Maulwürfe und der Frühling

Ein weiterer Besuch bei den Maulwürfen, die den Frühling richten. Denn bevor er kommen kann, muss er gerichtet werden. Und warum nicht von den Maulwürfen? Natürlich ist es mit dem Frühling in der Wirklichkeit ganz anders. Aber: vieles kommt anders zustande, als wir mit dem Alltagsdenken zu begreifen glauben.

... und einfach nur hier liegen ... ist manchmal gar nicht so einfach ... wie es sich anhört ... auch wenn es einfach gesagt ist ... denn während deine Glieder sich jetzt ausstrecken können ... falls das einfach ist für dich ... und ausbreiten nach allen Seiten ... ist die eigene Schwere angenehm ... die dabei deutlich nach unten sinken kann ... so dass sie leicht wird ... irgendwann ...

... und so brauchst du nicht einfach alles loslassen ... das Spannung hervorruft ... weil manche Spannung mehrfach wichtig sein kann ...

... und ein sonniger Tag bringt Licht und Farbe zu deinen Augen ... und von den Augen in deine Stimmung ... ... so dass es sich auch in dir gut anfühlen kann ... wie das Zwitschern von Vögeln ... leicht und hell ... ... und du kannst dich an diese guten Gefühle erinnern ... auch jetzt ... auf einer Ebene ... und sie nachschwingen lassen in dir ... und es genießen ... überall in dir ... während du mit dem Ausatmen loslässt ... dies und jenes ...

... und während so mancher Körperteil mit dem Ausatmen noch etwas tiefer sinken kann ... in wohlige Ruhe ...

... kannst du nicht wirklich hören ... wie sich draußen vor den Fenstern ... unter den Büschen ... auf zwei frischen Erdhügeln ... die einander gegenüberliegen ... gut versteckt ... zwei Maulwürfe unterhalten ...

... sie genießen die laue Abendluft ... nach dem Sonnenuntergang ... spüren die Wärme auf ihrem Fell ... ... und so sagt der eine zum anderen ... er habe nun erfahren ... weshalb der Frühling so spät kam dieses Jahr ... ... letzthin ... mittags nach dem Mittagsschläfchen ... das er wie immer kurz nach den letzten Sonnenstrahlen ... hinter der ersten Kurve seiner Behausung hielt ...

war er in seinen tiefsten Gang marschiert … den er damals gegraben hatte … als er sich über irgendetwas geärgert hatte … er hatte damals richtig tief gegraben … der Ärger ist schon lange verraucht … der Anlass ist vergessen … aber der Gang ist noch immer da … … … hin und wieder geht er hinein … wenn er alleine sein will … oder auch, um ihn nach unten zu erweitern … so war es auch dieses Mal … … … und schon nach wenigen Metern … des Grabens und Schaufelns … kam er zu einem Felsspalt … gerade breit genug … um ihn aufzunehmen … und schmal genug … um ihm Halt zu bieten … und da er neugierig war … … … und sich gut fühlte … ging er hinein … und war erstaunt … und erfreut … über die Wärme … die aus der Tiefe nach oben stieg … in der er sich erst einmal ausruhte … indem er sein Tischtuch ausbreitete … sich auf seine Isomatte davor setzte … sein Vesper auspackte … … … und nach der Mahlzeit ein Nickerchen machte … es sich also gutgehen ließ …

… und einige Zeit später … und einige Meter weiter … er war schon wieder müde vom vielen Graben … folgte er einer Kurve … und kam in eine kleine Höhle … hier hielt er an … schaute sich um … … … besser gesagt schnupperte und hörte er sich um … denn Maulwürfe sehen bekanntlich nicht so gut … … … er fand eine bequeme Nische … wie er die erschnuppern konnte … bleibt sein Geheimnis … jedenfalls legte er sich in sie hinein … wieder breitete er seine Isomatte aus … die er immer mit sich führte, wenn es nach unten ging … und dort schlief er wieder ein …

… nach einer Weile war es ihm im Schlafen … als ob er leise Stimmen hörte … und weil Maulwürfe nicht gut sehen können … haben sie umso bessere Ohren … mit denen lauschte er intensiv … … … und so ganz nebenbei … konnte er dadurch hören … wie in einiger Entfernung gesprochen wurde … es waren angenehme, meist helle Stimmen … aber er verstand die Sprache nicht … und die Stimmen waren so angenehm … dass sie seine Ruhe noch vertieften …

… und weil ihm der Ort, an dem er lag … richtig guttat … ihm bis in seine Knochen guttat … und in die Gelenke … und seinen Körper gründlich aus der Tiefe reinigte … fiel es ihm leicht … sich treiben zu lassen … und so genoss er die Wärme … den gesunden Ort … und die leisen Stimmen … im Hintergrund …

... und irgendwann fühlte er sich so richtig erholt ... und neugierig ... er schlug die Ohren auf ... streckte sich ... und ging nun in Richtung der Stimmen ... nach wenigen Biegungen kam er in eine andere Höhle ... sie war größer ... und gefüllt ... mit allem, was zum Frühling gehört ...

... zwischen den jungen Blättern ... den Schwertlilien, Krokussen, Fliederbüschen und allem anderen, was eben so dazugehört ... wenn es Frühling wird ... sah er Maulwürfe fleißig und fröhlich bei der Arbeit ... sie waren nicht schwarz wie er ... sondern farbig wie der Frühling ... und weil er sich gar nicht wunderte ... dass er plötzlich sehen konnte ... sprach er einen anderen Maulwurf an ... was sie hier täten ... und der antwortete ihm freundlich und offen ... sie würden den Frühling richten ... und dass dieses Jahr ein schwieriges Jahr war ... weil der Winter so kurz war ... oder kalt ... oder so ... er verstand es nicht richtig ... aber dass sie nun fertig seien ... und all die Dinge aus der Höhle nach oben brachten ... wenn alle normalen Maulwürfe und die anderen Tiere schlafen ... dann bringen sie den Frühling nach oben ... ... dieses Jahr wären sie fast nicht rechtzeitig fertig geworden ... weil ein paar von ihnen verschlafen hatten ... und sie baten ihn ... auf seinem Weg nach oben ein paar Narzissenblüten mitzunehmen ... und neben seinen letzten Maulwurfhügel zu pflanzen ... ... und wie zum Beweis zeigte einer von ihnen unter dem Fenster den anderen die Narzissen vor ihnen ...

... und während die zwei sich tief unten weiter unterhalten ... kannst du die Ruhe genießen ... hier in diesem Raum ... weil sie weit weg von dir unter der Erde sind ... wenn es sie denn gibt ...

... und dich so langsam sammeln, wie es jetzt gut ist für dich ... und dich hierher zurückorientieren ... während du mit jedem Einatmen frischer und klarer wirst ...

Gedankenfreier Raum

Indem die üblichen Alltagsgedanken zur Ruhe kommen, können andere Sichtweisen sich zeigen.

Helfer sind personifizierte Möglichkeiten in uns selbst, denen wir bewusst den Auftrag geben können, das zu tun, was wir uns nicht zutrauen. Tatsächlich entsteht es aber natürlich aus uns selbst.

... und um deinem Ziel der Ruhe näher zu kommen ... kannst du jetzt über den farbigen Teppich der Fantasie gehen ... auf den Geräuschen der Umgebung schweben ... die dort auch ihren farbigen Ausdruck finden ... in charakteristischen Mustern ... irgendwie interessant kann es sein ...

... und du kommst ... nachdem du bereit geworden sein wirst ... zu einem schönen Platz in dir ... und nachdem du es dir dort bequem gemacht haben wirst ... auf deine Art ... die dich leicht sinken lässt ... in deine angenehme Schwere und wohlige Wärme ...

... kannst du jetzt mit dem richtigen Abstand ... die vielen Gedanken beobachten ... die durch dein Bewusstsein reisen ... aus der Unschärfe des Unbewussten kommend ... durch die Räume in dir ... sich dort länger oder kürzer aufhalten ... sich dabei weiterentwickeln ... ... ob sie größer oder kleiner sind ... manche haben es besonders wichtig ... oder sind lieber unklar ... andere werden überbewertet ... oder abgedrängt ... ... und du kannst dich in dich zurücklehnen ... dich dort wohlfühlen ... und sie und ihr Wirken gelassen beobachten ... so als hättest du nichts damit zu tun ... in tiefem Vertrauen auf deine unbewussten Fähigkeiten ... die Dinge in dir auf eine gute Weise zu integrieren ...

... und du kannst deine inneren Helfer bitten ... die Gedanken aus dem Bewusstsein zu entfernen ... sofern und soweit es gut ist für dich ... und sie dabei beobachten ... die Helfer ... wie sie gut umgehen mit den Gedanken ... ... und die Gedanken ... wie sie abnehmen ... allmählich ... wie der Raum in dir, in dem es oft wimmelt vor Gedanken ... immer leiser wird ... und freier ... und klarer ... dein Blick nach unten und nach außen ... ruhiger deine Stimmung ... zufriedener und gelassener ...

... und du kannst fühlen wie es dir guttut ... während dein Bewusstsein sich weiter klärt ... auch wenn es selbst das nicht unbedingt gleich mitbekommt ...

... und weil deine Helfer mit großer Freude ... einen Gedanken nach dem anderen hinausbegleiten ... ... und nachdem tatsächlich zeitweise kein Gedanke mehr in dir ist ... nur Stille in den kurzen Momenten bevor ein neuer kommt ... können diese Momente jetzt immer länger werden ... immer mehr Helfer sitzen am Rand ... weil nicht mehr genug zu tun ist ... und freuen sich über die Stille ... ... und es wird heller in deinem Bewusstsein ... eine klare Helligkeit ... die zugleich mild und weich ist ... ... breitet sich in deinem Bewusstsein aus ... jetzt ...

... und irgendwie verändert sich dabei auch die Dichte deines Bewusstseins ... und es schweben irgendwann neue Eindrücke herein ... angenehm ... ... es sind keine Gedanken ... sondern irgendwie feinstoffliche Einsichten ... über die Dinge in der Welt ... und wie sie zusammenhängen ... ... sie sind flüchtig ... und können kaum bewusst erkannt werden ... schon gar nicht, wenn Gedanken im Bewusstsein sind ... denn sie brauchen Raum ... und Stille ... ... in der Klarheit des gedankenarmen oder sogar gedankenfreien Bewusstseins ... werden sie deutlich ... und nehmen Gestalt an ... und nähren dich auf eine besonders freudige Art ... ... und wenn die Gedanken gehen ... klingen auch die starken Gefühle ab ... sie gehen fast gleichzeitig ... übrig bleiben feine Stimmungen ... hell und klar ...

... und so kannst du dich jetzt noch einmal ausreichend tief sinken lassen ... in diesen Moment hinein ... um dich zu genießen ... ... während du dich gründlich erholst ...

... um dann in deiner eigenen Geschwindigkeit ... mit jedem Einatmen frischer und klarer zu werden ... um dem Rest des Tages von innen heraus eine schöne Gestalt zu geben ...

Ideenhalle

Ideen werden am besten dort geboren, wo es wenig Beschränkungen gibt. Wenig Beschränkungen ermöglichen es besser, auch feinste Regungen zu spüren. So gesehen ist die Wahrnehmung ganz feiner Gefühle eine gute Voraussetzung für kreative Veränderungen.

... und während dein Körper die Gelegenheit genießen mag ... sich sinken lassen zu können ... angenehm schwer ... und wohlig warm ... ... kannst du dir vorstellen ...

... wie es wohl wäre ... wenn es irgendwo in uns eine große Halle gäbe ... in der sich unser Denken abspielt ... vielleicht im Kopf ... vielleicht auch zwischen den Schultern ... oder im Bauch ...

... und abends ... wenn die Dämmerung kommt ... in der das Auge manch anderes sieht ... oder auch manchmal tagsüber ... wenn es ruhig wird ... dann zieht sich der Verstand zurück ... um zu ruhen ...

... und du könntest es dir laut vorstellen in der Halle ... während der Verstand aktiv ist ... denn er muss vieles regeln über den Tag .... und sobald er weg ist ... wird es ruhig ... und vor allem auch still in der Halle ... wohltuende Stille breitet sich aus ...

... in den ganzen Körper ...

... und es ist dann irgendwie ... als würde auch die kühle Strenge gehen ... die meist ein Teil des Verstandes ist ... und ein warmer Schein breitet sich aus ... von überall kommend ... ... und die ganz leichten Gefühle ... die so zart sind ... dass sie sonst verdeckt werden ... von der Lautheit und Strenge des Verstandes ... können sich bei dieser Gelegenheit ausbreiten ... eine schöne, milde Stimmung verbreitend ... lindernd und anregend ...

... und etwas später ... vielleicht schon jetzt ... kommen Ideen in die Halle ... die aus der Freiheit der Stille geboren werden ... ... und sie sind bunte Gestalten ... lustig und beweglich ... nutzen sie die Abwesenheit des Verstandes ... ... und tanzen miteinander ... bunte Gestalten ... fröhlich unterhalten sie sich ... erzählen sich Geschichten ... freuen sich miteinander ... lachen und staunen ...

... und zusammen mit den zarten Gefühlen können sie zaubern ... der Körper freut sich sehr ... wenn sie da sind ... es wird alles lockerer ... auch in den Muskeln ... die Erholung geht mit ihrem hellen Mantel durch alle Glieder ... die Gesundheit bessert sich ... das Gehirn kann freier denken ... schöne Träume entstehen ...

... und so genießen sie die Stille ... während der Verstand auswärts ist ... und vielleicht ruht ... irgendwo ... ... und so bemühen sie sich ... ihn nicht zu wecken ... damit er später ausgeruht ist ... und ihre Träume verwirklichen und schützen kann ...

... und irgendwann werden auch sie müde ... nachdem sie zusammen diese und jene Projekte geplant haben ... legen sie sich auf ihre weichen Matten ... oder auf Heuballen ... je nach Vorliebe ... machen es sich bequem ... ... und es wird noch stiller als zuvor ... tief und wohltuend still ...

... und wenn sie dann alle schlafen ... kommen leise Melodien zu ihren Ohren ... und zarte Farbschleier ... fast unsichtbar ... die sich zusammenfinden um sich zu verdichten ... und wieder zu lösen ... sie sind das Wesen aller Dinge ... und sind in der Stille manchmal sogar fühlbar ...

... und je nachdem ... wie sie sich verdichten ... entsteht ein Baum daraus ... eine Blume ... oder auch ein Mensch ... oder etwas von allem anderen ... und sie können dem Menschen ganz Wunderbares geben ... wenn er still ist ... und sich den Melodien der Stille öffnet ... ... und die Energie aus der die Besucher der Halle schöpfen ... ist die Liebe ... warm und hell und allen gemeinsam ... jedenfalls dann ... wenn sie sich für sie öffnen ...

... und irgendwann beginnt der Verstand sich zu regen ... er ist ausgeruht und kommt zurück ... von dort wo er war ... und sammelt sich wieder ... um den Menschen im Alltag zu organisieren ... so dass er seinen Aufgaben nachkommen kann ... ... und du kannst es zulassen ... dass all deine Anteile mehr und mehr harmonisch in dir zusammenkommen ... und in einem guten Zusammenspiel Gutes bewirken ... mehr und mehr ...

... und so orientierst du dich jetzt hierher zurück ... wirst dabei mit jedem Einatmen frischer und klarer ...

Ideenkind

Indem der Verstand sich von allen Pflichten ausruht, kann die Fantasie ihre Bilder entstehen lassen: Ein (inneres) Kind sammelt die Ideen ein, die aus einem (inneren) See aufsteigen und übergibt sie der Welt, wo sie Wirklichkeit werden können.

... und du fühlst in deinen Körper hinein ... lässt deinen Kopf auf seiner weichen Unterlage seine Schwere ablegen ... lässt ihn dort ruhen ... kannst dich freuen ... wieder einige Zeit vor dir zu haben ... für dich zu haben ... in der niemand irgendetwas von dir will ... ... du brauchst nicht antworten ... nicht denken ... nicht sprechen ... nichts leisten ...

dich nicht entspannen ... dich nur so viel bewegen, wie es nötig ist ... damit du dich wohlfühlst ... darfst einfach nur hier daliegen ... dich mit dir wohlfühlen ... und treiben lassen ... in die nächsten Minuten ... in deine guten Empfindungen hinein ...

... und es gibt ein umfassendes Wissen in uns ... von den Dingen, wie sie richtig zusammengehören ... so dass es dir gut geht damit ... und wir können ein Bewusstsein bekommen ... von allem ... wenn wir still werden ... ... und ein Bewusstsein bekommen dafür ... dass wir geborgen sind als Teil von allem ... natürlich geborgen ... in uns selbst ... ... das geschieht manchmal einfach so beim Einschlafen ... oder auch in den Morgenstunden ... oder zu anderen Zeiten ... wenn es uns gut geht ... und wir uns öffnen dafür ...

... und so kannst du dir vorstellen ... dass es einen Teil in dir gibt ... der ist verantwortlich für die Entwicklung neuer Ideen ... und für das Zulassen ... in das Bewusstsein ... was nicht gleichbedeutend ist mit ihrer Verwirklichung ... denn die ist entscheidend ... aber oft hat das Bewusstsein auch damit zu tun ... und weil die Dinge überwiegend unbewusst vorbereitet ... und verwirklicht werden ... kannst du es jetzt genießen ... diese Dinge geschehen zu lassen ... und es bewusst und absichtlich zulassen ... es loszulassen ... und in die wissenden Hände deines Unbewussten zu übergeben ...

... und ich weiß nicht ... welches Bild deine Fantasie gerne von ihm zeigt ... oder entstehen lässt ... vielleicht ist es ein hübsches Kind ... von innen heraus hübsch und strahlend ... ... das an einem Brunnen sitzt ... in einer schönen Landschaft ... neben einer Wiese ... vielleicht in einem verborgenen Tal ... dort in der warmen Sonne sitzt ... oder knapp daneben ... wo es angenehmer sein mag ... und es genießt ... bei sich zu sein ... warm und geborgen ...

... und der Brunnen ist eigentlich ein kleiner klarer See ... und das Kind sitzt davor und schaut hinein ... und beobachtet kleine Kügelchen im Wasser ... wie sie aufsteigen vom Grund ... und manche sind farbig ... und verschieden groß ...

... und sie enthalten jede für sich eine Idee ... und das Kind sammelt sie geduldig ein ... schöpft jene, die ihm besonders gut gefallen ... mit einer Art Schöpfkelle ... die es aus Zweigen und Gräsern gebastelt hat ... ... die Sonne scheint auf das Wasser ... spiegelt sich ... wärmt das Kind ... seinen Körper und seine Seele ... ... selten bewegt ein Windhauch die Haare des Kindes ... die Gräser um den See ... und kräuselt das Wasser ...

... und jedes geschöpfte farbige Kügelchen nimmt das Kind in die Hände ... und freut sich an dem, was es sieht im Inneren der Kugel ... wie die Sonne sich darin spiegelt ... und welche Muster auf dem Boden entstehen ... wenn die Strahlen durch die Farben der Kugel hindurchscheinen ... ... und jedes Mal ... nachdem es eine Kugel betrachtet hat ... sich an ihr gefreut hat ... ein Weilchen aufgenommen hat, was in ihr ist ... es gesehen hat mit seinen Augen ... mit seinen Händen ... ... übergibt es sie der Luft ... indem es sie nach oben wirft ... und beobachtet, wie sich die Kugel auflöst und verbindet mit der Luft ... ... noch kurz als Hauch zu sehen ist ... und dann für das Auge verschwindet ... und dennoch fühlbar bleibt ... ... und über den Atem eins wird mit dem Kind ... und dadurch ein Strahlen hervorruft ... ein inneres Lächeln ... ... und dann schaut es wieder hinein ... in den Brunnen ... der ein See ist ... und sucht ein neues Farbkügelchen ... schöpft es heraus ... nimmt es in die Hände ... freut sich daran ... wirft es in die Luft ... und wird erfüllt von Strahlen und Freude ... über den Atem ... der es verbindet ...

... und manche legt es beiseite ... sammelt sie in einem Korb aus Zweigen ... und wenn es Nacht wird irgendwann ... dann strahlt dieser Korb von innen heraus ... mit seinem Inhalt ...

... und es ist, als würde jede einzelne Kugel sich mit dem Kind freundlich unterhalten ... jede einzelne Kugel ist reines Bewusstsein ... und öffnet dem Kind ein Fenster ...

... und dieses Kind ist in dir ... und wenn du dich ihm zuwendest ... was vor allem nachts leichter geschieht ... und wenn es dir gut geht ... dann freut es sich ... lächelt dich strahlend an ... und seine Augen wärmen dich von innen ... ... und es erzählt dir von guten Dingen ... die du bisher nur geahnt hast ... und so wird manches einfacher für dich ...

... und seine Stimme ist wie ein warmer Windhauch ... der dich überall streichelt ... der dich nährt ... tief innen ... mit Freude und Liebe ... ... und so kannst du dieses Kind aufsuchen ... vielleicht kurz nachdem du eingeschlafen bist ... und dir Träume schenken lassen die dir guttun ... die dir Kraft und Ideen geben ... für den nächsten Tag ... und die Tage danach ... und die dich von innen lächeln lassen ... so dass du das Lächeln weitergeben kannst ... den anderen Menschen ...

... und weil das gut ist so ... sammelst du dich jetzt ... und kommst nun in deiner eigenen Geschwindigkeit wieder hierher zurück ... bringst diese oder jene Idee mit ... die dir vielleicht erst noch bewusst wird ... irgendwann ...

Die Seele der Kieselsteine

Auch Kieselsteine haben eine Individualität. Obwohl sie »nur« Steine sind, können sie die Quelle für höher Bewertetes werden, indem man sie betrachtet und auf das lauscht, was dadurch in uns entsteht. So wie Kieselsteine, kann alles einen Spiegel darstellen, in dem wir Wertvolles entdecken können.

... und wenn du deine Schwere jetzt wieder sinken lässt ... und das kann dir sogar überraschend leichtfallen ... ... mit dem Ausatmen die Schwere sinken lässt ... dann kann die Seele in der Vorstellung nach oben steigen ... wie in einem Heißluftballon aufsteigen ... der Sonne entgegen ... ... und auf ihrem leichten Weg nach oben ... kann sie sich erinnern ...

... dass es viele Wege gibt ... auf denen Kieselsteine liegen ... und die Kieselsteine sind sehr alt ... haben schon viele Zeiten an sich vorüberziehen sehen ... während sie in ihrer Ruhe einfach nur dort lagen ...

... und sie sind es seit Langem gewohnt ... ihr Gewicht nach unten sinken zu lassen ... sie tun das überall, wo sie sind ... liegen einfach nur da ... und geben ihre Schwere an den Boden ab ... ... und fühlen sich wohl dabei ...

... und auch wenn Kieselsteine bei flüchtiger Beobachtung alle gleich aussehen ... wenn der Blick nur so darübergleitet ... oder ähnlich zumindest ... staubig und eher grau ...

... so sind sie bei näherer Betrachtung ... ganz verschieden voneinander ...

... vermutlich gibt es unter all den Bergen von Kieselsteinen ... die auf der Welt so rumliegen ... auf den Wegen und daneben ... nicht zwei, die völlig gleich aussehen ...

... und obwohl sie meist grau wirken ... gibt es doch auch farbige unter ihnen ... wenn du dich erinnerst ... dann weißt und fühlst du es ...

... und so könntest du dir einen solchen farbigen Stein aussuchen ... ihn mit deiner Hand kennenlernen ... ihn mit den Augen sehen ... ... und es gibt fast jede Farbe ... und ihn vielleicht auch polieren ... mit etwas gut Geeignetem ...

... und schon bald fängt er an zu glänzen ... seine Farbe wird kräftiger und klarer ... und da du in der Fantasie alle Zeit hast ... kannst du ihn so lange polieren ... bis du hineinschauen kannst ... in seine klare Tiefe ... ... und so siehst du irgendwann ... was in der Mitte seiner Schwere ist ... hell und strahlend ... und so leicht ... dass es nur in einem schweren Stein Platz und Geborgenheit finden kann ...

... denn in seiner Tiefe ... die sich erst langsam erschließt ... und nach geduldigem und gründlichem Polieren ... ... ist etwas überraschend Schönes ... und Klares ... ... fast wie ein klarer See im Verborgenen .... das doch so offensichtlich am Wegrand liegt ... ... es dauert also ein ganzes Weilchen ... bis es deutlicher wird ... und es ist leicht und hell in ihm ... vielleicht ist es die Seele des Steines ... gut geschützt durch eine harte Schale ... und unscheinbares Äußeres ... meist stumpfes Grau ... das sich nur durch Geduld und liebevolles Polieren erschließen lässt ...

... und so nimmst du deinen polierten Stein in deiner Vorstellung mit ... wenn du magst ... gibst jetzt noch einige restliche Schwere ab ... und lässt dabei leichte und helle Kraft in dich einfließen ...

... und deine Füße mit ihren Zehen wissen es schon lange .... und freuen sich oft darüber ... denn wenn du barfuß darüber läufst ... dann spüren sie die Seelen der Steine in ihrer Tiefe ... mit ihrer ganzen verborgenen Schönheit ...

... und so kommst du mit heller Kraft gestärkt hierher zurück ... in deiner Geschwindigkeit ... wirst mit jedem Einatmen frischer und klarer ... so dass du mit dem Öffnen der Augen ganz wach und bereit bist ... das einfache Schöne zu genießen ...

Wachstum aus Unordnung

Je nachdem, von wo aus Unordnung betrachtet wird, kann sich Sinn darin finden. Im scheinbaren Chaos können auch solche Pflanzen wachsen, denen sonst kein Platz eingeräumt wird.

... während die Geräusche des Augenblicks ... sich für einen Moment in deinem Ohr versammeln ... oder du zumindest diesen Eindruck gewinnen könntest ... sie für einen Augenblick still werden können ... ... um sich dann wieder zu trennen ... und den jeweils eigenen Weg weiterzuziehen ... kannst du es vielleicht schon jetzt genießen ... dass sich in dir Erholung ausbreitet ...

... und wenn so ein Tag ... mit vielen intensiven Gefühlen ... in die Stunden gekommen ist ... und einige Gefühle sich allmählich ordnen konnten ... und irgendwann auch allmählich zur Ruhe kommen ... ihre Plätze finden ... an denen sie dir guttun ...

... dann hat der Wind ... den Tag über einiges gesammelt ... und in dieser ... oder jener Ecke ... angehäuft ... ... und auf den ersten Blick ... mag es aussehen ... wie nutzloses Gerümpel ... was sich da gesammelt hat ... ... und wenn du dir die Ruhe nimmst ... den Haufen näher zu betrachten ... dann mögen sich bei seinem Anblick viele verschiedene Gefühle in dir bemerkbar machen ...

... und dann kann es sich fügen ... zu interessanten Gemälden von Nützlichem ... aus dem Neues entsteht ... erst in der Fantasie ... und dann tatsächlich ... und auch in diesen Dingen ... hat die Wirklichkeit keine klare Abgrenzung ... zur Fantasie ... und so kann ... was Fantasie zu sein scheint ... oder vielleicht sogar anfangs auch noch ist ... doch schon begonnen haben ... geordnete Wirklichkeit zu werden ... ... Vögel landen auf der Unordnung ... und suchen sich die passenden Zweige ... für ihr Nest ...

... und vieles in solch einem herangewehten Haufen ... wird erst deutlich sichtbar ... wenn du in Ruhe ... von verschiedenen Seiten kommst ...

... wenn es lange genug liegt ... und Wasser sich sammeln kann ... in der einen oder anderen Vertiefung ... dann keimen Pflanzen dort ... und wachsen heran ... manchmal auch ganz unerwartet ... eine seltene Blume ... wie eine schöne Überraschung ... ein Geschenk der Unordnung ...

... manchmal sprießt sogar ein Baum ... der auch kräftig werden kann ... wenn seine Wurzeln in der Tiefe Halt finden ... und er genug Zeit hat ... und sich wohlfühlt dort ...

... und so ist ein windiger Tag für vieles nützlich ... auch wenn es zuerst gar nicht so scheint ... entsteht aus Unordnung ... irgendwann ... eine neue kraftvolle Ordnung ...

... und so nimmst du jetzt ... mit jedem Einatmen Frische auf ... ...
... und sammelst dich so ... dass du frisch und klar ... in der eigenen Geschwindigkeit wieder hierher zurückkommst ...

... mit jedem Einatmen frisch und klar wirst dabei ...

Ein Punkt ist ein Punkt

Ein Sandkorn und ein Stern haben zumindest gemeinsam, dass wir bestimmte Vorstellungen über sie haben. Wenn wir die einmal beiseite lassen, können wir Neues in dem Sandkorn wie auch im Stern entdecken, das uns einfach nur Freude an der Fantasie machen kann. Aus der wiederum Freude am Leben entstehen kann. Und Mut, die Dinge anders zu betrachten. Und Freude am anderen. Und ... ...

... und während du hier liegst ... wartet dein Gehirn nicht nur auf das ... was ich sage ... und es wartet ... während es sich auch mit anderem beschäftigt ... ... und es spitzt die Ohren ... und es fragt sich ... was kommen mag ... und wann es wohl kommt ... ... und zwischendurch schweift es ab ... je länger die Pausen sind ... desto eher lässt es deine Erwartungen los ... ... und das ist wohl sinnvoll ... denn wer weiß ... vielleicht kommt ja heute gar nichts weiter ... oder nichts Interessantes ... vielleicht hat der da vorne dich schon vergessen ... oder er ist eingeschlafen ... in der Ruhe des Raumes ... in einer der Pausen ... zwischen den Worten ...

… denn ein Punkt … ist ein Punkt … sollte man meinen … denn ein kleines Sandkorn ist ein Punkt … wenn man es aus der richtigen Entfernung betrachtet … und gleichzeitig Teil eines großen Sandstrands … in Berührung mit dem Meer … und seinem Salz … und der Sonne … dem Wind … dem Mond … der Ruhe der Nacht …

… und so kannst du in deiner Vorstellung … in ein kleines Sandkorn hineintauchen … und am Strand ankommen … dich dort zwischen die anderen Sandkörner in die Sonne legen … und die Wärme genießen … … … die Wärme des dich umgebenden Sandes … und der Sonne … in dich hineinlassen … … … und einmal die Festigkeit des Sandkorns spüren … seine Stabilität … das ist eine seiner Stärken … und das viele gespeicherte Wissen … des großen Steines … aus dem er entstand … ist in ihm auch gespeichert … … … so klein sein … so stabil sein … und so viel Wissen von etwas viel Größerem in sich tragen …

… und so kannst du dich angenehm tief sinken lassen … in die Sorglosigkeit des Augenblicks … denn um was sollte ein Sandkorn sich Sorgen machen … kannst deine Glieder hinunter sinken lassen … mit dem Ausatmen tiefer … deine Gedanken schweifen lassen … und dich treiben lassen … in die Wärme … und Sorglosigkeit des Augenblicks …

… denn wenn du dort liegen bleiben würdest … am Strand in der Wärme … und in der Sorglosigkeit … bis die Nacht kommt … … … und in der Jugend warst du vielleicht auch schon nachts am Strand … mit anderen … und hast fasziniert die dunkle Masse des Meeres angeschaut … und das Weiß der brechenden Wellen gesehen … … … und nachts hört man das Rauschen der Wellen besser … es klingt irgendwie anders … als wäre es mit der Dunkelheit erst erwacht …

… und nachts könntest du noch immer auf dem warmen Sand liegen … viele kleine Punkte am Himmel sehen … helle Punkte … aus der Entfernung auch nur so groß oder klein wie Sandkörner … … … wer weiß … vielleicht sind alle Sandkörner zuerst helle Sterne am Himmel … bevor sie irgendwann Sehnsucht nach dem Meer bekommen … und sich fallen lassen … unbemerkt oder als Sternschnuppe … hineinfallen in das Meer …

… und jeder dieser Punkte … die da über dir im Dunkeln flackern … ist nichts weiter als ein kleiner heller Punkt … und doch viel mehr …

… … und wie es wohl wäre … wenn du in einen solchen Sternenpunkt hineintauchen würdest … in das helle Licht … sehen und fühlen … wie das Licht dich umgibt … wie du es sogar bist … das Helle in dir spüren … das Ewige … und das Wissen über das Weltall … dich als Teil der Weite des Himmels spüren … mit einer Verbindung zu allem, was dich umgibt … und doch gefestigt in sich … mit der Gelassenheit und Stärke der Zeitlosigkeit …

… und innerhalb des Lichtes … sind alle Farben vertreten … und so kannst du in deinem Inneren ankommen … in einer schönen Farbe … in einer Farbe die dir gut genug gefällt … und die dir guttut … aus dem hellen Licht kommend … ist die Farbe anfangs vielleicht noch unklar … wechselt vielleicht noch … … … irgendwann wird sie zunehmend reiner … und intensiver … bis sie voll gesättigt ist … und du weißt … du kannst dich hineinlegen … und sie tut dir gut … sie ist leicht und schwerelos … und freundlich … … … wenn sie dir zu viel wird … spürt sie das irgendwie … dann zieht sie sich zurück … wird schwächer … … … und sie durchdringt dich angenehm … sie sättigt dich mit dem, was du brauchst …

… und so kannst du dich in der Ruhe ein Stück weit darauf einlassen … denn ein Punkt ist ein Punkt … während du einfach nur daliegst … angenehm schwer … oder leicht … und wohlig warm …

… und dich irgendwann zurückziehen … aus dem Sternenpunkt … durch das Weiß hinunter auf den Strand … das gute Gefühl mitnehmen … von der tiefen Stille am Sternenhimmel … in die Ruhe am Strand … sie dort genießen … das Rauschen des Meeres im Hintergrund …

… um dann allmählich auch das Sandkorn wieder zu verlassen … und hierher zurückkommen … einige schöne Eindrücke mitbringen … und tiefes Wissen … über die Gemeinsamkeiten zwischen dir … dem Sandkorn … und dem Stern … … … und so wirst du mit dem Einatmen zunehmend frischer und klarer …

Auf die Blumen einlassen

Indem wir uns auf etwas Schönes einlassen – wohnt nicht in allem auch etwas Schönes? – breitet sich das, was wir dort entdecken, in uns aus. Und bekommt Einfluss auf unsere Gefühle und auf unser Handeln.

... und während das Ausatmen dich hinuntersinken lässt ... in deine Schwere und Wärme ... schon seit der Geburt ist das so ... und wie oft mag es wohl gewesen sein ... dass das Ausatmen tiefer wurde ... weil die Muskeln sich lockerten ... oder umgekehrt ... ... und so kannst du dich auch innerlich sinken lassen ... in die Ruhe des Augenblicks ... mit dem Ausatmen tiefer ... sinken lassen ...

... und für den bewussten Verstand ist es nicht immer erfassbar ... dass deine Augen etwas Gesundes aufnehmen ... wenn sie etwas anschauen, das dir gefällt ... ... wenn er dafür aufmerksam ist ... dann erkennt er ... dass es dir dadurch besser geht ... dass du dich wohler fühlst ... dass deine Gesichtsmuskeln locker werden ... deine Wirbelsäule einen guten Platz in deinem Rücken findet ... und so vieles anderes sich auf eine gute Weise verändert ...

... denn wenn du eine schöne Blume in Ruhe betrachtest ... dich mit deiner ganzen Person auf sie einlässt ... auf ihre Farben ... auf ihre Formen ... ... auf den Raum ... den sie einnimmt ... und vielleicht sogar auf ihr Wesen ... dann kann die Blume als Ganzes auf dein Inneres wirken ... und sich dadurch auch äußerlich bemerkbar machen ... ... für einen aufmerksamen Betrachter mag sich die Schönheit der Blume in deinem Gesicht wiederfinden ... wie in einem Spiegel ... in dem das Gefühl des Betrachters lesen kann ... so dass sich die Schönheit der Blume auch in seinem Gesicht wiederfindet ... als gutes Gefühl ... und ebenso im Körper des Sehenden ... des Aufnehmenden ... ... es ist als wachse die Blume in deinem Inneren ... mit ihrer weichen Schönheit ... und ich weiß nicht ... welche Blume du dabei vor Augen hast ...

... und wenn du tiefer hineintauchst ... in Ruhe und Gelassenheit hineintauchst ... in diese Art der Betrachtung der Blume ... dann kannst du beginnen ... dich für dich selbst anzufühlen wie die Blume ... kannst ihr Schaukeln im Wind fühlen ... ihre Freude, wenn die Sonne kommt ... und sie wärmt ... und sie nährt mit ihrem Licht ... ... kannst vielleicht sogar die Gespräche der Wiese hören ... irgendwie ... die Freude der Pflanzen auf den kommenden Tag in der Morgendämmerung ... den leicht betäubten Mittagsschlaf in der Hitze ... und das Ausklingen in die Ruhe der Nacht ...

... und so kannst du dich auf eine Blume nach der anderen einlassen ... denn sie sehen alle verschieden aus ... und spiegeln ihre Schönheit verschieden in dir … … … kannst sie durch das Sehen in dich hineinlassen … und deinerseits in sie hineintauchen … … … und wenn du magst … irgendwann wirst du diejenige Blume finden … die genau zu dir passt … wo du dich fühlst … als wäret ihr eins … … … und wenn du dich noch tiefer auf sie einlässt … dann wird sie dir Dinge erzählen … über dich … und die Welt … irgendwie … … … Dinge die dein Bewusstsein nicht wissen braucht … … … und dadurch … dass du dich in sie einfühlst … kann sie dich begleiten … kann dir Gutes tun … und schenken … … … und so kannst du weitergehen … spürend … fühlend … in der Natur … denn neben den Blumen gibt es Bäume und Gräser … Berge und Seen … und auch Steine … deren Schönheit sich in dir spiegeln kann … sehr wohltuend und gesund … in deinen Stimmungen … in deinen Gefühlen …

… und immer wenn du dir Zeit schenkst … und dich darauf einlässt … wirst du Erfahrungen sammeln die dir guttun … … … und vielleicht wirst du dies heute Nacht fortsetzen … in einem schönen Traum im Schlaf … und er kann vollständig unbewusst bleiben … sich als schönes Gefühl bemerkbar machen …

… und zuvor kannst du dich jetzt noch einmal ausreichend tief sinken lassen … um dich gründlich zu erholen …

… um dann in deiner eigenen Geschwindigkeit wieder hierher zurückzukommen … und Erholung und Erfrischung mitbringen … um dich zu fühlen … wie eine Blume sich fühlen mag … nach einem guten Schlaf … bedeckt mit erfrischendem Tau …

Die Brille

Vieles ist anders, als es scheint. Sich daran zu erinnern, dass unsere Wahrnehmung immer nur vom Verstand interpretiert wird, der sich dabei auch irren kann, hilft hier und da, sich nicht zu ernst zu nehmen und andere Blickwinkel zuzulassen.

… und während du eine gute Haltung einnimmst … indem dein Körper bequem liegt oder sitzt … und deine innere Haltung ebenfalls locker ist … und wie viel der inneren Haltung mag sich in der äußeren abbilden … … … und so kannst du dich auf eine angenehme Weise treiben lassen … und es genießen … dich in deiner Vorstellung vielleicht an einem warmen Kamin sitzen lassen ... oder in einer geschützten Ecke eines Segelschiffs ... oder einer Jacht ... oder wo auch immer du dich mit dir wohlfühlst ... warm und weich gebettet ...

... und vieles ist nicht so wie es scheint ... denn wenn die Sonne auf bestimmte Weise auf das Gefieder eines schwarzen Raben scheint ... dann könnte er für einen Moment auch eine weiße Möwe sein ... durch die Reflexion der Sonnenstrahlen ... falls du es so begründen magst ... scheint das so ... ... und wenn du nur diesen einen Moment hingeschaut hast ... so ist und bleibt es in deiner Überzeugung eine Möwe ... ganz zu recht ... denn so hast du es gesehen ... in diesem Moment ...

... das Auge hat es richtig gesehen ... das Weiß ... das Gehirn hat es nicht richtig interpretiert ... ... so dass dein Auge sich zufrieden schließen kann ... hat es doch seine Aufgabe gut erfüllt ... und der Körper mag sich ausruhen ... ebenfalls zufrieden ... denn das Auge ist schließlich ein Teil von ihm ... ... und so kannst du dich ausreichend tief sinken lassen ... damit auch dein Unbewusstes sich gründlich erholen kann ... während es die Dinge oft anders betrachtet ... als das Bewusste ...

... und es ist nicht so einfach ... sich glauben zu machen ... zu wissen ... ob eine Brille sich erholt ... wenn keine Augen durch sie hindurchschauen ... ... denn für eine Brille ist es vielleicht angenehmer ... auf der warmen Nase zu sitzen und gebraucht zu werden ... als irgendwo in einer Ecke rumzuliegen ... oder auf einem Kamin ... und zu verstauben ... ... und wer weiß schon wirklich ... ob eine Brille sich erfreut ... an dem, was sie sieht ... und ob sie eher trüb wird ... wenn sie viel Unerfreuliches sehen muss ... ... und weil der Verstand sich einen solchen Unsinn nicht bieten lassen muss ... kann er es sich erlauben ... wegzuhören ... um sich lieber gründlich auszuruhen ... ... für eine Brille ist das viel schwieriger ... denn sie hat keine Ohren ... und wegschauen kann sie nur ... wenn sie nicht gebraucht wird ... und im angenehm dunklen Brillenetui liegen kann ...

... und weil noch kein Rabe mit einer Brille gesehen wurde ... hat er dieses Problem sicher nicht ... und kann sich deshalb einfach ausruhen ... ohne sich die Mühe zu machen ... darüber nachdenken zu müssen ... ... dort in der Wärme ... einer warmen Luftströmung bequem liegend ... und weich ... ... oder im Schatten einer Baumkrone ... im warmen

Nest sitzend ... ... sich einfach sinken lassen und sich in sich selbst wohlfühlen ... sich dabei unbewusst vorbereiten lassen auf nachher ... wenn wieder Aktivität gefragt ist ... und klare Wachheit ...

... und irgendwann jetzt ist es dann soweit ... und innerlich beginnt er sich darauf vorzubereiten ... sinkt noch einmal ab in seine Tiefen ... schöpft dort Energie ... und taucht daraus zunehmend klarer und frischer wieder auf ... in der Gegenwart ... ... in der Geschwindigkeit die ihm guttut ... und freut sich auf dies und jenes was nun kommen wird ...

Verwandlung

Wir haben ein sehr kreatives Unbewusstes. Das können wir an unseren Träumen erkennen. Indem wir ihm erlauben, sich unsere Probleme einmal mit seiner Fantasie anzuschauen, sind Veränderungen möglich, die unser Verstand sich zuvor nicht vorstellen und hinterher auch nicht erklären kann. Aber die Erleichterung über die Veränderung ist spürbar. Energie wird frei, die für anderes zur Verfügung steht. Und sei es nur für das Sein, in dem man mit sich zufrieden ist.

... es ist manchmal nicht einfach ... einfach so zu entspannen ... aber wenn die Bedingungen günstig sind ... dann fällt es leicht ... ... und die Bedingungen sind auch innerlich mehr oder weniger günstig ... je nachdem ...

... und nachdem du irgendwann eine gewisse Tiefe erreicht hast ... kannst du in deiner Erinnerung oder Fantasie suchen ... und vor dir einen freien Platz finden ... irgendwie ... ... auf einem Tisch ... oder einem Stück Wiese ... oder vielleicht auch an einem staubigen Weg ... unter dem Schatten eines Baumes ... ... einfach irgendeinen Platz ... der dafür gut geeignet ist ...

... und du kannst nun auf diesem Platz in aller Ruhe ... und mit dem notwendigen Abstand davon ... alle deine Probleme ausbreiten ... die im Moment in irgendeiner Form eine Rolle für dich spielen ... ... es braucht also einen Platz ... der genau dafür gut geeignet ist ... zum Ausbreiten deiner Probleme ... schließlich ist nicht jeder Platz dafür gleich gut geeignet ...

... dabei ist es wichtig ... zu beachten ... dass es nicht wichtig ist ... dass du diese Probleme auch bewusst als solche erkennst ... da es oft schwierig ist ... die Probleme nicht so zu erkennen ... wie es sinnvoll wäre ... ist es manchmal problematisch ... Probleme so zu erkennen ... wie sie eigentlich gar nicht sind ... denn genau dann werden sie erst so richtig problematisch ... und weil das so ist ... kannst du dich jetzt einfach in einer für dich guten Art ein Stück weit von diesen Dingen lösen ... und dich jetzt wohlfühlen ... so wie es eben gerade ist ... und deinen Körper sinken lassen ... angenehm schwer ... oder leicht ... und wohlig warm ...

... während ein Teil von dir dabei symbolisch deine Probleme auf dem Platz ausbreiten kann ... oder auf einen Haufen werfen ... ganz wie du willst ... und wie es dir gerade guttut ... ... und eben auch jene Probleme ... die du nicht bewusst als solche erkennen brauchst ... und manchmal auch nicht kannst ... denen du dann natürlich auch keinen Namen geben kannst ... und sie auch nicht bewusst lösen kannst ... wohl aber unbewusst ... ... und so kann ein anderer Teil ... oder auch du als Ganzes ... die Erleichterung spüren ... wenn du etwas Belastendes loslassen kannst ... ist das enorm erleichternd ... ... denn wie du weißt ... mit Namen legt man sich oft fest ... und erschafft damit etwas ... das es eigentlich gar nicht gibt ... jedenfalls nicht so ...

... und um das zu vermeiden ... legst du diesen unbenannten Rohstoff ... des vielleicht noch nicht einmal fertig erschaffenen Problems ... vor dich auf den freien Platz ... und genießt es ... diese Freiheit in aller Ruhe jetzt zu haben ... und einmal alle Probleme vor dich werfen können ... und sie dabei auch loswerden ... irgendwie ... und die Erleichterung spüren ... an vielen Stellen im Körper ...

... und von diesen Problemen kannst du nun eines auswählen ... das jetzt gut bearbeitet werden wird ... auf irgendeiner Ebene deines kompetenten Unbewussten ... das sozusagen reif und fällig ist ... ... und da diese Probleme oft nur von ihren Namen leben ... kannst du eines jetzt einmal in deiner Fantasie umwandeln ... ihm vielleicht den Namen nehmen ... oder einen anderen geben ...

... und auch das wirkt wieder erleichternd ... die Freiheit haben ... die Namen zu verändern ... ... und dass dein Unbewusstes ein wahrer

Meister ist … in solchen Verwandlungen … weißt du auch aus den Jahren … die voller geträumter Nächte waren …

… du kannst sie jetzt also mithilfe deiner unbewussten Fähigkeiten verwandeln … deine Probleme … in farbige Bälle vielleicht … in Steine verschiedener oder gleicher Größe … in Blätter … in Wollknäuel … und was sonst immer ihm einfallen mag … dem kreativen Teil in dir … auf dieser tiefen Ebene der Ruhe …

… und du kannst dir die verwandelten Probleme anschauen … aus einem guten Abstand heraus … … … und in Ruhe … dich erleichtert fühlen … dass sie nicht mehr die Alten sind … … … während sich in dir immer noch Energie sammelt … die jetzt in der tiefen Ruhe frei wird … sich ablöst von unwichtigen Alltagsgedanken und Gefühlen … die nun auch zur Ruhe kommen … und frei wird durch die Verwandlung … durch die Erleichterung … … … und die Sachen vor dir brauchen nicht viel mit dir zu tun zu haben … tatsächlich haben sie vielleicht viel weniger mit dir zu tun … als du bisher dachtest … oder denken würdest … wenn du bewusst darüber nachdenken würdest … während du jetzt erleichtert die Ruhe und den Abstand genießen kannst … der dir guttut … während dein Unbewusstes sich auf die richtige Weise kümmert … um alle Aspekte deiner Gesundheit …

… und wenn du magst … kannst du nun eine der Verwandlungen auswählen … vielleicht einen Stein … vielleicht den … der jetzt reif ist … … … und irgendwie ist es in deinem Unbewussten möglich … festzustellen … welcher jetzt wirklich reif ist … denn ein Stein hat so seine eigene Art … reif zu werden … … … und nachdem die Auswahl stattgefunden hat … was dein bewusster Verstand vielleicht gar nicht registriert … weil er jetzt wirklich einmal Urlaub machen kann … von den Aufgaben der Überwachung … solange du in einer tiefen Ruhe bist … kannst du deinem Unbewussten jetzt den Auftrag geben … ihn zu bearbeiten … … … vielleicht zertrümmern … wegwerfen … oder schleifen … oder polieren … … … und Steine können sich in wunderschöne Gegenstände verwandeln dabei … deren Anblick oder Oberfläche du mit deinen Sinnen genießen kannst … den du verschenken kannst … denn wir wissen alle … dass das, was für uns ein Problem sein mag … für andere noch lange keines sein muss …

... du kannst ihn mithilfe deiner Fantasie noch einmal verwandeln ... vielleicht in einen Luftballon ... ihn mit der heißen Luft eines anderen Problems füllen ... und davon schweben lassen ... in die Tiefe des blauen Himmels ... ... kannst ihn in eine schöne farbige Blume verwandeln ... kannst ihn in Luft auflösen ... wie Nebel oder Rauch ... ihn vielleicht auch verbrennen ... oder was auch immer dir an Möglichkeiten in den Sinn kommt ... und wenn sie noch so seltsam scheinen ... du weißt ... im Traum kannst du wirklich alles ausprobieren ... während deine tiefe Ruhe dir den nötigen Abstand verschafft ... und die Erleichterung ... loslassen zu können ...

... und manche sogenannte Probleme muss man noch ein Weilchen behalten ... irgendwie ... vielleicht müssen die noch reifen ... oder bedeutende Entwicklungen fördern ... auch wenn unser bewusster Verstand das bezweifeln mag ... oder gar nicht versteht ... deswegen ist es gut für die Lösung so mancher Schwierigkeiten ... wenn die Zuständigkeiten klar geregelt sind ... und konsequent eingehalten werden ... ... auf jeden Fall kannst du dich jetzt schon einmal darauf vorbereiten ... dass dieses oder jenes Problem demnächst gelöst sein wird ... und das dadurch entstehende gute Gefühl schon jetzt beginnen zu genießen ... und ebenso die freiwerdende Energie schon jetzt annehmen ... die Erleichterung ... die Fröhlichkeit ... Unbekümmertheit ... und Freude ... ausgiebig genießen ...

... und weil die Erleichterung sich ausbreitet ... und die Schwere leichter geworden sein wird ... kannst du dich nun wieder sammeln ... um in den Alltag zurückzukommen ... in dem die Probleme sich auch verändert haben ...

... wirst mit jedem Einatmen frischer und klarer ... und bist mit dem Öffnen deiner Augen wach ... und gut vorbereitet für den Alltag ...

Sich mögen

Sich zu mögen ist die Grundlage für einen guten Umgang mit sich. Indem man sich mag, hört man eher auf das eigene Gefühl, das sehr zuverlässig mitteilt, was gut und was schlecht ist.

Um auf sich hören zu können, ist es notwendig, zur Ruhe zu kommen, damit die innere Stimme wieder hörbar wird. Denn in der »Sozialisation« wurde sie zunehmend überdeckt von den vielen Stimmen, die uns sagen, was wir tun sollen und was nicht, damit wir anerkannt, liebenswert und ein nützliches Glied in der Gesellschaft, in der Religionsgemeinschaft, in der Partei und wo auch immer sind.

Samenkorn

Ein Samenkorn trägt alles in sich, was es braucht, um zu keimen und zu einer Pflanze zu werden. So ist es auch mit uns. Wir können über unsere Vorstellung eine Verbindung zu dem in uns bekommen, das für eine gute Entwicklung unserer Person sorgt.

... und wie mag ein Samenkorn sich fühlen ... das schwer genug ist ... so dass der Wind es nicht davontragen kann ... ... so dass es sich beruhigt sinken lassen kann ... in den weichen Sand oder die Erde ... wie in einen bequemen Sessel ... der sich seinen Formen anpasst dabei ... und es angenehm warm einhüllt ... ... so dass es sich fühlt ... und sich mit sich wohlfühlt ... einfach nur weil es sich fühlt ...

... und es gibt sehr große Samenkörner ... wie ein kleiner Fußball manche ... nur viel härter und schwerer ... und die können ganz schön schwer irgendwo liegen ... ... und wenn so ein großes Samenkorn irgendwo ... an einer warmen Stelle im Sand liegt ... und vielleicht in der Lage ist ... die Wärme zu genießen ...

... dann kann es für unsere Begriffe sehr lange dort liegen ... solange es nicht regnet ... oder sonstwie Wasser zu ihm kommt ... liegt es einfach nur dort rum ... denken wir jedenfalls ... aber vielleicht ist es anders ...

... vielleicht unterhält es sich mit dem Wind ... lässt sich von ihm erzählen ... wie weit der Regen weg ist ... ... und sinkt dabei allmählich immer tiefer in den warmen Boden ... und es fühlt sich wohl dabei ... denn schließlich ist es seine Bestimmung ... ein Stück weit einzusinken ... ... und ob es seinen Platz wohl selbst wählt ... und darüber bestimmen kann ... wo es seine Wurzeln in die Erde treibt ...

... vielleicht will es auch noch gar kein Baum werden ... sondern einfach nur rumliegen ... in der Wärme ... geschützt von seiner harten Schale ... sich selbst genießen ... und dabei tiefer sinken ...

... und wenn du dich in ein Samenkorn einfühlst ... vielleicht wie in einem Traum ... dann kannst du seine Entwicklungsmöglichkeiten spüren ... vielleicht überraschend genau ...

... und mit der Zeit ... mag der Wind sein Freund werden ... und ihn fragen ... wann es bereit ist für den Regen ... und so unterhalten sie sich ... der Wind und das Samenkorn ... der Wind erzählt davon ... wie vielen Samenkörnern er schon den Regen gebracht hat ... und dass er sich gut anfühlt ... und was danach so alles passiert ... ... und er bringt auch den Sand ... der das Korn zudeckt ... und hält den Regen fern ... so lange es von seinem Freund gewünscht wird ... das Samenkorn sinkt derweil langsam tiefer ... und fühlt sich wohl in sich selbst ...

... und irgendwann ist es dann soweit ... tief in ihm entsteht der intensive Wunsch nach Wasser ... es will aus seinem Inneren heraus das Licht sehen ... seine innere Existenz drängt nach außen ... will groß werden und sich entwickeln ... ... will die Sonne kennenlernen ... und fühlen, wie es ist ... sich schwerelos im Wind zu wiegen ... und so bittet es den Wind gegen Mitternacht irgendwie um den Regen ...

... der Wind lässt es ruhig angehen ... sammelt in der Ferne die Regenwolken ... bringt sie heran ... positioniert sie richtig ... ... lässt das Korn erst einmal ein, zwei Tropfen schmecken ... um dann mehr und mehr zu schicken ... ... die Hülle des Korns wird gewaschen ... vom klaren Regenwasser ... dann saugt sie sich allmählich mit Wasser voll ... und bald wächst das Samenkorn ... von innen heraus ... mit starker Kraft ... aus seiner Mitte heraus ... sein Wachstum bricht schließlich die Schale von innen ... und treibt nach oben ... dem blauen Himmel ... und der Sonne entgegen ...

... freut sich über das warme Licht ... und das Wiegen im Wind ... und wächst immer weiter ... voll Freude dem Himmel und der Sonne entgegen ...

... und du kannst dieses Gefühl mitbringen jetzt ... während du dich sammelst und in deiner eigenen Geschwindigkeit hierher zurückorientierst ... dich wohlfühlst in dir ... und Freude hast ... an deiner eigenen Entwicklung ... um in den Rest dieses Tages hineinzuwachsen ... irgendwie auf eine gute Weise ... und dich in dir wohlfühlen dabei ...

Frucht der Akzeptanz

Die Vorstellung, dass alle kraftraubenden Gefühle aus dem Körper ausgeschwemmt werden, lässt die Stimmungen heller werden. Es reinigt Seele und Körper und bewirkt mehr Unabhängigkeit von belastenden Eindrücken in unserem Gedächtnis.

... und weil die Muskeln sich in der Entspannung erholen ... kannst du dich auch innerlich erst einmal hinsetzen ... oder vielleicht liegst du innerlich lieber ... wenn du in einer guten Weise bei dir sein willst ... ... jedenfalls kannst du dich in dir zurücklehnen ... und mit der Situation vertraut werden ... vielleicht eine Stärkung zu dir nehmen aus einer guten inneren Quelle ... und Kraft aus dir schöpfen ... in einer ausreichend tiefen Ruhe ...

... und du kannst dich erinnern ... an eine Wiese mit Bäumen ... an denen Früchte hängen ... ... und du kannst dich ihnen nähern ... kannst ihre Rinde fühlen ... ihre Blätter anschauen ...

... und dabei mag dir auffallen ... dass an manchen Bäumen Früchte hängen ... die du so noch nie gesehen hast ... sie sind farbig wie Äpfel ... besonders die gelb-orangenen fallen auf ... manche größer ... oder kleiner als andere ... heller oder dunkler ... ... und während du dich hier erholst ... kannst du in deiner Vorstellung zu einem dieser Bäume gehen ... um die Früchte näher zu betrachten ...

... und während deine Finger vorsichtig über die Haut einer Frucht gleiten ... und ihre Oberfläche spüren ... merkst du zu deiner Freude ... über das Tasten deiner Finger ... dass die Berührung dir guttut ... bis in deine Tiefe hinein ...

... indem du die Frucht berührst ... sie mit deiner ganzen Hand anfasst ... fühlst du dich gut mit dir ... ... und weil das ein sehr angenehmes Gefühl ist ... nimmst du sie vorsichtig in beide Hände ... und lässt das gute Gefühl auch über deine andere Hand in dich strömen ... von den Handflächen ... in die Handgelenke ... in die Unterarme ... über die Ellenbogen ... in die Oberarme ... und über die Brust ... in den Bauch ... und überall in den Körper ... so dass du dich von innen nach außen wohlfühlst ... mit allem, was du bist ...

... es ist wie ein Kreislauf ... gutes Gefühl strömt in dich hinein ... durch deinen ganzen Körper hindurch ... und wieder in die Frucht ... ... und es ist ... als ob der Baum dir über seine Frucht mitteilt ... ohne Worte ... und es dich spüren lässt ... dass du in Ordnung bist ... so wie du bist ... mit allem, was du bist ... mit allem, was du je getan hast ... und je tun wirst ...

... und wie du so dastehst ... und stärker wirst dabei ... löst sich die Frucht vom Baum ... wie von selbst ... und lässt sich in deine Hände fallen ... der Baum schenkt sie dir ...

... und so fühlt sie sich an ... als wäre sie ein Teil deines Körpers ... du spürst sie nun überall im Körper ... spürst, wie sie dir Wärme gibt ... sie nimmt deine Ängste auf ... und wandelt sie um ... in ein Gefühl der Sicherheit ... so dass all die diffusen Ängste ... die in dir waren ... und keine Aufgabe hatten ... außer dich zu verunsichern ... und dir Sorgen zu machen ... ausgeschwemmt werden ... ... und dein Denken wird klar dabei ... du fühlst das Wesentliche ... das, worum es wirklich geht ... weil du dich gut fühlst mit dir ... so wie du bist ...

... und nach den Ängsten schwemmt die Frucht all den Ärger aus dir heraus ... der sich hier und dort festgesetzt hatte ... im Laufe der Zeit ... schwemmt ihn aus ... schnell und gründlich ... ... und ersetzt ihn durch tiefes Wohlgefühl ... und leichtes Lächeln ...

... überall breitet sich ein leichtes Lächeln aus ... in jeder deiner Zellen ... und in jedem Muskel ... in jedem Gedanken aus dem Angst und Ärger sich gelöst haben ... und weggeschwemmt wurden ... sie beginnen zu lächeln ... heiter und befreit ...

... und wie du aufschaust ... zum Baum mit seinen Früchten ... lächelt auch er dir zu ... und du bedankst dich bei ihm ... verneigst dich vielleicht ... und machst dich auf deinen Rückweg ... ... dein Schritt ist leicht ... die Dinge sind klarer ... und leichter ... du fühlst dich durch und durch heiter ... und wohl mit dir ... ... und kehrst so in deiner eigenen Geschwindigkeit hierher zurück ... und wirst mit jedem Einatmen frischer und klarer ...

Unkraut

Es ist immer mal wieder wichtig, zu erkennen, dass etwas uns schadet. Eine Konsequenz kann sein, uns dem zu entziehen, das uns nicht guttut. Das kann auf verschiedene Weise geschehen. Der Entschluss, es zu tun, lässt bereits Ideen wachsen, auf welche Art wir uns schützen können.

... und während du deinen Körper sinken lässt ... kann der Weg in die Ruhe sich anfühlen ... wie ein lockerer Spaziergang ... auf dem du dich treiben lässt ... irgendwie ...

... und auf irgendeinem Spaziergang durch die Natur ... kommst du nach einiger Zeit auf eine Anhöhe ... von der aus du einen sehr weiten Blick über Felder hast ... ... und du kannst dich dort bequem in die Wärme setzen ... vielleicht irgendwo anlehnen ... und dich ausruhen ... ... und du siehst ... während du hinunter schaust ... aus entspannten Augen ... nach einiger Zeit ... dass etwas nicht stimmt auf den Feldern ... aber es ist dir irgendwie nicht gleich klar, was es ist ... wie sooft ... und so schaust du genauer hin ... in aller Ruhe ... ... und langsam ... während du tiefer schaust ... wird es dir klarer ... irgendwie ... dass da unten eine Pflanze wächst ... die dort nicht hingehört ... soweit es dir bekannt ist ... und normal erscheint ...

... die Wiese um diese Pflanze ist irgendwie trockener ... und farbloser ... während die fremde Pflanze gut gedeiht ... ... und wie du tiefer schaust ... und noch immer locker bist dabei ... weißt du ... dass diese eine Pflanze den anderen um sie herum ihre Kraft nimmt ... und selbst besser wächst dadurch ... wie es eben manchmal normal ist in der Natur ... ... und wie du deinen Blick weiterschweifen lässt ... siehst du ein Stück entfernt ... den Bauern, dem dieses Feld gehört ... du winkst ihm zu ... er winkt zurück ... und nach einer Weile kommt er zu dir ... um dich freundlich zu begrüßen ...

... und du fragst ihn ... was das dort ist ... warum diese Pflanze dort wächst ... er hatte sie noch gar nicht bemerkt ... aber er weiß ... was zu tun ist ... ... und so geht er dorthin ... um das Richtige zu tun ... er bedankt sich vorher bei dir ... wünscht dir alles Gute ... und mit kräftigen, sicheren Schritten geht er in die Nähe der Pflanze ... bückt sich ... und wie du tiefer schaust ... erkennst du, dass dort Rohre liegen ... die die Felder mit Wasser versorgen ... während du einfach nur hier liegst ... angenehm schwer ... oder leicht ... und wohlig warm ... ... und der Bauer beginnt etwas an der Zufuhr zu verändern ... geht an verschiedene Stellen und bückt sich ... dreht hier und dort ... und kommt dann ... nach einiger Zeit ... wieder zu dir zurück, um es dir zu erklären ... während du einfach nur die Ruhe genießt ... und die Eindrücke ... und nicht alles verstehst ... mit dem Verstand jedenfalls ... und der Bauer und dein Gefühl meinen, dass das auch nicht nötig ist ... denn es ist einfach so ... dass die fremde Pflanze nun langsam immer weniger versorgt wird ... und sich deshalb einen anderen Platz suchen wird ... während du einfach nur hier liegst ... angenehm schwer ... oder leicht ... und wohlig warm ... und den Moment genießen kannst ...

... und wie du ihn fragst ... warum er sie nicht einfach rausreißt ... oder abschneidet ... wie anderes Unkraut auch ... antwortet er ... das mit dem Vertrocknen ist viel wirkungsvoller ... weil die Pflanze sich durch ihre Wurzeln verbreitet ... und so ist es besser, diesen Wurzeln das Wasser zu nehmen ... und der Pflanze auf diese Weise zu zeigen ... dass es bessere Plätze für sie gibt ...

... und er setzt sich bequem neben dich ... und erzählt dir mit ruhiger Stimme ... einiges über die Natur ... und die Verständigung mit den Pflanzen ... und seine Stimme ist so durchsetzt von Erde und Sonne und Wind ... dass du dich dabei auf angenehme Weise verbunden fühlst ... mit der Erde auf der du sitzt ... mit der Luft die dich umgibt ... ... du bekommst den beruhigenden Eindruck ... dass er weiß, was er tut ... aus sich selbst heraus ... und dass dieses Wissen auch in dir wohnt ... und so lässt du dich ein Stück weit treiben ... während du dich gründlich erholst ...

... und tatsächlich ... die Pflanze hört auf zu wachsen ... wird kleiner ... und das Gras um sie herum wird kräftiger ... und wächst ... während du dich im milden Schatten ausruhst ... die Augen schließen kannst ... einen schönen Traum genießen ... oder zwei ...

... und wie du die Augen öffnest ... schweigt auch der Bauer seit einer Weile ... und schaut vor sich auf seine Felder ... ... und er sieht zufrieden aus ... ruhig und gelöst ...

wie deine Augen sich öffnen ... und du auf die Felder schaust ... siehst du, dass die Pflanze nicht mehr dort ist ... und du wunderst dich ... ... der Bauer neben dir beginnt irgendwann zu sprechen ... als wüsste er, was dich beschäftigt ... und sagt dir, dass die Pflanze gegangen ist ... ... und du fragst dich ... wie das wohl gehen soll ... dass eine Pflanze einfach so weggeht von dort, wo sie nicht erwünscht ist ... und du schweigst aber ... weil du die Pflanze nicht mehr siehst ... dort, wo sie war ... und an ihrer Stelle wächst nun kräftiges grünes Gras ...

... und nachdem du dich gründlich erholt hast ... und diese interessanten Dinge ihren Platz in dir gefunden haben ... sich verbinden mit deinem tiefen Wissen ... kehrst du hierher zurück ... in deiner eigenen Geschwindigkeit ...

Eine Kirsche entsteht

Täglich sehen wir es in der Natur: Ein Baum ist kahl, ein Feld karg. Sobald die Bedingungen gut sind, wachsen Blätter, Pflanzen und Blüten üppiger.

So kann auch aus unserer Tiefe vieles wachsen, dessen Ursprung wir nicht kennen und auch nicht zu verstehen brauchen. Es wächst trotzdem. Oft sogar viel besser, wenn wir es einfach zulassen und nicht versuchen, es zu verstehen.

... und du kannst dich gleich in eine Ruhe sinken lassen ... eher tief sinken lassen ... oder eher zur Seite treiben lassen ... dorthin und so weit, wie du dich wohlfühlst ... innerhalb deiner Grenzen ... ... du findest eine gute Haltung ... die einen festen Platz einnimmt ... der es dir erlaubt ... geborgen zu sein ... in diesem Augenblick ... ... so dass du dich innerhalb deiner Fantasie bewegen kannst ... während du dich gleichzeitig gründlich erholst ... ... und weil mit dem Ausatmen verbrauchte Luft aus dir ausströmt ... und Platz für frische Luft macht ... ... kannst du dich auf eine Ebene sinken lassen ... auf der du dir vorstellen kannst ... auf der du dich vielleicht sogar einfühlen kannst ... in das Entstehen einer Kirsche ...

... zuerst im Winter ... ist noch gar nichts am kahlen Zweig eines Kirschbaums ... jedenfalls nicht sichtbar ... nicht einmal zu ahnen ... welch köstlicher Geschmack sich in dir ausbreitet ... über deine Zunge in dein Gefühl ausbreitet ... später ... wenn die reife Kirsche dir von ihrer Süße zu schmecken gibt ... ... die jetzt noch nicht einmal im

Ansatz sichtbar ist ... noch ist da einfach nur der kahle Ast ... in der Kälte des Winters ...

... und so mag es sein ... wenn aus einer kalten Stimmung ... in der keine Farbe zu empfinden ist ... dann doch die Freude zu keimen beginnt ... zunächst noch unsichtbar ... unfühlbar ... und unvorstellbar ...

... und doch beginnt es schon ... sich zu bewegen ... wenn noch gar nichts zu erkennen ist ... auf der sichtbaren Ebene ... und auf anderen Ebenen doch wahrnehmbar ... das immer wiederkehrende Wunder der Natur ... vielfältig und zuverlässig ... ... und so kannst du mit dem Ausatmen tiefer sinken ... dich auf eine Ebene sinken lassen ... auf der du die Dinge geschehen lassen kannst ... ... so dass Freude sich entwickeln wird ...

... gerade weil dein Verstand sich nicht die Mühe machen braucht ... sich von diesen Dingen zu entfernen ... weil er sowieso nie wirklich in ihrer Nähe war ... ... und so ist es schön ... Unwissenheit genießen zu dürfen ... es sich erlauben ... nicht zu wissen ... auf bewussten Ebenen ...

... und so ist das Entstehen einer Kirsche ... zuerst im Winter verborgen ... in den Geheimnissen der Natur ... denn es ist da noch gar nichts am kahlen Zweig eines Kirschbaums ... ... irgendwann und doch genau zum richtigen Zeitpunkt ... entsteht dann die Knospe ... mit Hilfe der warmen Sonne ... und sie wird größer ... ... einzelne Blütenblätter entwickeln sich ... und die Wärme lässt sie weiß werden ... irgendwann ...

... und eines Morgens in den warmen Strahlen der Sonne ... nachdem es einige Tage warm war ... und sie Vertrauen gesammelt hat ... bewegt sich die Knospe ... öffnet ihr Inneres dem Licht der Wärme ... und den sie besuchenden Insekten ... die sie kitzeln ... nur leicht berühren ... während sie sie befruchten ... ... und das geht so einige Tage ... ... die Blüten ... noch immer sind sie weiß oder rosa ... werden schließlich vom Wind davongetragen ... eine nach der anderen ... oder fallen einfach unter den Baum ... dort bilden sie für eine kurze, berauschende Zeit einen weichen Teppich ... unter dem Baum ... ... und die kleine Kirsche ist noch gar keine ... völlig unscheinbar und ohne Reiz ... hängt sie winzig an ihrem Stängel ...

... so grün und winzig und ganz hart wie sie ist ... ist sie doch fähig ... sich zu nähren ... sie nimmt die Strahlen der Sonne auf ... und setzt sie um in Wachstum ... und nutzt das Wasser ... das über den Zweig kommt ... aus dem Baum ... der es über seine Wurzeln aufnimmt ... ... so dass sie wächst ... nach und nach wird sie größer ...

... es dauert einige Wochen ... und die Kirsche wir größer ... bekommt eine andere Farbe ... am Schluss wird sie auch weicher ... ... und nun ist sie prall gefüllt mit süßem Fruchtfleisch ... und genießt sich selbst ... innerhalb ihrer glatten festen Haut ... kann sich in den warmen Frühlingstagen am Baum hängen lassen ... ... erfreut sich an ihrer eigenen Süße ... an ihrer Größe ... an ihrer Farbe ... ... und eines Tages kommt jemand ... der sie pflückt ... ganz vorsichtig in den Mund nimmt ... die Zunge spielt noch mit ihrer Glätte ... und schätzt die Kostbarkeit ... ... und drückt mit Zähnen und Zunge ganz langsam dagegen ... bis die glatte Haut immer praller wird ... und schließlich platzt ... und der süße Saft den Mund füllt ...

... und voller Genuss nimmt der Mensch den Geschmack auf ... und den Zucker ... und all das breitet sich vom Mund aus ... in den ganzen Körper ...

... und so erwacht in der Kirsche eine neue Existenz ... sie ist nun Teil dieses Körpers ... kann durch ihn auch sehen und hören ... und die Welt neu genießen ... während sie sich in den Körper integriert ... mit ihren wertvollen Bestandteilen ... ihrer Kraft ...

... zu einem Teil des Körpers wird ... sich selbst ihm zur Verfügung stellt ... und es genießt ... aufgenommen zu werden ...

... und so bringst du vielleicht eine neue Erfahrung mit ... während du dir jetzt die Zeit lässt ... die du brauchst ... um dich wohlzufühlen ... dich zu sammeln ... und wieder hier wach zu werden ... im nun beginnenden Rest des Tages ...

Freude

Freude ist nicht nur ein sehr schönes Gefühl, sie unterstützt auch die Gesundheit von Seele und Körper. Wenn wir zur Ruhe kommen, unsere Ängste vor unseren Gefühlen überwunden haben und uns in der Tiefe zu spüren beginnen, dann entsteht Freude. Sie braucht nichts. Sie entsteht alleine durch das Spüren des eigenen Seins.

Blumengruß mit dem Atem

Der Wind, der überall hinkommt, bringt Grüße von allem mit, dem er begegnet ist. Indem wir uns auf ihn einstellen, ihm lauschen lernen, empfangen wir die Botschaften, die er bringt.

... und immer ... wenn du den Atem loslässt ... freut sich auch dein Bauch ... dann kann auch er loslassen ... ... er schenkt dir dafür ein warmes inneres Lächeln ... spüre hin und fühle es ... er freut sich ... weil er beim Ausatmen hinunter sinken darf ... und weil auch dein Nacken hinunter sinken kann ... und die Schultern ... mit dem Ausatmen tiefer ... ... mit dem Ausatmen tiefer ... kannst du deine Gedanken jetzt loslassen ...

... und ich weiß nicht ... wo in deinem Körper ... du dich an eine schöne Blume erinnerst ... an ihren Duft ... ihre Farbe ... ihre Bewegungen im Wind ... ... denn der Wind ist es ... den du einatmest ... den du erzeugst beim Ausatmen ... ... und dieser Wind hat einen weiten Weg hinter sich ... wer weiß ... wie oft er schon um die Welt gezogen ist ... bevor er zu dir kam ...

... und er bringt etwas mit ... für dich ... ... irgendwo in den tiefen Wäldern der Erde ... auf einer ganz kleinen Lichtung ... stehen einige Blumen ... mit verschiedenen Farben ... die noch kein Mensch gesehen ... oder berührt hat ... es ist sehr friedlich dort ... und heiter ...

... und sie wissen von den Menschen durch den Wind ... immer, wenn er bei ihnen vorbeikommt ... erzählt er von den Menschen ... und so wie er von ihnen erzählt ... haben sich gute Gefühle für sie in ihren Wurzeln entwickelt ... und diese guten Gefühle lassen ihre Blüten strahlen ... ... und die Blumen stehen schon sehr lange dort ... und wenn der Wind wieder geht ... geben sie ihm ihren Gruß mit ... an bestimmte Menschen ... von denen er erzählt hat ... und weil der Wind im Lauf seiner Wanderungen über die Erde ... irgendwann allen Menschen begegnet ... erzählt er den Blumen von jedem ... und so geben sie im Laufe der Zeit auch für jeden Menschen ihre Grüße mit ... mit tiefen Gefühlen des Friedens ... und der Liebe ...

... sie haben ihre Grüße in der Dunkelheit ihres Schlafes geboren ... könnte man einen solchen Gruß essen ... er wäre eine ganz außerordentliche Köstlichkeit ... ... könnte man ihn sehen ... er wäre ein wunderschönes Bild ... ... könnte man ihn hören ... er wäre eine sanfte und kraftvolle Melodie ... ... könnte man ihn fühlen ... wie würde er sich anfühlen ...

... und so kommt er mit dem Wind zu dir ... zu deiner Nase ... zu deinem Mund ... wartet dort bis zum nächsten Einatmen ... und lässt sich schwerelos in dich hineinwirbeln ... und löst sich in dir auf ... so dass er dich vollständig erfüllt ... und bewirkt in dir ein außerordentlich feines ... schönes Gefühl der Freude ... der hellen und leichten Freude ... so hell und leicht ... dass sie sich überall in deinem Körper bewegen kann ... die Freude ... ... auch in deinen Stimmungen ... ... auch dort, wo beides verbunden ist ... Stimmungen und Körper ... so leicht und hell ... dass sie sich frei überallhin bewegen kann.. und voller Kraft ... es heller werden lässt in dir ... und ihre heilende Kraft wirkt sich so überall in dir aus ...

... manchmal im Traum ... wenn der bewusste Verstand schläft ... empfängt dein Unterbewusstes weitere Botschaften der Blumen ... und im Traum siehst du die Lichtung ... in den tiefen Wäldern ... ... und die Farben der Blumen ... die auf ihre Weise zu dir sprechen ... und dir die Dinge sagen ... die wirklich gut für dich sind ... für die dein bewusster Verstand nur teilweise empfänglich ist ... im Moment ... ... und die Sprache der Blumen besteht erst einmal nicht aus Tönen ... und doch kann sie klingen ... für deine Ohren ... wie schöne Musik ... ... und deine Augen können sie sehen ... auf eine besondere Art ... ihre weichen Farben ... ihr Lächeln ... ... in der geschützten Tiefe der Wälder ... ... und der Wind kann auch von deiner Haut eingeatmet werden ... so dass der ganze Körper sich getragen fühlt ... hin zur Lichtung ... zu einem schwerelosen Tanz ... zwischen den Bäumen in der Sonne ... in der Geborgenheit ...

... und so kannst du es genießen ... auch in diesem Moment ... deinen Atem loslassen ... einen Gruß hinschicken ... mit jedem Ausatmen in die Welt ...

und schließt diese Dinge nun ab ... wirst dabei zunehmende Frische spüren ... während du dich mit jedem Einatmen ein Stück mehr zurückorientierst ... hierher ... in diesen Raum und in diese Zeit ...

Das Orchester im Bauch

Die Stimmungen, die wir haben, könnten durch das Zusammenspiel vieler einzelner Stimmen in uns zustande kommen. Wie ein Orchester, das im Bauch »hörbar«, im Sinne von spürbar wird, das sich abstimmen und einstimmen kann ...

... sich sinken lassen ... in die Unterlage ... und in den Moment hinein ... ... das Gesagte und Gedachte und alles andere nachklingen lassen ... den richtigen Platz finden lassen ...

... und die Gefühle ... die durch das Denken ausgelöst wurden ... und umgekehrt ... breiten sich im Körper aus ... verschieden weit und tief und farbig ... ... während du einfach nur hier liegst ... angenehm schwer ... und wohlig warm ... mit dem Ausatmen tief sinken lassen ...

... breiten sich die farbigen Gefühle weiter aus ... und verklingen ... oder verdichten sich ... an verschiedenen Stellen des Körpers ... ... so auch im Bauch ... wie in einem kleinen See ... in dem die Gefühle baden ... verschieden groß und farbig ...

... und der See glättet sich ... mit zunehmender Ruhe ... wie mit einem abflauenden Wind ... ... und die farbigen Gefühle in ihm ... werden zu Bildern ... die anfangs noch fließen ... und unklar sind ... die mancher als Klänge hören mag ... in der eigenen Tiefe ... sie mögen klingen wie Musikstücke ...

... und so mag sich in der Ruhe ... ein Orchester freudiger Gefühle ... in deinem Bauch zusammenfinden ... das ein Stück spielt ... es ist die Melodie deines Lebens ... eine sehr abwechslungsreiche Melodie ... ... eine reiche Melodie ... ... mit vielen verschiedenen Instrumenten gespielt ...

... und je ruhiger du wirst ... desto klarer kannst du diese Melodien hören ... ... diese Bilder sehen ... ... desto freudiger wirst du ... und heller ... und hörst den schönen Klang ... der sich zu einem einzigen

Ton verdichten kann ... der sehr voll klingt ... als enthalte er das ganze Leben ... alle Gefühle, die schon einmal gefühlt wurden ... und alle Schönheit ...

... schön und ruhig ... und voller Leben ... schwingt er durch dich hindurch ... ... und findet weitere kleine Orchester ... in anderen Teilen deines Körpers ... in der Brust ... in der Stirn ... in den Knien ... und Zehen ... und an anderen Stellen ... und sie können verschieden klingen ... je nach Ort ...

... und wenn es sehr still ist in dir ... so still, wie es nur wirklich selten wird ... dann hört es sich an ... wie ein einziger Ton ... eine stille Freude ... eine Verbindung zur Kraft ... ein Gefühl der umfassenden Geborgenheit ... ... das ist der Ton, der in allem ist ... was du bist ... ... der dich mit allem verbindet ... was außerhalb von dir ist ...

... und so kannst du es genießen ... auf deine Art ... auf die Art die gut ist für dich ... angenehm schwer und wohlig warm ...

... und wenn du durch deinen Alltag gehst ... mit all seinen Verpflichtungen und Sorgen ... und auf den See in deinem Bauch achten würdest dabei ... irgendwie ... obwohl die Gedanken an die Sorgen und die Hetze dich kaum dazu kommen lassen ... ... dann spürst du die Unruhe des Sees ... und das Orchester klingt dann unklar oder leise ... wenn überhaupt ... ... das ist immer dann ... wenn dein Leben dir nicht entspricht ... dir nicht guttut ...

... und so kannst du dich auf dich verlassen ... wenn du dir zuhörst ... deinem Bauch ... deinen Gefühlen ... und dich nach dem richtest ... was dein Gefühl dir sagt ... dann wird der Ton klarer ... ... und du erkennst es anfangs daran ... dass du dich mit dir wohlfühlst ... dann bist du auf deinem Weg ...

... wenn du durch den Alltag gehst ... und im Einklang bist mit deinen Gefühlen ... dann geht es dir gut ...

... und so kannst du diese Dinge auf die richtige Weise in dir verankern ... um sie im Alltag in Einklang mit dir selbst leben zu können ... ... so dass du nun in deiner eigenen Geschwindigkeit wieder hierher zurückkommst ... und mit jedem Atemzug frischer und klarer wirst dabei ...

Frühlingsanfang

Der Frühling lässt vielfältig Freude entstehen. Durch die Wärme, das Wachstum der Pflanzen, die Farben der Blüten, durch seine Düfte ... Die Erinnerung an diese Einzelheiten, die wir aus den Erlebnissen der Vergangenheit in uns tragen, bringen die Freude in den Moment.

... und während du dein Körpergewicht nun loslassen kannst ... es sinken lassen kannst ... so dass es irgendwann leichter wird ... kann sich auch die Wärme in deiner Haut spürbar ausbreiten ... und du kannst es genießen ... bei dir zu sein ...

... und fast überall in der Natur erscheinen ... jedes Jahr zu einer bestimmten Jahreszeit ... grüne Knospen ... ... es heißt ... der Frühling habe sie geschickt ... obwohl noch keiner den Herrn je gesehen hat ... der seit Menschengedenken diese Veränderungen schickt ...

... und das Auge sieht das Grün ... die Seele ist erleichtert ... denn es kündigt Wärme an ... und leichtere Kleidung ...

... und die Natur wirkt befreit ... freut sich ... dem strengen Winter zu entkommen ... der sie gefesselt hat ... der den Frühling gezwungen hat ... sich zurückzuziehen .... sich in der Tiefe zu verstecken ... ... jetzt kommt er hervor ... der Frühling ... die Natur freut sich ... wird farbig ...

... und es klingt in dir an ... auch in dir entstehen Gefühle der Freude ... die viele farbige Nuancen haben ... jeder Körperteil fühlt die Freude ... endlich ... nach der Kälte ... nach der Dunkelheit ... kommt nun wieder Wärme ...

... so freuen sich die Augen über die Farben ... sehen die leichteren Bewegungen der Menschen ... sehen mehr Haut und weniger Kleidung ... ... die Ohren hören mehr Freude in den Stimmen der Menschen ... mehr Vogelstimmen ... auch sie scheinen die Freude der Bewohner der Lüfte auszudrücken ...

... die Haut spürt die Berührungen der Luft ... und die Wärme der Sonne ... befreit von der Kleidung ... ... die Nase riecht ... die gewärmte Erde ...

... mit der Wärme kommen laue Abende ... an denen nach der Arbeit die Ruhe genossen wird ... tief und umfassend ... ... bequem irgendwo sitzen ... oder liegen ... umgeben und eingehüllt von warmer Luft ... und den Gerüchen des Frühlings ...

... die Menschen freuen sich ... und lachen einander an ... berühren sich zärtlich ... oder überschwänglich ... je nach ihrer Natur ... während das Grün damit beginnt ... das Grau und Braun des Winters zu ersetzen ... erst zaghaft und zögerlich ... dann aber unaufhaltsam und schnell ... ... die dunklen Farben ziehen sich zurück ... freuen sich vielleicht ... dass sie vor dem hellen Licht der Sonne zunehmend verborgen werden ... durch das Grün des Frühlings ...

... und so wirst du dich jetzt sammeln und wieder hierher zurückorientieren ... in das Licht des bewussten Verstandes ... bringst Freude und Frische mit ... lässt sie in deinem Alltag lebendig werden ...

Schüssel voller Freude

Schwerelos schweben bedeutet, sich außerhalb der Realität zu bewegen. Dort ist es möglich, Freude in Schüsseln aufzubewahren – damit man sie sich einverleiben und auch anderen schenken kann. Es bedeutet auch, dass man nicht hilflos auf die Freude warten muss, sondern selbst Einfluss darauf hat, dass sie zu- oder abnimmt.

... und wie seit der Geburt gewohnt ... lässt du mit dem Ausatmen Spannung los ...

... und so kannst du dich mit jedem Ausatmen heller und leichter fühlen ...

... weil du dich dabei vom Alltag lösen kannst ... in aller Ruhe, die du dafür brauchst ...

... kannst dich dazu in deiner Vorstellung ... auf einen farbigen Luftballon setzen ... bequem ... natürlich ... kannst dich zurechtrücken ...

bis du eine wirklich gute Position gefunden hast … … … und dich dann davon tragen lassen … in eine andere schöne Wirklichkeit … die dir guttut … so, wie du es jetzt brauchst …

… und es kann sein … als würde das Ausatmen den Luftballon nach oben tragen …

… mit jedem entspannten Ausatmen ein kleines Stück nach oben … … … und es ist gut so … weil er sich genau in die Höhe bewegen kann … in der du dich wohlfühlst … … … und so kannst du ihn mal ein Stück nach links lenken … mal nach rechts … unbewusst lenken … natürlich … kannst bestimmen ob er nach oben steigt … oder nach unten sinkt … … … weil du dabei spüren kannst … wie es dir guttut … sich innerhalb deiner eigenen Grenzen zu bewegen … das Gefühl der Sicherheit genießen … … … und du kannst die Grenzen dabei auch ausweiten … … … vielleicht auch austesten … … … das wohlige Prickeln in der Bauchgegend … das dabei entstehen kann … genießen … das Erstaunen … die Freude etwas ungeahnt Neues zu entdecken … in seinen Grenzen erfühlen … und ausloten …

… und wie es wohl wäre … wenn du Freude in eine Schüssel füllen würdest … so wie man Honig oder Popcorn in eine Schüssel füllen kann … … … und du kannst diese Schüssel weiterreichen … sobald dir andere Menschen begegnen … auf deiner Reise … die Freude, die du verschenken möchtest, weitergeben … an wen du willst …

… und dich für die Freude öffnen … die du beim anderen auslöst … sie aufnehmen in deine Schüssel … und dich … … … dich von ihr wärmen lassen …

… und du kannst damit fortfahren … leicht im Licht schwebend … Freude weiterreichen … und Freude empfangen … innerhalb deiner sicheren Grenzen genießen … … … und in deiner Nähe da oben schwebt vielleicht noch jemand … mit einer besonders schönen Schüssel … mit einem scheinbar unscheinbaren Inhalt … und du kennst diesen jemand vielleicht … irgendwie … und kennst ihn doch nicht … irgendwie anders …

… er bietet dir freundlich seine Schüssel an … und weil du weißt … es ist gut so … kannst du sie entgegennehmen … und während du sie nimmst ... spürst du in deinen Händen bereits wie gut sie dir tut ... dass sie genau das enthält ... und dir gibt ... was du jetzt brauchst ... und so nimmst du es gerne an ... und lässt seine gute Wirkung sich in dir entfalten ...

... und deine Grenzen werden gestärkt ... so dass du dich wohlfühlst in dir selbst ...

... leicht und hell ... und kraftvoll ... ... den Moment wahrnimmst ... das Geschenk und die Freude genießend ... dich von Freude erfüllen lässt ... leicht und hell ... und überall im Körper und in den Gefühlen ... während du einfach nur hier liegst ... angenehm schwer oder leicht ... und wohlig warm ...

... und du bringst so viel davon mit ... dass du dich für den Rest des Tages auch bewusst wohlfühlst ... mit dir selbst ... ... innerhalb deiner sicheren Grenzen ... ... während du dich in der Geschwindigkeit, die dir guttut, jetzt ... sammelst ... und hierher zurückorientierst ... und mit jedem Einatmen frischer und klarer wirst dabei ...

Sonnenstein

Kinder finden täglich Freude durch das Spiel. Die Erinnerung an unsere eigene Kindheit bringt uns mit den damaligen Gefühlen in Verbindung und bewirkt auch in diesem Moment Freude.

Die Sonne mit ihrem Licht und ihrer Wärme wird gerne mit Freude assoziiert. Über das Spiel mit den flachen Steinen, die über das Wasser hüpfen, kann Freude zwischen Wasser und Sonne wandern ...

... und immer wenn du bequem liegst ... oder sitzt ... können deine Muskeln sich ausruhen ... kann dein Körper hinuntersinken ... und sein Gewicht abgeben ... um sich dabei gründlich zu erholen ... in der eigenen Wärme ... und so kannst du das auch jetzt wieder genießen ...

... und der Teil in dir ... der dem Kind in dir noch nahe genug ist ... oder ihm jetzt nahe genug kommen möchte ... dem es Freude macht ... zu spielen ... in den Moment hinein ... ... der verbunden ist durch die Freude ... mit allen Momenten des unschuldigen Spielens ... bis heute und vor einer Woche und davor und dazwischen ... ... und die leichte Freude des Spielens ... des ganzen letzten Jahres ... verbindet dich mit all den Freuden ... über die Jahre zurück ...

... wie vereint in einem großen Ball ... der durchsichtig sein mag ... ein vielleicht gelber Ball der Freude ... der schwerelos durch die Zeiten wandert ... und besonders bei spielenden Menschen verweilt ... weil dort besonders viel Freude zu finden ist ...

... dabei immer mal in einer Minute zur Ruhe kommt ... wie in einem Wasserbecken ... unter dem Wasserfall der Sekunden ... ... und dann wieder von ein paar umherziehenden Sekunden hinaufgetragen wird ... in einen warmen Strom einer ganzen Stunde ... eines Tages ... einer Nacht oder länger ...

... und an einem See oder Teich zu stehen ... irgendwann damals ... mit den Füßen fest und doch leicht auf dem Boden ... ruhig in der Vorstellung ... ... und einen glatten flachen Stein aufzuheben ... mit Kraft und Geschick auf das Glatt des Wassers zu werfen ... und zu beobachten, wie er das Wasser berührt ... darauf gleitet ... Tropfen nach oben wirft ... ... während die Sonne und die Bewegung deinen Körper wärmen ... und die Freude des heiteren Spielens von damals ... in den jetzigen Moment hinein von innen deine Seele wärmt ... und der Freude kannst du erlauben ... sich auszubreiten ... im Körper ... in der Stimmung ...

... und so wirft dein Arm mühelos einen Stein nach dem anderen ... auf das glatte Wasser ... in dem der blaue Himmel sich spiegeln mag ... und vereinzelte weiße Wolken ... die dir zusehen ... und die Freude aufnehmen ... die aufsteigt von dir und deiner Seele ... von deinem Spiel ... und das Strahlen der Sonne verstärkt ...

... und wer weiß schon wirklich ... ob die Sonne vielleicht das Sammelbecken aller Freuden ist ... die auf der Erde entstehen in solchen Momenten ... und von den Lebewesen aufsteigen ... unsichtbar für das unwissende Auge ... als Schleier vielleicht für das wissende Auge ... und sich sammeln im Gelb der Sonne ... und von ihr zurückgegeben werden als Licht und Wärme ... ... und unter all den flachen Steinen ... die das Licht der Sonne aufglitzern lassen ... in den Wassertropfen des Sees .... gibt es einige wenige ... ganz besondere ... sie sind daran zu erkennen ... dass sie sehr oft über das Wasser springen ... sehr leicht wirken ... und sie brauchen deine unüberlegte Freude ... die sie leicht macht .... und vorwärts trägt ... und im Licht der Sonne hält ...

... und mit jedem Sprung werden die Tropfen aufspritzenden Wassers höher ... und heller ... und nähern sich der Sonne jedes Mal mehr ...

... und in der Hälfte des dreiunddreißigsten Sprungs dieser besonderen Steine ... verbindet sich das Licht der Sonne in den Wassertropfen ... mit der Sonne selbst ... eine helle Brücke aus Licht entsteht ... nur für einen kurzen Moment ...

... reine Freude verbindet sich dabei mit dem Wasser der Erde ... und hüllt dich als ihren Ursprung ein ... badet dich in warmer Freude ... prickelnd ... einem Lächeln des Glücklichseins ... unglaubliches, unbeschreibliches Gefühl ... das Universum verneigt sich lächelnd vor dir ... mit einem Geschenk der Freude ... und berührt dich tief innen ... erfüllt dich mit umfassendem Vertrauen ... geborgen zu sein ... in dir und in der Welt in dir ... ... und du erkennst es wieder ... kennst es tief in dir gut ... schon vor deiner Geburt warst du Teil davon ... und jetzt ist es wieder deutlich ... und hilft dir von jetzt an deinen Weg zu finden ... und ihn leichter zu gehen ... ... so dass du diese Dinge für den Moment vertrauensvoll abschließen kannst ...

... und dich nun wieder sammelst ... die Zuversicht aufnimmst ... und in dir speicherst ... und sie mitbringst ... während du deinen Weg in deiner Geschwindigkeit hierher zurückkommst ... um wach an den Freuden des heutigen Tages teilzuhaben ...

Gute Stimmungen sammeln

Manchmal hat man das Gefühl, in einem Raum, den man betritt, gebe es Stimmungen. Als ob etwas übrig geblieben wäre von den Gefühlen der Menschen, die vorher in dem Raum waren. Wenn sich Stimmungen in Räumen sammeln können, in denen sie erlebt wurden, dann können sie sich vielleicht auf uns übertragen, wenn wir uns dafür öffnen. Natürlich wäre es gut, sich nur für die angenehmen Gefühle zu öffnen.

... und nachdem du darauf achtest ... ob dein Körper die verdiente Ruhe gut genießen kann ... er sich in den Moment sinken lassen kann ... nach all der Anspannung und Bewegung ... die heute schon hinter dir liegt ...

... und ob die Geräusche anders klingen ... wenn die Ohren sich hängen lassen dürfen ... nach all dem, was sie heute schon gehört haben ... ...

... kannst du dich als Ganzes sinken lassen ... angenehm schwer und wohlig warm ... und in den Moment hinein ...

... und wie es wohl wäre ... wenn wir irgendwie die guten Stimmungen auffangen könnten ... die von den Menschen hier im Raum erlebt wurden ... und noch immer erlebt werden ... ... so dass du sie jetzt erleben kannst ... vielleicht sogar konzentriert ... gesammelt wie eine reine Essenz ... ... wenn es da ein Sinnesorgan in uns gibt ... das spüren kann ... was die Menschen hier an Gutem gespürt haben ... und spüren ... heute und gestern ... ... so dass die guten Gefühle sich jetzt kraftvoll in dir ausbreiten können ... und dir noch einmal guttun ... überall im Körper ... und auch in der Seele ...

... und während du also verschiedene Geräusche hören kannst ... und sie mit dir gar nichts zu tun haben ... kannst du dich tiefer sinken lassen ... und deinem Körper vertrauen ... dass er sich um dich kümmert ... ... während die Ohren hören ... das eine oder das andere ... kannst du deinen Atem loslassen ... und mit ihm die Spannung loslassen ...

... und wie es wohl wäre ... wenn die erlebten guten Gefühle durch den Menschen auf den Raum übertragen wurden ... auf die Wände und die Decke ... auf den Boden und die Stühle und Polster ... auf einfach alles, was hier ist ... so dass es jetzt noch im Raum ist ... und nachschwingt ... und du die guten Gefühle jetzt spüren kannst ... irgendwie ...

... in dir schwingt das Lachen ... und das Mitfühlen ... und die Freude, etwas Neues zu entdecken ... mit den Augen ... den Ohren ... den Händen ... den Füßen ... ... und die tiefe Freude ... Liebe zu bekommen ... durch die Worte oder Gesten oder das Streicheln eines anderen Menschen ... die Liebe in sich fühlen ... als warme Kraft ... und auch Liebe geben ...

... und wie es wohl wäre ... wenn du das jetzt empfangen könntest ... es fühlen könntest ... wie schön es ist ... geborgen und geschützt zu sein ... auch tief in dir ...

... so dass du es annehmen kannst ... während du einfach nur hier liegst ... angenehm schwer oder leicht ... und wohlig warm ...

... und vielleicht erinnerte man sich als Kind ... gerade beim Einschlafen leichter ... wenn die Realitäten des Tages sich verabschieden ... an die warme Sonne hier im Raum ... und an die Stimme und das Lachen von jemand anderem ... und es tut ihm gut ... geborgen zu sein ... bis in seine Tiefe ... ... und vielleicht kannst du das jetzt genießen ... ein Stück weit ... mit dem Ausatmen ... Spannung loslassen ... Freude empfinden ... auch tief in dir ... und Geborgenheit ... so dass du dich mögen darfst ...

... und so bringst du ein gutes Gefühl mit ... während du dich jetzt wieder hierher zurückkommen lässt ... mit dem Einatmen wach und frisch und klar wirst ... in diese Realität zurückkommst ... und die guten Gefühle mitbringst ...

In Freude baden

Wie es sich wohl anfühlen würde, wenn wir in Freude eintauchen könnten? Wenn Freude so etwas wie eine Flüssigkeit wäre, in die man hineintauchen könnte. Wie es sich wohl an der Haut und auch tiefer im Körper anfühlen würde?

... und mit jedem Ausatmen ... kannst du ein Stück mehr loslassen ... ... so breitet sich Ruhe aus in dir ... erst in deinen Gliedern ... die mit dem Ausatmen nach unten sinken ... und irgendwann auch in den Gedanken ... ... es wird allmählich stiller ...

... und auf dem Weg dorthin ... kannst du den heutigen Tag zurückwandern ... in deiner Erinnerung zurückgehen ... bis zu dem Moment ... als du dich aufgemacht hast ... um hierher zu gehen ... ... kannst zum Betreten des Raumes zurückgehen ... dann zu dem Ort, an dem du vorher warst ... dich erinnern ... auch an die Gefühle, die du dort hattest ... vielleicht die Vorfreude auf die Ruhe ... die hier schon angefangen hat ... ... kannst weiter zurückwandern ... bis zum Frühstück ... vielleicht erinnerst du dich noch an deine Gefühle beim Frühstück ... wegen des guten Essens ... das wohlige Gefühl der Sättigung ... ... kannst noch weiter zurückgehen ... bis zum Aufstehen ... und es ist nicht wichtig ... dass du alles siehst oder hörst ... manches war eindrucksvoller ... anderes wurde gar nicht bewusst ... ... und so geht deine Erinnerung weiter zurück ... in die Nacht ... in den Schlaf ... in die Welt der Träume ...

... und da du schon mal dort bist ... kannst du praktisch nebenbei ... noch ein paar Dinge sich regeln lassen ... die heute Nacht übrig geblieben sind ... und kannst noch ein paar Dinge tiefer vergessen ... die besser vergessen werden ... um dir Gutes zu tun ... um dich auf eine gute Weise in der Welt zu integrieren ...

... und wenn du die Nacht und den Tag von oben betrachten könntest ... wie auf einem Bild ... dann gäbe es da viele Ereignisse ... und zu den Ereignissen gehören immer auch Gefühle ... die unangenehmen Gefühle werden schwer ... und sinken jetzt nach unten ... werden klein und verschwinden ... ... die angenehmen Gefühle bekommen mehr Raum ... sie breiten sich aus ... ... und so kannst du das geschehen lassen ... während du einfach nur hier liegst ... angenehm schwer ... oder leicht ... und wohlig warm ...

... und wie würden die Ereignisse auf dem Bild aussehen ... wenn sie verschieden groß dargestellt würden ... je nach ihrer Bedeutung ... und die Gefühle wären farbig in ihnen verteilt ... ... wie viele Freudeflecken gäbe es dort ... eher hell ... die sich nun ausbreiten werden ... mit den Gefühlen ... die dazu gehören ... ... und wären auch noch Farben des Ärgers zu sehen ... die nun schwer werden ... und zunehmend verblassen ... und nach unten sinken ... immer kleiner werden ... ... und Farben der Ruhe ... die alles etwas heller und ruhiger machen ... ... Farben der Angst ... die verblassen ... wenn sie unnötig sind ... auf ihre Art schwer werden ... und nach unten sinken ... immer kleiner werden ... ... Farben der Aufregung ... die auch verblassen und nach unten sinken ... immer kleiner werden ... ... an den Grenzen laufen die Farben ineinander ... beeinflussen sich gegenseitig ... können sich auch vermischen ... so dass die Gefühle sich verändern ... ... und welche Farben wohl Freude und Glück bedeuten ... vielleicht gelb oder orange ... oder eine Form von Grün ... es mag bei jedem anders sein ...

... und so kannst du einmal hineintauchen ... denn wie du weißt ... in der Vorstellung ist wirklich alles möglich ... mitten in die konzentrierte Farbe der Freude hineintauchen ... und reine Freude erleben ... mit dem ganzen Körper ... ... am besten ohne Badehose ... denn deine Vorstellung sieht keiner ... hineintauchen ...

... während du hier die Ruhe genießt ... und dich gründlich erholst dabei ... und du dich mit jedem Ausatmen erneut lockerst ... tauchst du in der unbegrenzten Weite deiner Vorstellung hinein … in das Zentrum der Farbe der Freude … des Glücks … vielleicht auch so … dass die Freude dich jetzt einhüllt … warm umspült … dich wohlig wärmt … bis tief hinein in deine Körpermitte … und in deine Seelenmitte … die an einer anderen Stelle des Körpers liegen mag … … … und mit der Freude kommt stetige Kraft in deinen Körper … und in deine Seele … eine starke Freude am Leben … … … und mit ihr kommen bunt tanzende Ideen … es schön zu gestalten … sie umtanzen deine Vorstellung … und bieten sich dir an … … … du brauchst nur Ja sagen … auch wenn du jetzt nicht magst … keine Lust auf Ideen hast … bleiben sie doch freundlich in deiner Nähe … während du einfach nur hier liegst … angenehm schwer … oder leicht … und wohlig warm … vielleicht müde vom Tag … froh, einfach nur hier liegen zu können … und sich gründlich erholen dabei …

… und während du in deiner Freude badest … oder auch tauchst … breitet sie sich über den ganzen Tag aus … durchdringt wie mit hellen feinen Fäden alle Ereignisse des vergangenen Tages … verändert sie dadurch auf eine gute Weise … … … und setzt sich auch nach vorne fort … bis in die kommende Nacht hinein … und darüber hinaus … so dass sie morgen noch andauern wird … … … sie erfüllt dich von innen mit Freude … und Wärme … und Licht … … … und immer, wenn du dich im Alltag für einen Moment auf sie besinnst … öffnest du mit der Kraft der Gedanken den Weg zu ihr … und dann … wenn du dich ihr zuwendest … breitet sie sich aus in dir … und macht deinen Tag heller und kraftvoller … äußerlich und innerlich …

… und so lässt du die Freude wohnen in dir … für immer … und bringst sie mit … während du dich jetzt wieder sammelst … bereit machst für den wachen Alltag … … … und innerhalb der nächsten ein bis zwei Minuten … in der Geschwindigkeit … die jetzt gut ist für dich … ganz wach wirst …

Duft des Flieders

Auch dieser Text knüpft an die freudigen Erinnerungen an, die wir in Verbindung mit dem Öffnen der Blüten im Frühling und der guten Wirkung der Natur haben. Die Freude von damals kommt wieder und wird zur Freude des Jetzt.

... und du kannst dich mit dem Ausatmen sinken lassen ... und dir erlauben ... dich zu erholen ... ... denn im Frühling ... werden sich die Fliederblüten geöffnet haben ... irgendwann ... und voll entwickelt sein ... ihren Duft verströmen ... und auch ihre Farben werden sich voll entfaltet haben ... ... während es dir jetzt angenehm schwer ... und warm ... sein kann ...

... und so kannst du dir in deiner Fantasie einmal anschauen ... wie der Flieder seine Knospen wachsen lässt ... weil die Wärme durch ihn hindurch strömt ... diese wohlige Wärme ... das Wasser ... und das helle Licht der Sonne ... lassen die Blütenknospen wachsen ... ... und das Sehen einer Knospe ... das ruhige Anschauen ... fördert die Erinnerung daran ... wie der Flieder aussieht ... und riecht ... wenn er aufgeblüht ist ...

... und damit kommen auch die Erinnerungen an schöne Gefühle ... an schöne Erlebnisse in warmen Frühlingsnächten ... die viele schöne Gefühle ausgelöst haben ... durch die Erinnerungen ... kommen diese schönen Gefühle auch in den Augenblick ... ... und sie können sich jetzt in dir ausbreiten ... und dir guttun ...

... und während die Blüten wachsen ... werden sie schwerer ... sie werden größer ... und voller ... und schwerer ... durch das helle Licht ... und die wohlige Wärme der Sonne im Frühling ... und irgendwann sind sie groß genug ... so dass sich ihre schöne Farbe voll entwickelt hat ... meistens eine Art Lila ... das hell oder dunkel sein kann ... manche auch strahlend weiß ... ... und noch immer wachsen sie weiter ... entwickeln sich ... und werden schwerer dabei ... manche Zweige sinken durch ihr Gewicht nach unten ... und sie werden mit jedem Tag ein bisschen schwerer ... und dabei sinken sie tiefer ... allmählich ...

... schließlich öffnen sie sich ... vielleicht über Nacht ... oder mit den ersten Strahlen der aufgehenden Sonne ... die Blüten ... an manchen Stellen früher ... und werden strahlend schön für das Auge ... und wenigstens genauso schön für die Nase ... ... und jetzt sind sie ganz groß ... und ganz schwer ... und viele Zweige neigen sich unter ihrem Gewicht hinunter ... besonders, wenn der Regen seine Tropfen auf ihnen ausruhen lässt ... für ein paar Minuten ... ... denn wenn der

Regen die Blüten füllt ... mit seinen Tropfen ... in denen das Sonnenlicht sich vielfarbig bricht ... dann sinken sie noch tiefer ... durch die Schwere der Tropfen ... ... und allmählich ... im Laufe eines sonnigen warmen Tages ... verdunsten die Tropfen ... und die Blüten streben langsam wieder nach oben ... zur Sonne ... und verströmen ihren eigenen Duft ... der so viele schöne Empfindungen auslösen kann ... sobald er in die Nase der Menschen strömt ... so dass die Freude am Leben sich im ganzen Körper ausbreitet ... und die Lust ... die Freude weiterzugeben ... und mehr zu riechen davon ... ... und so kann sich die Freude ... diese Begleiterin des Frühlings ... jetzt noch tiefer und weiter in dir ausbreiten ... überallhin ... bis in die Fingerspitzen ... und Zehen ... und Haarspitzen ...

... und auch in die Ohren ... die selten etwas haben von einem schönen Duft ... ihn jetzt aber ausnahmsweise genießen können ...

... und so bringst du diese schönen Gefühle mit ... um sie für den Rest des Tages zu genießen ... während du diese Dinge für den Moment abschließt ... und wach hierher zurückkommst ...

Gelassenheit

In dem Wort »Gelassenheit« steckt das Wort »lassen«. Sich zu spüren und sich sein zu lassen, wie man eben ist, kann man lernen. In den Texten dieses Kapitels wird es angeregt. Dabei ist es sehr hilfreich, die Ansprüche an sich selbst wahrzunehmen und loszulassen – soweit eben möglich.

Es ist ein Streben, das niemals abgeschlossen sein wird. Aber es ist wohltuend, sich auf den Weg zu begeben. Viele Veränderungen werden dadurch eingeleitet. Es setzt außerdem Energien frei. Und es entsteht ein Gefühl der tiefen Freude über das eigene Sein.

Die Melodie der Ruhe

Musik kann eine sehr beruhigende Wirkung auf uns haben. Sie kann Ängste, Ärger oder auch Trauer ausgleichen und uns zu einem angenehmen Gefühl der Ruhe und der Gelassenheit verhelfen. Viele Menschen summen, um sich zu beruhigen. Diese Geschichte ist eine Variation von »Gefühlseindrücke des Tages«.

... und weil dein Körper sein Gewicht nach unten sinken lassen kann ... hier in der Ruhe ... ... kannst du an einigen Stellen spüren ... dass sich im Laufe des bisherigen Tages so einiges angesammelt hat im Körper ... die vielen Eindrücke ... die Gedanken und Gefühle des Tages haben sich abgebildet in deinem Körper ...

... haben Eindrücke hinterlassen ... und Spuren ...

... vielleicht wie an einem Strand ... wo die vielen Füße der Badenden tagsüber den Sand aufwühlen ... begleitet von starken Gefühlen ... meist der Freude ... die den Körper bewegen ... ... manche sind so leichtfüßig unterwegs ... dass sie kaum Spuren hinterlassen ... andere graben sogar tiefe Löcher ... ... oder bauen Burgen ...

... und abends ... wenn das Licht sich deutlich verändert ... weil der Tag zu Ende geht ... wenn es langsam stiller wird ... und immer mehr Füße sich vom Strand abwenden ... und weggehen ... ihre Stimmen mit dem Wind verwehen ...

... dann bleiben allmählich nur noch die Eindrücke übrig ... die Spuren vom aktiven Geschehen des Tages ... ... und Ruhe beginnt sich darüber auszubreiten ... der Wind streicht darüber ... trocknet den Sand ... ... und beginnt die Spuren zu verändern ... sehr geduldig ...

... die selbstverständliche Ruhe der Natur ... in ihrem eigenen Rhythmus ... spielt wieder ihre Melodie ... ... die schon undenkbar alt ist ... und so viele verschiedene Unruhen schon vorübergehen gesehen hat ...

... und immer irgendwann abends ... und im Laufe der Nacht ... verklingen die lauten Geräusche der Unruhe ... die leise Melodie der Ruhe wird besser hörbar ... ... immer mehr breitet sie sich aus ... ... gleicht die Spuren der Unruhe aus ...

... und wer dann noch geblieben ist ... und leise genug ist ... und auf die stilleren Gefühle lauscht ... kann sie fühlen ... die leise Melodie der Ruhe ... der Natur ... wie sie von unten kommt ... vom Boden ... und aus dem Meer ... vom Wind ... von den Dünen ... und sich verbindet ... mit der eigenen Melodie der Ruhe ... tief in dir ...

… mithilfe des Windes … der den Sand verweht … verschwinden die Eindrücke des Tages … irgendwann … immer … … … mithilfe des Meeres auch … das den Strand glättet … und alle Löcher füllt … irgendwann … … … so dass bald nur noch natürliche Gleichmäßigkeit übrig ist … im steten Fluss der Veränderung …

… auch der Regen hilft dabei … jeder Tropfen verändert den Sand … und das Gesamtbild …

… und die Natur sieht das Geschehen mit tiefer Gelassenheit … sie hat schon so vieles gesehen … und alles ging irgendwann vorüber … darauf kann sie sich verlassen … … … wirklich alles ging irgendwann vorüber … das gibt ihr den Mut … und die Gelassenheit … die Dinge mit Ruhe und wohlwollend zu betrachten …

… und selbst, wenn ein Mensch jeden Tag an der gleichen Stelle sein Loch gräbt … und sei es noch so tief … … … die Natur füllt es wieder auf … … … irgendwann …

… und so kannst du einfach nur hier liegen … die Dinge geschehen lassen … denn sie werden sich ausgleichen … auf eine gute Art … … … kannst dich in deinem Körper … und an seinen Grenzen … fühlen … auf deinem Platz … und sinken lassen … … … angenehm schwer und wohlig warm … … … in tiefem Vertrauen in die gelassene Weisheit der Natur … die auch in deinem Unbewussten wirkt … und nach einem gesunden Ausgleich strebt …

… vielleicht mag es sich anfühlen … wie ein warmer Wind … der die Eindrücke des Tages in deiner Seele … in deinem Körper verweht … … … oder wie eine erfrischende Meereswelle … die auch die tiefsten Löcher füllt … im Laufe der Zeit … … … oder wie ein stetiger … warmer oder frischer Regen … je nachdem … der für weiteren Ausgleich und für Erneuerung sorgt …

… und so kannst du die guten Dinge zulassen … so dass sie sich auf eine gute Weise in dir integrieren … … … und dich in deiner Geschwindigkeit … so dass es gut ist für dich … wieder hierher zurückorientieren … in diesen Moment … mit den Gefühlen … die zu ihm gehören … und du wirst mit jedem Einatmen frischer und klarer werden …

Mit dem Ausatmen loslassen

Eine einfache Anleitung, die Spannung im Körper Schritt für Schritt loszulassen. Der Atem ist dabei hilfreich, denn jedes Ausatmen ist nur durch Loslassen der Spannung in den Atemmuskeln möglich. Indem dieses Gefühl auf die Gedanken übertragen wird, entsteht auch mehr Stille im Denken.

... vielleicht hörst du in deinen Ohren ... das Nachklingen der Stimmen ... und der anderen Geräusche ... die eben noch durch diesen Raum geschwungen sind ...

... und während du jetzt darauf achten kannst ... was noch übrig ist davon ... und wo es zu finden ist ... ... und auch noch anderes wahrnimmst ... ... gehst du gleichzeitig deinen Weg ... den du immer gehst ... fast vollständig unbewusst ... um dich zu lösen von den Dingen des Tages ... von seinen Aktivitäten ... in einen Bewusstseinszustand hinein ... in dem die inneren Bilder wichtiger sind ... als die äußeren ... ... und so kannst du dich in die weiche Unterlage sinken lassen ... und vielleicht spüren ... wie deine Glieder sich mit der Schwere hineindrücken ... in die weiche, warme Unterlage ...

... vielleicht magst du dich erinnern ... an die wirklich guten Gefühle ... im warmen Sand zu liegen ... ... und so konntest du dich auch dort mit dem Ausatmen hinuntersinken lassen ... in die angenehme Schwere und wohlige Wärme ...

... mit dem Ausatmen Spannung loslassen ... im Nacken ... und in den Schultern ... mit dem Ausatmen loslassen ... an der Wirbelsäule entlang nach unten den ganzen Rücken spüren ... beim Einatmen anders ... als beim Ausatmen ... auf der Matte ... im Sand ... oder im Gras ...

... mit dem Ausatmen Wärme strömen lassen ... und die Spannung am ganzen Rücken ... bis hinunter zu den Füßen ... loslassen ... angenehm breit hinuntersinken lassen ... ... und beim Loslassen bekommt mehr von deinem Körper Kontakt mit der weichen Unterlage ... kann sein Gewicht abgeben ... letztlich an den Boden ... und sich wohlfühlen dabei ...

... und mit dem Ausatmen die Oberschenkel sinken lassen ... und die Knie loslassen ... die Waden hinuntersinken lassen ... die Füße und die

Zehen auch ... und es tut so gut ... wenn auch die Zehen ihre Spannung loslassen dürfen ... hinuntersinken ... Richtung Boden ... endlich ...

... und so können auch die Oberarme sinken ... mit dem Ausatmen ... und die Ellenbogen ... die Unterarme und die Hände ... jeder einzelne Finger darf sich jetzt ausruhen ... auch der Kopf sinkt noch ein kleines Stück hinunter ... die Nase darf im Raum hängen ... genau so, wie es ihr guttut ... und die Ohren können es auch ... sogar die Haare können sich bequem hinlegen ... mit dem Ausatmen ...

... diesen und jenen Druck rauslassen ... mit dem Ausatmen ... ... und die Energie genießen beim Einatmen ... die in den Körper strömt ... und dort Frische und Kraft verteilt ...

... und wie es wohl wäre ... wenn man sehen könnte ... wie die Gedanken sich freuen ... falls sie das können ... wenn du auch sie loslässt ... ... mit dem Ausatmen die Gedanken loslassen ... und wie sie tanzen und singen und vielleicht auch toben und schreien ... je nach Veranlagung ... und irgendwann einfach auch hinuntersinken ... und es dabei genießen ... sich loslassen zu dürfen ... mit dem Ausatmen ...

... und mit dem Einatmen entsteht Neues ... zuerst unsichtbar, heilt die Atemenergie Körper und Seele ... ... fördert Ideen und Lösungen ... während sie Frische verbreitet ... ... es entwickelt sich die Lust, aktiv zu sein ... und Freude über sich selbst ... auf sich selbst ... und auf das Nachher ...

... und so wirst du nun mit dem Einatmen zunehmend frischer und klarer ... und orientierst dich ... in deiner eigenen Geschwindigkeit ... mehr und mehr hierher zurück ... ... wirst frischer und klarer ... und mit dem Öffnen deiner Augen wach ... in deiner eigenen Geschwindigkeit ...

Aufrichten lassen

Der Wind drückt die Gräser nieder. Wenn er weitergezogen ist, richten sie sich wieder auf. Diese Prozesse vollziehen sich auch in uns: Etwas bringt uns durcheinander, bereitet Schmerzen oder Ängste. Wenn es vorbei ist, richtet es sich wieder in uns. Weil auch wir Teil der Natur und ihrer Abläufe sind.

… und es ist nicht wirklich still … und doch schon ruhiger geworden … … … deshalb kann hier und da noch Spannung sein … in manchen Muskeln … während andere Muskeln schon zur Ruhe kommen … … … und dazu ist es nicht notwendig … dass es völlig still ist …

… so wie Stille auch in einer schönen Melodie zu finden ist … das Spiel einer Geige … einer Harfe … kann erinnern an die Melodien des Frühlings … des Herbstes … … … die sie malen mit ihren Farben … in die Sträucher und Bäume … in die Wiesen …

… und so kannst du deinen Körper hier liegen lassen … für den Moment … ihn sich erholen lassen … auf unbewusste Weise … bewusst genießend …

… während der Alltag und auch die Nacht … noch in ihm nachschwingt … und gut angepasst wird … so wie der Wind die Wiese an manchen Stellen sanft niederdrückt … … … und wenn er weitergezogen ist … der Wind … dann richten sich die Gräser wieder auf … passen sich neu an … in die Wiese … an ihren Platz … … … manche brauchen dazu etwas länger … die Kraft in ihnen und ihr unbewusstes Wissen richten sie wieder auf … … … ohne dass unser Verstand so richtig weiß … wie das geht … und das ist in Ordnung so … … … deshalb kannst du einfach hier liegen … und das Wissen in dir sorgt für deine Erholung … für die Erneuerung … für die gesunde Anpassung an das Leben …

… und wenn du eine Wiese wärst im Frühling … dann würden sich deine Gräser jetzt wieder aufrichten … in der Ruhe … … … und der Löwenzahn würde seine gelbe Farbe strahlen lassen … würde hier und da gelbe Flecken in der Wiese bilden … die das Auge gerne zum Ausruhen nutzt … um sich daran zu erfreuen … später kommt die blaue Wegwarte … und immer auch Rosen mit verschiedenen Farben … … … und so kannst du dich mit dem Ausatmen noch ein Stück tiefer sinken lassen …

… die Gräser und Blumen ernähren sich dabei aus dem Licht … und der Wärme … und mit ihren Wurzeln holen sie Kraft aus der Tiefe … … … und in ihrem Inneren fügt es sich alles … nach der Weisheit der Natur … … … und den Verstand braucht es dazu nicht … er kann sich bewegen über die Wiesen … das satte Grün besuchen … das Gelb und die anderen Farben genießen ... begleitet von den Stimmen der Vögel ... die sich über die Wärme freuen ... und über das Gleiten in der Luft ... in dieser Art der Stille ... des Augenblicks ...

... und so wie jede Blume sich aus vielen kleinen Teilen zusammensetzt ... ist jeder Teil für sich wertvoll ... ... und das Ganze lebt durch die Teile ... und die Teile durch das Ganze ... weil du es genießen kannst, bei dir zu sein ... ... die Melodien deines Wohlgefühls spüren und genießen ... während du dich erholst ... ruhig auch unbewusst ... und dein Körper dazu einfach nur hier liegen darf ...

... und so bringst du mit dem Einatmen Klarheit mit ... und Erfrischung ... während du dich in deiner eigenen Geschwindigkeit ... hierher zurückorientierst ...

Wolkenzimmer

Ein idealer Ruheraum ist vorstellbar. Er kann sehr konkret sein – oder weit entfernt in den Wolken. Dort, wo nichts Beunruhigendes mehr hinkommt. Vermietet wird er von einem Raben. Von dort können Ausflüge unternommen werden. Aus der Ruhe heraus kann die Fantasie sich entfalten.

... und du kannst dich an das Gefühl der Ruhe erinnern ... auch körperlich ... dich erinnern ... wie dein Körper sich fühlt ... wenn er in Ruhe ist ... und dich hineintreiben lassen ... und die Kontrolle behalten dabei ... die du brauchst ... ... und du kannst in einen inneren Ruheraum gehen ... das kann ein Zimmer sein ... das du vielleicht kennst ... mit einem gemütlichen Bett ... mit einem Schaukelstuhl ... ... und du kannst dich dort ins Bett legen ... dich in deiner Vorstellung hineinsinken lassen ... und wohlfühlen ... wie es eben dazugehört ... ... wenn du es magst ... kannst du dich auch in den Schaukelstuhl hineinsinken lassen ... dich zurücklehnen ... ganz bequem ... und sanft schaukelnd ... dich der Ruhe des Moments überlassen ...

... vielleicht knarrt der Stuhl beim Schaukeln etwas ... ... und es ist wichtig ... die Kontrolle so weit zu behalten ... dass du dich in ihren Grenzen wohlfühlen und loslassen kannst ... in dir ... jetzt ...

... und dein angenehmer Ruheraum ... kann in deiner Vorstellung auch eine Lichtung im Wald sein ... auf einer weichen Decke ... von der Sonne warm beschienenes Grün um dich herum ... das melodische Zwitschern der Vögel ... das durch die warme Luft in deine Ohren kommt ... ... den Geruch des Grases atmen ... und viel gesunden Sauerstoff ... den die Blätter der Bäume dir schicken ... der dich von innen nährt ... und erfrischt ... der die Kraft des Waldes in deine Zellen bringt ... der die Fenster und Türen in deinen Gedanken ... in deiner Vorstellung weit öffnet ... so dass die Farben ganz intensiv sind ... ... und ein selten erlebtes Wohlgefühl sich ausbreitet in dir ... in deinem Bauch ... selbst in deinem Kopf ... hell und friedlich ... glücklich und zufrieden mit dir selbst ... in diesem Augenblick ... während du einfach nur daliegst ... angenehm schwer oder leicht ... und wohlig warm ... und gerade so sehr bewusst kontrolliert ... wie es gut ist für dich ... jetzt ...

... und der Ruheraum kann natürlich auch anders aussehen ... denn das einzig Wichtige an einem Raum der Ruhe ... ist das Gefühl der Sicherheit ... und Geborgenheit ... das er dir gibt ... ... es könnte ein Baumhaus sein ... bequem mit Decken oder Fellen ausgestattet ... in der Vorstellung kann es auch ein Nest sein ... hoch oben ... zwischen den grünen Blättern ... sehr stabil in einem kräftigen Baum verankert ...

... vielleicht ist dein Ruheraum noch weiter oben ... ein Zimmer in einer Wolke ... dort, wo niemand ein Zimmer vermutet ... hell und warm von der Sonne ... angenehm kühl und schattig von der Wolke ... vermietet von einem Raben ... ... und immer, wenn du es brauchen kannst, ziehst du dich dorthin zurück ... wo niemand dich finden kann ... wenn du es nicht willst ... ... und in dem Wolkenzimmer wie auch in jedem anderen Raum ... den du dir aussuchen magst ... ist es genauso wie du es brauchst ... so hell und warm, wie es dir gerade guttut ... so groß oder klein ... wie es dir angenehm ist ... und das kann jedes Mal anders sein ... weil deine Bedürfnisse sich eben ändern ... ... und während du dich dort erholst ... geschützt vor wirklich allem ... zieht die Wolke weiter ... auf ihrem Weg um die Erde ... auch dann ... wenn du sie aus deinem Nest vorüberziehen siehst ... und dir nur vorstellst ... wie es sein mag ... sich auf dem weichen Bett der Wolke gebettet zu fühlen ...

... und immer, wenn dir danach ist ... kannst du Ausflüge machen ... aus deiner Geborgenheit heraus ... denn niemand glaubt ... dass aus der Wolke jemand auf die Erde kommt ... ... in fremde Länder hinunter ... oder in etwas, das du kennst ... an schöne Orte ... an geheimnisvolle Plätze ... zu lieben Menschen ... mit denen du dich austauschst ...

... um dich dann wieder zurückzuziehen ... zur rechten Zeit ... in den Schutz ... in die Wärme ... deines Ruheraumes ... ... und dich dort sinken lassen ... in die Ruhe ... ausreichend tief ... in das Wohlgefühl, das in deinem Bauch wohnt ... das sich von dort ausbreitet ... zufrieden mit dir in diesem Moment ... und wohl wissend ... dass du jederzeit dorthin zurückkehren kannst ... wenn du es brauchst ...

... und so nimmst du jetzt noch einmal Frische und Kraft aus dieser Erfahrung auf ... integrierst sie in einer Weise ... dass du wach und klar in den Alltag kommst damit ... das geschieht natürlich ... unbewusst ... wie auch sonst ...

... und begibst dich damit hierher zurück ... in der Geschwindigkeit ... die jetzt gut ist für dich ... ... bringst Freude und Zufriedenheit mit ... um dich wohlzufühlen ... für den Rest des Tages ...

Sich vom Körper lösen

Sich vom Körper lösen, heißt auch, sich von allem lösen, was ihn peinigt. Das können Schmerzen sein, das kann auch das Wissen um seine Beschränkungen sein. Wenn man sich in der Vorstellung vom Körper löst, werden Veränderungen (auch Heilungen) vorstellbar und begünstigt, die unter körperlichen Bedingungen nicht vorstellbar sind.

Umfassende Gelassenheit kann sich einstellen.

... und während du hier liegst ... und dich in die Ruhe sinken lassen magst ... kannst du einmal alles, was sonst da ist ... stehen oder liegen lassen ... jetzt ... es da sein lassen ... ... und das, was nicht da ist ... hat irgendwo anders seinen Platz ... ... und du kannst deine Ansprüche an dich selbst annehmen ... und diejenigen davon ... die gerade nicht sinnvoll sind ... loslassen ... ... denn es ist oft gar nicht so einfach ... zu akzeptieren ... oder wenigstens zu tolerieren ... dass dies oder jenes nicht da ist ... oder nicht ganz da ist ... zu manchen Zeiten ... ... während vielleicht wirklich einiges noch da ist ... was man am liebsten gar nicht da hätte ... ... und so kannst du es als wirklich angenehm empfinden ... dass die ganze Schwere deiner Glieder da ist ... und ruhig auf der weichen Unterlage liegen kann ... während pulsierende Wärme sich unter deiner Kleidung ausbreitet ... wohlige Wärme sich in deiner Kleidung sammelt ... dich warm einhüllt ...

... und so kannst du einmal damit beginnen ... falls du das magst ... dich in der Vorstellung abzulösen ... vom Boden ... den vielen kleinen oder auch großen Sorgen ... irgendwie ... und es ist für den Interessierten wirklich sehr interessant ... dass dein Bewusstsein gar nicht wissen muss ... wie das geht ... und doch geht es ... irgendwie ... ... und du kannst es genießen ... irgendwann ... zu schweben ... vielleicht auch den Beginn bewusst mitbekommen ... wie du zu schweben beginnst ... irgendwie ... sobald du genügend losgelassen hast ...

... oder auch den Körper einmal liegen lassen ... und doch sichere Verbindung zu ihm halten ... ... und während dein Körper in seiner Schwere ruht ... und sich warm und gründlich erholt ... kannst du dich vielleicht ein Stück davon lösen ... in deiner Vorstellung ... und so weit, wie es dir guttut ... die Freiheit ... der Grenzenlosigkeit genießen ... ... vielleicht nur einen Augenblick ... oder zwei ... dich lösen ... in der Vorstellung ... natürlich ...

... vielleicht einmal von oben auf deinen Körper schauen ... neugierig wie das ist ... denn normalerweise sieht man sich nicht von oben ... die Art wie man sich sieht ... ist im Alltag recht beschränkt ... meistens ... deshalb kann es bereichernd sein ... sich einmal anders zu sehen ... in der Vorstellung ... und sich neue Möglichkeiten eröffnen damit ...

... und so wirst du, sobald du es magst ... innerhalb der nächsten ein bis zwei Minuten zurück in deinen Körper gehen ... vielleicht erst in einen der beiden kleinen Zehen ... oder in ein Ohrläppchen ... vielleicht auch in einen Wirbel ... ... kannst dir die Freiheit nehmen ... deinen Körper deutlich zu spüren ... in deinem Körper herumzuwandern ... ... und überall, wo etwas nicht in Ordnung ist ... den Auftrag geben ... an das Unbewusste natürlich ... es zu reparieren ... und so wirst du darauf vertrauen können ... dass es geschehen wird ...

... und nachdem es langsam soweit ist ... wirst du dich allmählich wieder integrieren ... als ganze Person ... deinen Körper wieder vervollständigen ... oder vollständiger als vorher ausfüllen ... wirst ein positives Bewusstsein deines Körpers mitbringen ... ein umfassendes Bewusstsein mitbringen ... vom Kopf bis zu den Zehen ... über die Wirbelsäule ... die sich gut richtet ... ... um diese Dinge jetzt in einer guten Geschwindigkeit abzuschließen ... und wach und frisch hierher zurückkommen ...

Zwei Flüsse

Die Dinge geschehen lassen, so wie es eben kommt. Nicht festhalten, sondern sich den Veränderungen optimal anpassen. Einem Fluss käme es wohl nicht in den Sinn, seinen Weg verändern zu wollen. Er fließt eben dort, wo sein Bett sich gestalten lässt.

... und weil deine Beine jetzt schon vorangegangen sind ... während sich ihre Muskeln auch an anderen Stellen lockern werden ... sind sie schon vorangegangen ... in die Ruhe ... die Arme sind auch irgendwo dort in der Nähe ... so dass du jetzt schon etwas erholter bist ... und es vielleicht noch gar nicht bewusst spürst ... ... deshalb kannst du auch noch tiefer gehen ... in die Ruhe ... die Eile zurücklassen ... mit dem Ausatmen ein Stückchen tiefer ... ... so wie du es gut kennst ... von vielen Gelegenheiten ...

... und weil es immer guttut ... wenn sich Ruhe ausbreiten kann ... ... und mit Menschen, die uns begegnen ... ist es wie mit dem Lauf von Flüssen ... wenn zwei Flüsse entstehen ... irgendwo ... vielleicht weit entfernt voneinander ... in den Bergen entspringen ... können sie sich doch begegnen ... irgendwann ... und sie suchen und bilden sich ihr eigenes Bett ... oben an der Quelle ... beginnend ... dort sind sie meist noch frisch ... und klein ... und unscheinbar ... ... sie fließen vielleicht noch nicht in die gleiche Richtung ... sind sich noch nicht begegnet ... so wie wir es verstehen ... und wissen vielleicht doch voneinander ... auf einer Ebene ... ... und auf ihrem Weg werden sie größer ... und wärmer ... je tiefer sie kommen ... ... und sie fließen durch stille Wälder ... über Steine und Moos ... vorbei an kleinen und großen Felsen ... ... lassen sich als Wasserfälle hinunterfallen ... und graben sich an manchen Stellen tief in den Boden ... ... manchmal sind sie so sanft und still ... dass man sie gar nicht hört ... an anderen Stellen plätschern oder rauschen sie laut ... ... und die Tiere baden in ihnen ... und trinken ihr Wasser ... das ihnen guttut ... ... und wenn sie sich begegnen ... irgendwann ... so können sie ein Stück weit nebeneinander fließen ... und sich auf ihre Art unterhalten ... und ich weiß nicht ... wie gut du es dir vorstellen kannst ... ... wie es sich anfühlt ... auf einem träge strömenden Fluss ... in einem sicheren Boot getragen zu werden ... ... im Boot weich auf dem Rücken liegend ... auf einer weichen Decke ... während die Sonne deinen Körper wärmt ... und dir guttut ... die Stirn liegt im Schatten eines Hutes ... angenehm gekühlt ...

... kannst dich einfach nur treiben lassen ... während dein Unbewusstes dafür sorgt ... im Zusammenspiel mit den anderen Kräften ... dass die wirklich wichtigen Dinge im guten Sinne geregelt werden für dich ... dabei plätschert das Wasser ... am Ufer zwitschern die Vögel ... ein warmer Wind bewegt die Blätter ...

... und ein Weilchen fließen die Flüsse nebeneinander ... unterhalten sich auf ihre Weise ... über ihren Ursprung ... über das, was sie gesehen haben ... ... und irgendwann werden sie sich wieder trennen ... denn jeder hat sein eigenes Bett ... und wenn ein Fels im Weg steht ... dann fällt es ihnen leichter ... verschiedene Wege zu wählen ... und auseinander zu fließen ... ... vielleicht kommt es aber auch dazu ... dass sie sich für den Rest ihres Weges vereinigen ... so dass für die Augen der Menschen ein neuer Fluss entsteht ... und die Flüsse lassen es geschehen ... gleich, wie es kommt ... denn so ist der Lauf der Dinge ... ... und so kannst du es noch weiter genießen ... ausgiebig genießen ... dich ein Stück weit treiben zu lassen ... während du dich aus deiner Tiefe erholst ...

... um dich jetzt auf deine Weise unbewusst so zu integrieren ... dass du den Rest des Tages in angenehmer Gelassenheit verbringst ... ... und so sammelst du dich jetzt ... und kommst in deiner eigenen Geschwindigkeit hierher zurück ... ... während dein Unbewusstes weiterhin dafür sorgt ... dass die wirklich wichtigen Dinge für dich geregelt werden ... auf eine gute Weise ... ... um mit dem Öffnen deiner Augen wach und klar zu werden ...

Liebe

Liebe ist das Gefühl, das uns Freude bringt, uns glücklich macht, unseren Willen stärkt und uns auch sehr schwierige Umstände ertragen hilft. Liebe bringt Heilung und schützt. Dabei ist es weniger wichtig, ob sie gegeben oder empfangen wird. Auch ob ein Mensch geliebt wird, ein Tier oder eine Sache. Wesentlich ist das Gefühl im Menschen. Es verändert körperliche Vorgänge hin zum Guten.

Geschenk

Die Absicht sich formen lassen, jemandem etwas Gutes zu schicken. Schon alleine der Wunsch, etwas Gutes verschenken zu wollen, ist für den Hörer wohltuend. Darüber hinaus kann die Absicht konkretisiert werden (hinsichtlich mehrerer Gesichtspunkte: Wer soll beschenkt werden? Was will ich ihm geben? Was will ich überhaupt schenken; warum will ich es schenken? Wie würde es sich anfühlen, wenn ich mehr oder weniger schenken würde? Etc.)

... und so wie der Körper sich noch immer besser an die Unterlage anpasst ... kann deine Ruhe tiefer werden ... eine ganz persönliche, eigene Ruhe ... indem dein Unbewusstes auf seine eigene Art ... Muskel für Muskel lockert ... ... du kannst dich jetzt dabei noch ein bisschen tiefer sinken lassen ... wie in eine weiche, warme Wolke ... angenehm schwer ... kannst dieses Gefühl jetzt genießen ... für ein paar Sekunden ... so lange genießen ... dass es wirklich zu einem Genuss wird ...

... und während die Ruhe gut ist ... um sich zu erholen und zu erneuern ... und auch gut ist ... für die Muskeln ... und für die Zusammenarbeit zwischen der Wärme und der Sonne ... in ihrer lockernden Wirkung auf den ganzen Menschen ... ... und auch gut sein mag für das Wachstum eines Baumes ... in all seinen Teilen ... kannst du dich so weit hinunter treiben lassen ... wie es dir jetzt angenehm ist ...

... und hier und da einen Anker auswerfen ... oder einen Haltepunkt anbringen ... wie immer der auch für den Verstand aussehen mag ... so dass deine Kontrolle stets ausreichend ist ... so dass du dich mit dem Gefühl der berechtigten Sicherheit weitertreiben lassen kannst ...

... auf eine Ebene des Wohlgefühls treiben lassen ... durch schöne Landschaften ... wie in einem sicheren Boot ... auf einem ruhigen Floß ... auf einem Feldweg ... begleitet von Schmetterlingen ... und Vogelgezwitscher ...

... oder auch im warmen Wasser der Badewanne ... bei der Beobachtung eines Schaumkegels ... vor dir ... in der warmen Badewanne ... eingehüllt von wohliger Wärme ... und gutem Duft ...

... so kommst du ... irgendwann ... auf eine Ebene in dir ... in der du dich erinnern kannst ... an ein rundum gutes Gefühl ... kannst dich wohlfühlen in dir selbst ... dazu gehört die Wärme in dir ... und die Leichtigkeit der eigenen Schwere ... die mit der Entspannung kommt ... und die Erlaubnis, es genießen zu können ... einfach nur dazuliegen ... dieses Gefühl des Glücks rundum ... zu wissen ... tief innen ... dass du in Ordnung bist ... so wie du bist ...

... damit verbunden mag sein ... ein tiefes Verständnis für die Natur ... und deine Verbindung mit ihr ... Liebe zu empfinden für dich ... und andere ... ... da ist ein Gefühl der Freiheit ... im Großen der Welt ... und im Kleinen ... sich treiben zu lassen ... in tiefem Vertrauen in dich selbst ... ein heller Schimmer in deiner Seele ... eine Verbindung mit anderen ... ohne Sprache ... die über die Lippen gehen würde ... sprachlose Verbindung ... die getragen ist von Freude und Wissen ...

... und auf dieser Ebene ist Geben und Nehmen eins ... kaum zu unterscheiden voneinander ... etwas annehmen ist gleichzeitig das Geben von Vertrauen ... und etwas geben ist das Nehmen der Freude des anderen ... frei und leicht ... ... und so kannst du auf dieser Ebene ... die Absicht sich in dir formen lassen ... und vielleicht entwickelt sie sich als Bild ... als Geschenk ... jemandem den du magst ... etwas Gutes zu schicken ... alleine durch deine Gedanken ... etwas Gutes ... das denjenigen begleitet ... auf seinem Weg ... in der Welt ... um sich gut zu entwickeln ... und mit sich selbst wohlzufühlen ... sich zu nähren mit allem, was er braucht ... ihn in Gedanken begleiten ... so, wie er es braucht ... wissend ... aus sich selbst heraus ... ein gutes Geschenk ... ein Geschenk der warmen Liebe ... einen hellen Traum ... der die Wirklichkeit begleitet ... und formt zu einer guten Gestalt ...

... und so nimmst du dir die ganze Zeit ... die du dafür brauchst ... um es auf eine natürliche Art gut werden zu lassen ... in diesen Momenten ...

... um dann eine gute Portion Zuversicht und Glücksgefühl mitzubringen ... während du dich über die Ebenen hinauf hierher zurückorientierst ... dir dabei die Zeit lässt ... die du brauchst ... um die Dinge abzuschließen ... für den Moment ... und sie später zu einem günstigen Zeitpunkt fortzusetzen ... ... mit jedem Einatmen ein Stück wacher und frischer werdend ...

Gutes schicken

In dieser Geschichte wird – sofern sie in einer Gruppe angewandt wird – von allen Gruppenteilnehmern an einen anderen Teilnehmer etwas Gutes geschickt. Das lässt sich beispielsweise so variieren, dass jeder einen eigenen Teilnehmer aussucht, oder aber ein Teilnehmer bestimmt wird, auf den sich alle anderen konzentrieren. Bei einer derartigen Anwendung in meinen Gruppen »empfing« die ausgewählte Teilnehmerin, die nicht wusste, dass sie ausgewählt war, verschiedene Bilder, die große Ähnlichkeit mit denen hatten, die »geschickt« wurden.

… und bevor du dich der tiefen Ruhe zuwendest … in der nur das dir nahe bleibt … was gut ist für dich … … … kommst du erst einmal hier an … in diesem Raum … lässt deine Glieder nach unten sinken … die Muskeln lösen sich … wie schon oft zuvor … in dieser Haltung …

… und deine Nase erkennt die Gerüche in der Entspannung besser … sie kann sich in denen besonders gut ausruhen … die ihr gut gefallen … … … und manche Gerüche sind schon von klein auf mit Ruhe verbunden … mit Geborgenheit … … … und das Gehirn kann sich erinnern … und es zulassen … sich auch mit dem Rest des Körpers wohlzufühlen … … … auch wenn man es von außen nicht sieht … und der Verstand es belächeln mag … es freut auch die Nase … wenn sie sich ausruhen darf … für ein paar Minuten einfach nur rumhängen darf … in ihrem Gesicht … … … und jede Nase hat so ihre eigene Art sich hängen zu lassen … … … und für die Ohren gibt es hier auch vieles … was überhört werden kann … kaum etwas Neues … und so können auch sie sich hängen lassen … … … und für die Augen ist es eine ebenfalls wohlbekannte Dunkelheit … für sie ist es meist eine Wohltat … wenn die Lider sich vertrauensvoll schließen können … … … und so sinken deine Glieder mit dem Ausatmen jedes mal hinunter … in die eigene angenehme Schwere … und wohlige Wärme … und so magst du es genießen … und dich freuen … dass du dir diese Zeit für dich gerade nimmst … oder gibst … wie auch immer … und dich treiben lässt … in den Moment hinein … um dich zu erholen … auf deine Weise …

… deshalb kannst du nun tiefer sinken … ganz allmählich … auf eine Ebene in dir … auf der du dich gründlich erholst … und Kraft sich bildet in dir … zu deinem Besten … … … und einiges von der Kraft … kannst du nutzen … um sie zu jemandem zu schicken … der sie braucht … kannst dich dazu tiefer sinken lassen … so dass es dir gut geht dabei …

auf eine Ebene sinken lassen ... auf der so etwas möglich ist ... eine Ebene, auf der sich Kraft in dir bildet ... für dich ... und mehr noch davon ... die du weitergeben kannst ... eine Ebene, auf der du unbewusst weißt ... wie das geht ... und sie deshalb jemandem schickst ... der sie brauchen kann ... ... während jemand auf eine Ebene geht ... auf der er sich erholt ... auf der er selbst prüfen kann ... was er annehmen kann ... und möchte ... ... wie er es für sich verwenden kann ... und auf der er sich selbst etwas geben möchte ... auf der er sich öffnet ... vielleicht nicht nur unbewusst öffnet ... für positive Veränderungen ... ... und die Bereitschaft entwickelt ... Gutes anzunehmen ... anderes abzuweisen ... unbewusst prüfen ... und bereit sein ... Gutes anzunehmen ... und in sich wirken zu lassen ...

... und sich auf die richtige Ebene sinken lassen ... heißt ... dem eigenen Gefühl vertrauen ... sich der inneren Weisheit überlassen ... ein Stück weit ... so wie in einem Bus ... den nur der Fahrer lenken darf ... oder in einem Zug ... nur der Zugführer darf ihn bedienen ... weil sie wissen ... wie es geht ... ... und auf die richtige Ebene sinken lassen ... heißt ... seinem eigenen Gefühl für das Richtige vertrauen lernen ... sich der inneren Weisheit hingeben ... die in jedem Lebewesen wohnt ... eine Weisheit ... die auf unsichtbare Weise verbunden ist ... mit der unendlichen Weisheit ... all deiner Väter ... und Mütter ... mit der Weisheit der Bäume ... der Blumen ... des Wassers ... der Tiere ... des Windes ... und der Erde ...

... und ich weiß nicht ... wie das aussehen könnte ... was du jemandem schickst ... ob es farbig ist ... und rund ... wie Bälle ... oder ob es weich ist ... oder fest ... ... und vielleicht schickst du ihm etwas wie einen Strauß farbiger Blumen ... die in Wahrheit liebevoll gewebte Zauber sind ... und bei ihm eine Kraft entfalten ... wie helles Licht ... das die Dinge heilt ... während du einfach nur hier liegst ... angenehm schwer ... oder leicht ... und wohlig warm ... den Moment genießt ... dich erholen ... und gleichzeitig etwas geben ...

... und vielleicht schickst du unsichtbare Helfer zu ihm ... die sich mit den Problemen gut auskennen ... ... und ich weiß nicht ... ob jemand sich für das eine besser öffnen kann ... als für das andere ... und vielleicht hilft das eine gleich jetzt im Moment ... und das andere erst heute Nacht ... oder morgen ... ... und es tut dir gut ... und ist auch ein schönes Gefühl ... wenn du das Gute, das du weitergeben wirst ... sich in dir entfalten lässt ... das Gute hell in dir wachsen lassen ... seine Kraft stärkt dich ... und heilt dich ... ... und dann einen Teil davon abgeben ... während es dich weiter versorgt ... dich kräftigt ... und erfrischt ... und so kannst du diesen Prozess in deinen Tiefen genießen ... ... dich ausfüllen lassen davon ... warm ... prickelnd ... und hell ...

... um dich dann in den nächsten ein bis zwei Minuten wieder ausreichend auf das wache Geschehen vorzubereiten ... ... dich dafür sammeln ... ... und in deiner eigenen Geschwindigkeit jetzt wieder hierher zurückkommen ... gelassen und wach ...

Geben und Nehmen

Auch in diesem Text werden in der Vorstellung gute Gefühle verschickt. Die guten Gefühle entstehen im Hörer und werden dann verschickt. Unabhängig davon, ob man glaubt, dass tatsächlich Gefühle »verschickt« werden können, ist es konstruktiv, diese Gefühle in sich entstehen zu lassen und dabei zu erfahren, dass das möglich ist.

Der Hörer wird außerdem angeleitet, Gutes anzunehmen – was vielen Menschen schwerfällt.

... und während du deinen Körper eine gute Haltung finden lässt ... in der er sich gründlich erholen kann ... in den nächsten Minuten ...

... kannst du dich ausreichend tief sinken lassen ... dorthin, wo du einen guten Kontakt zu den Quellen der Gesundheit hast ... unbewusst ... ... und indem du eine stabile Verbindung zu diesen Quellen aufnimmst ... kannst du ihre Kraft nutzen ... und dich so gut erholen ... in den nächsten Minuten ... gründlich und tief erholen ... auf allen Ebenen ... unbewusst gesteuert ... während du einfach nur hier liegst ... angenehm schwer ... und wohlig warm ...

... dabei kannst du unbewusst einen anderen Teil tiefer sinken lassen ... den, der weiß, wie das geht ... dorthin sinken lassen ... wo du gute Gefühle sammeln oder entstehen lassen kannst ... ... und so entstehen gute Gefühle in dir ... und du kannst sie als Päckchen oder Strahlen oder auch anders jemandem schicken ... den du magst ... und dem du sie gerne schickst ... deine guten Gefühle ... ... und du stellst dem Empfänger frei ... ob er dein Geschenk annehmen möchte oder nicht ... du schickst ihm gute Gefühle ... und lässt ihn entscheiden ... ... während du dich weiterhin gründlich erholst ... ohne dich bewusst darum kümmern zu müssen ...

... und ich weiß nicht ... wo in deinem Körper die guten Gefühle sich sammeln ... die du auch in dir strömen lässt ... von denen du einen Teil bündeln kannst ... um sie zu verschicken ...

... und ich weiß auch nicht ... auf welche Weise du sie verschickst ... farbig oder weiß ... oder als unsichtbares Gefühl der Berührung ... vielleicht auch als schönen und reinen Ton ... der in eine Melodie übergehen mag ... die sich verändern mag ... wenn sie ankommt ... ... oder wie einen guten Duft ... ... und vielleicht schenkst du der ausgewählten Person eine Berührung ... die Geborgenheit gibt ... oder Kraft ... Vertrauen ... oder all das ... ... und es ist sehr wichtig ... dass es dir gut geht dabei ...

... und so lässt du es in aller Ruhe zu ... dass eine positive Kraft in dir entstehen ... und sich sammeln kann ... die dir guttut ... während du einfach nur hier liegst ... angenehm schwer ... oder leicht ... und wohlig warm ... ... vielleicht sammelt sie sich im Bauch ... und du lässt sie zu der anderen Person wandern ... und schickst ihr reine und gute Gefühle mit ... ... und lässt die gute Kraft weiter wachsen in dir ... und lässt sie weiterströmen zur anderen Person ... ... und diese Kraft füllt auch dich aus ... wärmt dich ... macht dich von innen irgendwie heller ... und stärker ... und weiser ... ... und die Kraft verbindet euch auf eine gute Weise ... die euch frei sein lässt ... so dass ihr euch jederzeit lösen könnt ... ... und sie schwingt zurück zum Gebenden ... erfüllt beide mit intensiver Freude ... mit Heiterkeit und Farbe ... ... und so kannst du dich dafür öffnen ... gute Gefühle zu geben ... ... und du kannst dich dafür öffnen ... gute Gefühle anzunehmen ... und beides mit jeder Faser deines Körpers ... deiner Seele ... und deines Geistes genießen ... ... geborgen in der guten Kraft ... warm und locker eingehüllt ... ... dich hineinsinken lassen können ... wie in ein warmes Bad ... oder duschen ... im guten Gefühl ... es aufnehmen ... ... und es mitnehmen ... um gestärkt und gefestigt in deiner Geschwindigkeit hierher zurückzukommen ... und dich darin wohlfühlen ... und es auf eine gute Weise weiter in dir wirken lassen ... in den Tag hinein ...

Quelle der Geborgenheit

Die Erinnerung an Quellen der Geborgenheit und Liebe lässt diese Gefühle im Augenblick des Hörens und des Erinnerns neu entstehen – mit all ihren konstruktiven Auswirkungen. Über die augenblickliche Wirkung hinaus wird gelernt, sich diese Quellen (neu) zu erschließen, sich ihnen (wieder) zu öffnen.

... und während du hier liegst ... und dich dabei spürst ... mehr oder weniger deutlich ... kannst du dir vielleicht vorstellen ... wie sich ein Stein fühlen mag ... der irgendwo an einem ruhigen Fleck liegt ... in einer schönen Landschaft ... ... und es immer wieder genießt ... dass er sein Gewicht an den Boden abgeben kann ... ... und wie sich das für einen Stein wohl anfühlen mag ... ob er sich mal schwerer fühlt ... und mal leichter ... je nachdem, wie trocken er ist ... und warm ...

... so kannst du gleich tiefer gehen ... oder erst, nachdem du die Ruhe eine Weile genossen hast ... dich auf eine Ebene treiben lassen ... auf der die Vorstellungskraft groß ist ... ... kannst die Dinge des Alltags hinter dir lassen ... die unwichtig sind im Moment ... ... und nur so tief gehen, wie es gut ist für dich ... ... und das musst du nicht bewusst tun ... und nicht einmal bewusst wissen ... und so kannst du dich sinken lassen ... mit dem Ausatmen ... angenehm schwer ... und wohlig warm ...

... und wie es wohl wäre ... wenn du noch immer ein Kind wärst ... und vielleicht bleibst du immer ein Kind ... irgendwie ... und warst nie wirklich ein Kind ... irgendwie ... so wie man es sich vorstellt ... innerlich jedenfalls ... sondern schon damals ein Heranwachsender ... so wie jetzt ... indem man immer weiter lernt ... im Leben ... und innerlich immer weiter wächst ... und doch auch Kind bleibt ... irgendwie ... ... deshalb kannst du die Dinge jetzt in Ruhe betrachten ... im Schutz deiner Fähigkeiten ... dich schützen ... einmal zurückgehen ... während du einfach nur hier liegst ... angenehm schwer ... oder leicht ... und wohlig warm ... ... deinen Weg zurückgehst ... und dich öffnest für das, was du brauchst ... um es zu bekommen ...

... und wie oft schon ... hast du als unbeschwertes Kind ... im warmen Sonnenlicht auf einer Wiese gespielt ... und die Sonne hat deine Haut gewärmt ... deine Seele erweitert ... und es geht dir gut dabei ...

... und wie es sich anfühlen mag ... wenn da ein gütiges Wesen ist ... das dich liebend anschaut ... mit dir spricht ... dich in den Arm nimmt ... so wie du es brauchst ... auf eine gute Weise ... so dass alles zur Ruhe kommt ... Altes und Neues ... für den Moment zur Ruhe kommt ... ... gesunde Energie fließt in dir ... die Wunden heilt ... Innere und Äußere ... in der Geborgenheit ... im Schutz ... Liebe aufnehmen ... ... einströmen lassen ... ihre gute Wirkung im Körper spüren ... und in der Seele ... vielleicht sogar im Verstand ...

... und wenn du dich dort in der Landschaft umschaust ... geborgen und geliebt ... dann lächeln auch die Sträucher dir zu ... und du spürst vielleicht ihr Bewusstsein ... ... und auch wenn wir nicht bewusst wissen ... ob das Gras ein Bewusstsein hat ... so fühlen wir doch manchmal eine harmonische Verbindung zu ihm ... die uns guttut ... und so genießt du jetzt ... die stabilen Grenzen deines Körpers ... in seiner Schwere ... und Wärme ...

... und nimmst in der Ruhe Gelassenheit, auf ... die Gelassenheit die du brauchst ... um den richtigen Abstand zu bekommen ... und um die Dinge vorüberziehen zu lassen ... für die du dich im Moment nicht öffnen möchtest ... oder kannst ...

... und bringst jetzt eine stabile Quelle der Geborgenheit mit ... während du dich in deiner eigenen Geschwindigkeit wieder hierher zurückorientierst ...

Die Wohnung der Gefühle

Die Gedanken sind im Kopf. Denken wir. Vielleicht mit dem Kopf. Wo aber sind die Gefühle? Auch im Kopf? Vielleicht aber wohnen die Gefühle im Körper? Und wenn sie dort wohnen, tut es ihnen sicher gut, den Körper zu pflegen. Beides aufeinander einzustimmen. Durch eine leichte Melodie vielleicht. Die nur das Gefühl für dich braucht, um aus dir entstehen zu können.

... und während du hier liegst ... mit deinem Körper ... und in deinem Körper ... kannst du dich in ihm spüren ... dort, wo er aufliegt ... mit seinem Gewicht ... ... und du kannst es ihm erlauben ... sein Gewicht sinken zu lassen ... nachdem er dich heute schon einige Zeit getragen hat ... und sich zu erholen ... Kraft zu sammeln ...

... und im Körper sind überall Gefühle und Empfindungen ... sie sind nicht nur im Kopf ... oder im Bauch ... sie sind überall zu finden ... ... man sagt ... im Herz wohne die Liebe ... sie wärmt und heilt überall ... bis in den Kopf ... pulsierend strömt warme Liebe in den ganzen Körper ... auch in den Rücken ... bis hinein in die Zehen ... und Fingerspitzen ... und Ohren ... ... und du spürst die Liebe ... wenn deine Hände etwas berühren ... das du magst ... in deinen Fingern ... ... und wenn deine Füße dich vorsichtig über den Boden tragen ... spürst du die Liebe auch in den Fußsohlen ... in ihrer Vorsicht ... ... und in den Augen ... wenn sie etwas sehen ... das du magst ...

... vielleicht haben Gefühle im Körper eigene kleine Zimmer ... oder weite Ferienwohnungen ... je nachdem ... ... und so kannst du jetzt auf eine Ebene in dir gehen ... unbewusst ... dein Bewusstsein kennt den Weg nämlich nicht ... es kann ja nicht alles wissen ... auf der du mit deinen Gefühlen richtig umgehen kannst ... und richtig ist ... wenn es dir guttut ... ... die Gefühle, mit denen du noch nicht gut umgehen kannst ... lässt du jetzt in Ruhe ... bis du damit gut umgehen kannst ... ... und wendest dich den Gefühlen zu ... mit denen du jetzt gut umgehen kannst ... ... während es dir guttut ... hier zu liegen ... angenehm schwer ... oder leicht ... und wohlig warm ... und du dafür sorgst ... unbewusst irgendwie ... dass die nötige Aufmerksamkeit auf der richtigen Ebene bleibt ... damit es dir gut geht ... und die Dinge sich auf eine gesunde Weise ordnen ... irgendwie ...

... und du kannst dir vielleicht vorstellen ... dass jedes Gefühl in dir als Farbe gesehen werden kann ... ... und es hat auch einen Ton ... wenn du Musik hörst ... dann werden Gefühle angesprochen ... in dir ... ... und du kannst dir die Töne einmal anhören ... und bei denen länger verweilen ... die dir gefallen ... ... und so kannst du dir eine Melodie komponieren lassen ... von deinem inneren Komponisten ... ein kleines Lied komponieren lassen ... das dir gefällt ... und das dir guttut ... ... das dich von innen ausfüllt ... im Körper gute Schwingungen erzeugt ... und mithilfe seiner Kraft Ordnung und Harmonie herstellt ... unbewusst ... natürlich ... ... und wenn du magst ... kannst du die Melodie sich verändern lassen ... so, wie du es brauchst ... und die Melodien der Liebe sind sehr schön ... und tun sehr gut ... ... sie kann energischer werden ... oder leiser ... vielleicht auch heller ... lustiger ... ... fröhlicher ... beschwingter ... harmonischer ...

... und ich weiß nicht ... wie viel du von dieser guten Stimmung mitbringen wirst ... ... während du in deiner eigenen Geschwindigkeit wieder hierher zurückkehrst ... und mit jedem Einatmen frischer und klarer wirst ...

Vertrauen

Vertrauen in sich selbst zu haben, ist eine wichtige Grundlage für gesundes Verhalten. Wer sich selbst vertraut, sucht weniger bei anderen nach Bestätigungen für die Richtigkeit seines Denkens und Handelns. Er nimmt eher sein eigenes Gefühl als wichtigste Information für seine Art, mit sich und der Welt umzugehen.

Auf dieser Grundlage wird er seltener seine Leistungsgrenzen überschreiten und daher eher gesund bleiben. Sowohl körperlich also auch psychisch. Und ein besseres »Gefühl für die Dinge« entwickeln.

Wolkenbett

In dieser Geschichte wird die Vorstellung, sich einer Wolke anzuvertrauen, und sich dort tief zu lösen, mit der Anregung verbunden, sich selbst zu vertrauen. Das Vertrauen der Wolke in den Wind wird assoziiert mit dem Vertrauen in sich selbst.

Der Aufbau des Textes fördert eine tiefere Dissoziation und erleichtert dadurch den unbewussten Aufbau des Selbstvertrauens.

... und während du jetzt hier bist ... von diesem Moment manches wahrnimmst ... kann es so sein, wie morgens ... während deine Ohren hören ... und dein Bewusstsein aufwacht ... und hinhört ... ... dein Körper noch locker in seiner Ruhe liegt ... angenehm schwer ... und wohlig warm ...

... und so kannst du jetzt zulassen ... dass das Wesentliche sich gut in dir zusammenfindet ... so, wie es gut für dich passt ... ... denn morgens kann man im Aufwachen die Amseln besonders deutlich hören ... morgens in der Morgensonne ... wenn sie beginnt die Dächer zu wärmen ... und die Amseln begrüßt und umgekehrt ...

und abends im Abendlicht ... sind die gleichen Vögel anders zu hören ... ... und morgens wie abends ist das Ticken der Uhr sehr gleichmäßig ... und wer weiß schon ... ob eine Uhr abends müde ist ... weil es anstrengend sein kann ... sich zuhören zu lassen ... während mit jedem Ticken der Alltag ... ein kleines Stückchen weiter wegrücken kann ... oder auch näher kommt ... je nach dem ...

... und weil Atem in der Ruhe gleichmäßiger wird ... kannst du dir vorstellen ... wie es ist ... auf einer dieser weißen Schäfchenwolken zu liegen ... die über den Amseln im Himmel schweben ... ... weich und sicher ist sie größer als ein Bett ... und auch um einiges weicher ... der Wind trägt sie und dich auf seinen großen Händen ... durch den blauen Himmel ... und es ist ganz ungewöhnlich angenehm ... sich anvertrauen zu können ... und es zu genießen ... sicher getragen zu werden ...

... und so kannst du dich noch ein Stückchen sinken lassen ... soweit es eben für dich angenehm ist ... während du hier liegst ... angenehm schwer oder leicht ... und wohlig warm ... und draußen neben den Amseln noch andere Vögel zwitschern ... und der Wind die Blätter bewegt ... kannst du deinem Unbewussten vertrauen ... kannst ihm und deinem Körper die Verantwortung für deine Gesundheit vertrauensvoll übergeben ... denn sie ist gut aufgehoben dort ... ... und die Wolke wird vom Wind getragen ... ... gemeinsam mit anderen über die Wälder und Wiesen getragen ...

... und sie vertraut ihr Gewicht und ihren Weg dem Wind an ... während du dich in deiner Vorstellung in ihr oder auf ihr wohlfühlst ... ihr Gewicht und deinen Weg ihr anvertraust ... weht manchmal ein Hauch von Rosenduft ... oder Holunderblüten ... zu deiner Nase ... beflügelt deine Fantasie ... vielleicht auch bewusst ...

... und das tiefe Blau des Himmels tut dir gut ... die Sonnenstrahlen reinigen deine Haut ... sie nähren deinen Körper auf eine besondere Weise ... wie das Licht deine Seele ... ... deshalb sammelt sich jetzt Lebensenergie in dir ... in jeder einzelnen der Zellen deines Körpers ... und in jeder Einheit deiner Seele ... wird sie verwendet zum Aufräumen ... und Aufbauen ... und Integrieren ... ... und weil jetzt die Gelegenheit dazu gerade richtig ist ... vertraust du dem Teil in dir ... der dafür zuständig ist ... der das richtig gut kann ... ... dazu kannst du dich nun unbewusst in jene Ebene begeben ... die es dir optimal erlaubt … Gesundheit, Heilung und Entwicklung auf eine gute Art geschehen zu lassen … und du kannst voller Vertrauen die Ergebnisse annehmen … … … du kannst vielleicht sogar bewusst genießen … das Ergebnis zu spüren … … … während eine Schwalbe um deine Wolke herumflattern mag … und sich freut dich zu sehen … einen seltenen Gast da oben … auf der Wolke in der Tiefe des blauen Himmels …

… und so sollst du es jetzt ausgiebig genießen … dich vertrauensvoll treiben zu lassen … und es genießen … den gesunden Mechanismen in dir vertrauen zu können … die dich am Leben halten … und die Schönheit der Welt dir öffnen …

… und dann, wenn es für dich in Ordnung ist … kannst du dich an einer geeigneten Stelle … von der Wolke hinunterschweben lassen … oder absteigen … ganz, wie du willst … und wie es passt … vielleicht auf einer Bergspitze von der Wolke absteigen … auf eine Plattform aus Fels … oder in ein grünes Tal hinunterschweben lassen …

… dabei wirst du frischer … bringt der Atem klaren Sauerstoff in dein System …

… und so kommst du erfrischt und erholt in deiner eigenen Geschwindigkeit hierher zurück … so schnell oder langsam, wie es jetzt gut ist für dich …

Der erste Atemhauch

Ausgehend von der Wellenbewegung des Herzschlags – der Schlag des Herzens lässt das Blut in einer Wellenbewegung durch den Körper fließen – wird eine Verbindung zum Atem, von ihm zum Wind und zur Natur hergestellt. Die Natur braucht kein Selbstvertrauen. Sie ist einfach. Und die Dinge entwickeln sich letztlich alle aus ihr. Sie hinterfragt ihr Sein ebenso wenig, wie den Ursprung des Lebens aus ihr heraus.

Als Teil der Natur können wir uns daran ein Beispiel nehmen: unser Sein annehmen und aus ihm heraus leben.

… und nachdem die Ruhe ihren Weg gefunden hat … mit dir … und in dir … spürst du hier und da die Regelmäßigkeit des Herzschlags … des Pulsschlags auch … wie eine ganz leichte Wellenbewegung … läuft sie durch deinen Körper …

... irgendwann beginnt sie irgendwo ... und seitdem begleitet sie dich ... die Wellenbewegung des Herzschlags ... die dich mit Energie versorgt ... die für deine Heilung zuständig ist ... für dein Leben ... ... die begleitet wird ... seit ihrer Entstehung ... von deinem Atem ...

... und vielleicht ist sie so zu dir gekommen ... über deinen Atem ... die Wellenbewegung ... als Windhauch geboren ... irgendwo aus dem Durchatmen eines alten Baumes ... vielleicht in Afrika ... der mitten in einem alten Wald steht ... selbst uralt ist ... und dessen einzige Bestimmung es sein mag ... zu atmen ... um den Menschen ihren ersten Lebenshauch zu schicken ... und mit ihm Vertrauen in das Leben selbst zu dir zu bringen ... wer weiß schon ... wo das Leben sonst herkommt ...

... und bei jedem tiefen Durchatmen des Baumes entsteht eine Wellenbewegung ... die sich der Luft mitteilt ... über seine Zweige ... über seine Blätter ... von ihr aufgenommen ... und davongetragen wird ...

... Gestalt annehmen kann ... in einer Wolke ... als seltsames Muster vielleicht ... von unten betrachtet jedenfalls ... während es von oben ganz anders aussehen kann ...

... und irgendwann regnet die Wolke ... und so kommt die Wellenbewegung zur Erde ... gelangt irgendwann in einen Fluss ... wird dort wieder sichtbar ... als Teil der vielen Wellen ... die durch die fallenden Tropfen gespeist ... und durch einen zufällig vorüberkommenden Wind ausgelöst werden ...

... und bald aufgenommen werden von einer Pflanze ... vielleicht von einem Fisch ... oder einem trinkenden Vogel ... und so irgendwann zu dem Menschen kommt für den sie bestimmt ist ... die Wellenbewegung ... und in dem Menschen wartet ... bis sie von ihm weitergegeben wird ... an ein neues Leben ... das mit dem Atem entsteht ... mit dem auch der Pulsschlag geweckt wird ...

... und so kannst du jetzt in dich hineinfühlen ... während du einfach so hier liegst ... angenehm schwer ... oder leicht ... und wohlig warm ... und es vielleicht gar nicht bewusst erlebst ... wie gründlich du dich erholst ... wie gut der Atem des Baumes dir tut ... während seine Wellen sich sanft weiter durch deinen Körper bewegen ... sanft und belebend ...

... kannst dich auf unbewusster Ebene erinnern ... daran ... wo die Wellenbewegungen auf ihrem Weg zu dir überall in der Natur schon waren ... bevor sie begonnen haben ... dich zu begleiten und zu versorgen ...

... kannst vielleicht die hilfreiche Bewegung des Wassers in dir spüren ... und auf diesem Weg dich in die Bewegungen der Wasser außerhalb von dir hineinspüren ... und so Verbindung bekommen zum Vertrauen des Lebens ... dich geborgen fühlen ... in deinem Vertrauen ...

... das Muster einer Wolke ... von Wellen des Windes gebildet ... ... die Empfindungen ... die der Baum haben mag ... wenn die Wellen auf eine Art sinnvoll durch seine Blätter streifen ... ... und kannst es zulassen ... dass die natürliche Weisheit sich in dir ausbreitet ... die im Baum vielleicht irgendwo in Afrika geboren wurde ... von dort ein tiefes Gefühl der Verbundenheit mit unseren Quellen mitgebracht hat ... ... dein Vertrauen in dich stärkt ... und in deine Quellen ... und so Heilung auf eine für das Bewusstsein erstaunliche Weise fördert ... und Verständnis ... so dass es sich besser lebt hinterher ... leichter und mit mehr Vertrauen ... in größerem Einklang mit der Herkunft der Wellen ... ... und so genießt du es jetzt ... dir besser vorstellen zu können ... und vielleicht auch bewusst zu wissen ... dass dort, wo die Wellen herkommen ... sie noch immer ein Echo finden ... wenn du eine Frage mit ihnen schickst ...

... und die Antwort mag auch mit dem Wind kommen ... mit dem Regen ... oder völlig unbemerkt ... und in Verbindung treten ... über den Hauch des Atems ... mit den Wellen in dir ... sich mit ihnen in dir ausbreiten ... sie so einstimmen ... dass es gut ist für dich ... ... auf allen Ebenen ... ... deshalb kannst du einfach nur hier liegen ... und der Verbindung mit der Natur in dir vertrauen ... ... und es zulassen ... dass das Vertrauen tiefer wird ... und dich auch im Alltag begleitet ... ... tiefes Vertrauen in die Verbindung deines Selbst mit den vielfältigen Wellenbewegungen in der Natur ...

... auch deshalb kannst du dich jetzt noch einmal ein Stück tiefer sinken lassen ... soweit, wie es gut ist für dich ... dorthin ... wo tiefe

Erholung gebildet wird … … … und sie zulassen … tiefe Erholung … die verbunden ist mit Heilung auf allen Ebenen … … … und das Öffnen neuer Wege … in tiefem Vertrauen … auf allen deinen Ebenen … in die natürlichen Vorgänge …

… und nun sammelst du dich wieder … um deinen Alltag bewusst und klar zu leben … … … kommst dazu in deiner eigenen Geschwindigkeit hierher zurück … entsprechend der guten Regelmäßigkeit deiner Wellenbewegungen … um sie gut abzustimmen … mit denen um dich herum … … … und wirst mit dem Einatmen frischer und klarer …

Das Boot des Lebens

Man kann sich vorstellen, dass man in einem Boot auf dem Wasser dahintreibt. Wenn man dem Boot oder seinem Lenker vertraut, dann ist es gut, was geschieht. Indem man sich vorstellt, dass man in einem Boot durch das Leben treibt und durch eine gute Beziehung zur Natur einen Einfluss auf die gute Entwicklung des Weges hat, kann man sich selbst auf seinem Weg vertrauen.

… und da sind die Geräusche des Raumes auf der einen Seite … die Gedanken und Empfindungen auf der anderen Seite … … … und du kannst dich zwischen deiner linken und deiner rechten Körperseite … tief hineinsinken lassen … in deine Ruhe …

… zwischen den Geräuschen … und den Gedanken … zwischen der Bewegung … der Hektik des Tages einerseits … und der ruhigeren Beendigung des Tages … heute Abend andererseits … dazwischen kannst du dich sinken lassen … optimal tief hinein … in deine Ruhe … ausreichend tief … … … dazwischen … … … die Geräusche haben mit dir wenig zu tun … außer, dass du sie hörst … mehr oder weniger … … … und du kannst sie sein lassen … oder ihnen besonders intensiv zuhören … und gleichzeitig tief hineinsinken … in deine Ruhe … die Ruhe, die jetzt, zwischen dem Vorhin … das vorbei ist … und dem Nachher … das noch gar nicht begonnen hat, liegt … oder steht … vielleicht sogar auch sitzt …

… und in dieser tiefen inneren Ruhe … kannst du dir von deinem Körper … über sein Befinden oder deine Stimmung etwas mitteilen lassen … so wie es jetzt im Moment ist … … … dich deutlicher spüren …

von dir erfahren ... wie es dir gerade geht ... erfahren, was dir guttun würde ... wenn du es für dich tätest ...

... und dieser Erfahrung in der richtigen Weise dann auch folgen ... nicht nur jetzt ... sondern auch später ... im Nachher ... ... das irgendwie aber auch schon beginnen mag ... in dieser gewissen Zeit zwischen dem Vorhin und dem Nachher ... ... so dass du dann merken kannst ... irgendwann ... dass es irgendwie stimmig ist für dich ... dass du dich dabei wohlfühlst ...

... und so kannst du dich sinken lassen ... angenehm schwer und wohlig warm ... ... und es genießen ... dich zu fühlen ... ... so wie es sich eben anfühlt ... wenn du hineinsinkst in weiche und wärmende Kissen ... ... auf dem Boden des Bootes ... das dich durch dein Leben trägt ... ... durch diesen Teil deines Lebens ...

... kannst dich dem Gefühl überlassen ... getragen zu werden ... und es genießen ...

... während die Ufer vorüberziehen ... mit ihren Landschaften ... ihren Bäumen ... und Gräsern ... ... während der Wind die Bewegungen des Bootes bestimmt ... und die Strömungen des Wassers ... ... dich tragen lassen ... in den Moment hinein ... ... und immer mal wieder gibt es Abzweigungen ... und dein Wunsch hilft dir ... das Boot zu lenken ... . während du einfach nur hier liegen kannst ... angenehm schwer ... oder leicht ... und wohlig warm ... dich in den Moment hineintreiben lassen ...

... wie Herbstblätter auf einem Bach ... zwischen dem linken und dem rechten Ufer ...

... an manchen Stellen sammeln sie sich ... bilden interessante Muster ... ... und treiben wieder auseinander ... während sie einfach nur auf dem Wasser liegen bleiben ... ... farbige Kleckse ... schwerelos bewegt ... ... und das eine oder andere Blatt bleibt irgendwann an einem Ast hängen ... irgendwo ... das Wasser fließt vorbei ... irgendwann hängt das Blatt in der Luft ... allmählich löst es sich aus dem Wasser ... wird leichter ... und der Wind nimmt es auf ... und nimmt es mit ... er trägt es hinauf ... ... es nähert sich den Wolken ... sieht den Fluss bald weit unter sich ...

... und wird getragen von seiner eigenen Leichtigkeit auf der Luft ...

... und sobald der Wind es loslässt ... sinkt es durch seine leichte Schwere langsam hinunter ... weg von den Wolken ... ... langsam ... fast schwebend ... tiefer ...

... und landet irgendwann ... lautlos ... und schwerelos ... auf einer Wiese zwischen grünen Grashalmen ... kommt dort zur Ruhe ... ... lässt sich zwischen die Gräser sinken ...

... und treibt leicht und warm ... im Boot der Zeit ... zwischen dieser Sekunde ... und jener Minute ... unbeachtet ... im unsichtbaren Versteck zwischen dem, was war ... und dem, was vielleicht sein wird ... irgendwann ...

... und weil die Ruhe im Treibenlassen Zuhause ist ... wirst du einiges von ihr mitbringen ... während dein Atem dich jetzt mehr und mehr erfrischt ... und klärt ... und deine Freude auf den Rest des Tages sich in dir ausbreitet ... so dass du damit klar und wach wirst ... erfrischt und erholt ...

Vogelausflug

Das gefühlte Erlebnis (in der Vorstellung), fliegen zu können, wird als außergewöhnlich angenehm und belebend geschildert. Bei Flugängsten und Angst vor Höhe ist diese Geschichte gut geeignet, weil man von wahren »Experten« zum Fliegen mitgenommen wird.

In der Vorstellung überwundene Ängste können überraschend auch in der Realität bewältigt sein – oder deren Bewältigung erleichtern.

... und ohne dich lange bei einer Einleitung aufzuhalten ... kannst du gleich wieder hineingehen ... in ein angenehmes Gefühl tiefer Ruhe ... und Ausgeglichenheit ...

... wie auch immer dein Unbewusstes das regelt ... ... während irgendwo Vögel zwitschern ... wie das auf Wiesen ... in Büschen und Bäumen ... fast immer ist ... oder auch im Schatten unter einem Baum ... wird man in der Ruhe von Zwitschern begleitet ... es klingt manches Mal ... als würden die Vögel zufrieden vor sich hin murmeln ... während sie sich erholen ... auf ihre Art bequem und sicher im Baum ...

... während unsereins darunter auf der Wiese sitzt oder liegt ... vielleicht auch angelehnt an einen warmen Felsen ... die Ruhe genießend ...

... und so kommen in der Vorstellung drei Vögel zu dir ... wie es nun mal so ist ... während du einfach nur beobachtest ... vielleicht halb im Schlaf ... ... und während du dich tiefer hineintreiben lassen kannst ... in eine angenehme Ruhe ... und in diesen sehr angenehmen Bereich kommst ... in dem du gar nicht mehr so recht trennen kannst ... ob du schläfst oder wach bist ... gelassen die Erholung zulässt ...

... kommen sie langsam näher ... ganz vorsichtig ... ... bis sie direkt im Gras vor deinen Füßen stehen ... und dort lassen sie sich leise nieder ... flüstern sich etwas zu ... und es sind sehr hübsche Vögel ... unvermittelt merkst du es ... während der Wind die Gräser bewegt ... und die Sonne dich wärmt ... dass sie mit dir sprechen wollen ... und während ein Teil von dir sich wundert ... dass du sie verstehst ... hört ein anderer Teil ihnen schon aufmerksam und interessiert zu ... ... und sie sagen sehr freundlich ... du sollst mit ihnen kommen ... wie Kinder scheinen sie dir ... sie möchten dir etwas Schönes zeigen ... und du wunderst dich vielleicht ... wie das gehen soll ... und sie antworten auf deine Zweifel ... du sollst einfach auf dich vertrauen ... dann kannst du fliegen wie sie ... während dein Körper hier gut aufgehoben ist ... und du jederzeit eine feste Verbindung zu ihm hast ... und auch jederzeit in ihn zurückkehren kannst ... wenn es nötig ist oder du es willst ... und so gewinnst du Vertrauen zu ihnen ... ohne Beweise ... wie das zum Glück auch geht ... ... und die Zeit verliert ihre Bedeutung ... wie im Traum ... während du einfach nur hier liegst ... angenehm schwer ... oder leicht ... und wohlig warm ...

... und du stellst fest ... vielleicht sogar ohne zu staunen dieses Mal ... was ja schon erstaunlich ist ... dass du fliegen kannst ... in der Vorstellung ... leicht wie sie ...

... und ein unglaubliches Gefühl der Freiheit kann sich in dir ausbreiten ... ... und sie leiten dich freundlich und fröhlich über die Wiese hinweg ... beteiligen dich an ihrem unbeschwerten Spiel ... vorbei an Bäumen fliegt ihr ... in ein schönes Tal ... du spürst das Rauschen des Windes ... und genießt den Flug vielleicht sogar ... ... seine Schwerelosigkeit ... die Wärme der Sonne ... der du nun näher bist ... und die Sorglosigkeit ... die dazugehört ... ... während dein Körper sicher im Schatten auf der Wiese liegt ... und sich gründlich erholt ... in der Ruhe ... durch die Ruhe ... und in Verbindung mit der Weisheit der Natur ... die auch in ihm wirkt ...

... nach einiger Zeit landen sie mit dir auf einem Felsen ... an einer wunderschönen sonnenbeschienenen Felsnische ... in der ein sehr alter großer Vogel sitzt ... der dich freundlich begrüßt ... ... und nachdem ihr euch bequem hingesetzt habt ... er euch etwas zu trinken angeboten hat ... aus einer Schüssel ... das köstlich schmeckt ... wie gutes Wasser eben ... in dem ein Rosenblatt schwimmt ... ... und er erzählt mit ruhiger Stimme deinen Begleitern und dir ... etwas, das dir guttut ... irgendwie ...

... so dass du dich sehr wohlfühlst ... in seiner Nähe ... und geborgen ... und geschützt ... ... und es scheint deinem Verstand nicht so wichtig ... was er erzählt ... große Güte und tiefes Verständnis strahlt von ihm aus ... hüllt dich warm ein ... vertieft deine Erholung ...

... und nach einiger Zeit kommt er zum Ende ... schweigt noch ein Weilchen ... in eine sanfte Stille ...

... ihr verabschiedet euch ... und er gibt dir Kraft ... irgendwie ... und du spürst die Kraft des Selbstvertrauens ... das er dir gegeben hat ... und deine Begleiter führen dich zurück ... sie freuen sich über deine Nähe ... und dass du dich wohlfühlst ... ... sie bringen dich zurück zu der Wiese ... auf der dein Körper gelassen ruht ... ... in den du jetzt wieder hineinschlüpfst ... in den du dich wieder integrierst ... dich sicher in ihm einrichtest ... und wohlfühlst ... ... und du freust dich vielleicht über die Gefühle der Kraft in dir ... der Gelassenheit und des Selbstvertrauens ... spürst dem nach ... und freust dich über dich selbst ...

... und so gehst du in deiner Geschwindigkeit auf deinem Weg hierher zurück ... und wirst dabei mit jedem Schritt frischer und klarer ...

Erfolgsgefühl

Jeder von uns hatte schon Erfolge. Auch wenn wir uns daran nicht erinnern, es gab sie. Indem wir diese Erinnerungen finden und das Gefühl im Moment spüren, wie es ist, etwas geleistet zu haben, stärken wir unser Selbstvertrauen. Mit gestärktem Selbstvertrauen gelingen die Dinge leichter – neues Selbstvertrauen entsteht.

... und weil der Atem den Körper mit Luft versorgt ... und gleichzeitig die Muskeln ihre Spannung loslassen können ... ist das Gefühl der Wärme in der Ruhe mit Erholung verbunden ... ... und so kann die Erholung sich ausbreiten ... ohne dass dein Bewusstsein sich darum kümmern muss ... ... und so kannst du tiefer gehen ... mit jedem Ausatmen ein Stückchen tiefer ... dich sinken lassen ... soweit es für dich angenehm ist ... jetzt ... in eine kreative Ruhe ... denn es gibt Orte in dir ... die auch Ebenen sein können ... wo Energie verteilt wird ... beispielsweise in der Lunge ... im Gehirn ... und im Herzen ... ... und weil du über das Atmen mit der Luft der ganzen Lebewesen verbunden bist ... kannst du dir das vorstellen ... wie es ist ... wenn du dort bist ... mit deiner Vorstellung ... wo Energie verteilt wird ... und du dabei in Ruhe das Gefühl der Kraft genießt ...

... und es sind dies auch die Orte ... wo die Energie für deine bisherigen Leistungen verteilt wurde ... und es ist so vieles ... das du schon geleistet hast ... und es tut sehr gut ... es zu betrachten ... es zu wissen ... und es zu würdigen ... als deine eigenen Leistungen ... ... irgendwann hast du gehen gelernt ... und sprechen ... singen ... malen ... schreiben ... streiten ... sich durchzusetzen ... Nein sagen ... schwimmen ... Geschenke annehmen ... Fahrrad fahren ... immer wieder bist du mit unerwarteten Problemen fertig geworden ... und so kannst du es dir erlauben ... dich darüber zu freuen ... und wenigstens für den Moment ... eine Pause einlegen ...

... und vielleicht ist etwas dabei ... worüber du dich jetzt besonders freust ... von dem du vielleicht gedacht hast ... du würdest es nicht schaffen ... und dann hast du doch eine Lösung gefunden ... und warst sehr erleichtert ... und hast Mut daraus geschöpft ...

... und so kannst du dieses gute Gefühl ... die Gewissheit ... auch mit unerwarteten Dingen zurechtzukommen ... auch dann, wenn du an deiner Fähigkeit gezweifelt hast ... bist du immer wieder fähig ... neue Wege zu finden ... so richtig in dir entstehen lassen ... deinem Unbewussten in Auftrag geben ... und wenn es dann heranreift ... kannst du es überall im Körper und in deinen Stimmungen spüren ... als Wärme in der Haut ... vielleicht als Kribbeln im Bauch ... wie ein helles Licht im Denken ... als Lächeln auf dem Gesicht ... die Wirbelsäule richtet sich auf ... während du einfach nur hier liegst ... angenehm schwer ... oder leicht ... und wohlig warm ... ... kannst du all die guten Gefühle sich ausbreiten lassen ... im Körper ... in den Stimmungen ... kannst dir so nebenbei vorstellen ... welche Farbe passt zu dem Gefühl des Erfolgs ... ... wenn du den Erfolg singen würdest ... oder auf einem Instrument spielen ... welcher Ton wäre es ... oder auch eine Melodie des Erfolgs ... die du vielleicht hören kannst ... mehr oder weniger leise ... ... fühlt es sich rund an ... und glatt .... was vorher eckig war und rau ... hat dein Erfolg einen Geschmack ... oder Geruch ...

... genieße es und lass das Gefühl des Erfolgs sich in dir ausbreiten ... nimm es wahr als dein Gefühl ... das du immer wieder entstehen lassen kannst ... das mit jedem Erfolg weiter wächst ... stabil wird ... unabhängig von der Größe des Problems ...

... so dass du es auch später erleben kannst ... wann immer du es brauchen kannst ...

... und so kannst du dir den Auftrag geben ... immer dann, wenn du dich in einem Moment der Ruhe innerlich zurücklehnst ... die Schultern hängen lässt ... und den Atem frei strömen lässt ... hineintauchst in dieses tolle Gefühl ... es schaffen zu können aus eigener Kraft heraus ... ... so dass du ruhig wirst ... und diese ruhige Energie dir hilft ... deine Ziele zu erkennen ... und zu erreichen ... ... vielleicht ist es dazu manchmal nötig ... dass du ein bisschen tiefer in die Ruhe gehst ...

... und so wirst du dich jetzt wieder sammeln ... und einiges von dem guten Gefühl mitbringen ... während dein Atem Frische und Klarheit in deinen Körper bringt ... und in dein Denken ...

Zufriedenheit

Zufriedenheit erhöht die Lebensqualität. Wer zufrieden mit sich selbst ist, braucht weniger Materielles, um sich wohlzufühlen. Er hat eine angenehmere Ausstrahlung auf andere, die sich deshalb in seiner

Gegenwart wohler fühlen, so dass die sozialen Beziehungen erfüllter sind. Es hat auch gute Auswirkungen auf die Gesundheit der ganzen Person.

Entscheidungen entstehen lassen

Das Wesen der Dinge zu betrachten, wirkt stark dissoziierend. Indem der Verstand versucht, herauszufinden, was damit gemeint sein könnte, wird er abgelenkt. Gleichzeitig fällt es leichter, sich diesen verwirrenden und vielleicht auch anstrengenden Überlegungen zu entziehen und sich auf den Moment einzulassen. Die spielerischen Überlegungen über das Entstehen von Entscheidungen fördern die Kreativität. Denn die ist an sich spielerisch, wenngleich sie das in ihren Auswirkungen – also in dem, was mit ihren Produkten im Alltag getan wird – nicht immer bleibt.

So könnte man sich vorstellen, dass eine Entscheidung, wenn sie erst einmal gefallen ist, das Handeln mit großer Leichtigkeit nach sich zieht. Während das Handeln ohne eine gefallene Entscheidung oft mühselig und ineffizient ist – aber auch die Kreativität fördern kann. Eine Entscheidung gefällt zu haben, fördert Zufriedenheit. Solange sie nicht gefällt ist, bleibt ein Gefühl, noch etwas erledigen zu müssen. Wenn mehrere wichtige Entscheidungen nicht getroffen sind, kann das den Frieden mit sich selbst ganz wesentlich stören.

... und nachdem die Muskeln jetzt ihre Spannungen loslassen ... und der Körper tiefer sinken darf ...

... kannst du deine alltäglichen Einstellungen über das Wesen der Dinge ... ein Stück loslassen ... ... und das kann ein kleines Stück sein ... denn das Wesen der Dinge ist an sich schon so groß ... weil es in allem vorhanden ist ... selbst im kleinsten Kleinen ... ist das Wesen der Dinge enthalten ... so groß ist es ... dass es klein sein kann ... und doch groß ist ... ... und weil es nicht wirklich wichtig ist ... zu glauben ... man wisse oder könne letztendlich herausfinden ... was es wirklich ist ... das Wesen der Dinge ... denn vielleicht kann es vom Verstand gar nicht erfasst werden ... es sei denn er lässt sich wirklich umfassend darauf ein ... ... deshalb kann es dir jetzt leichtfallen ... dich angenehm zu spüren ... dich zu freuen ... dass das Wesen der Dinge auch in dir ist ... dass du Teil davon bist ... ein beruhigendes Wissen ... denn es verbindet dich mit allem anderen ... und so bist du ein wichtiger Teil von allem … … … so dass du dich jetzt dafür entscheiden kannst … es zu mögen … bei dir zu sein … und das Wesen der Dinge zu fühlen … irgendwie beruhigend und hell …

… welcher Verstand weiß schon wirklich … wie Entscheidungen in uns entstehen … … …

… vielleicht sitzt da auf einem Berg … inmitten einer schönen grünen Landschaft … ein freundlicher älterer Mann … und ist damit beschäftigt … aus farbigen Fäden … die immer mal wieder durch die Luft zu ihm kommen … Kugeln zu formen … schöne Kugeln … alle unterschiedlich … und in allen Farben …

… und immer, wenn eine Entscheidung entsteht … fängt er an … die Fäden zusammenzufügen … mit aller Zeit der Welt … die er in Monaten, Tagen oder auch nur Sekundenbruchteilen bündeln kann … sucht sich mit einem sehr guten Gespür für das Wesentliche … die Fäden zusammen … und weil jede Entscheidung andere Bestandteile hat … werden alle Kugeln verschieden …

… und jedes Mal, wenn sie reif zu sein scheint … betrachtet er sie aus einiger Entfernung … steht auch schon mal auf … und geht drum herum … sucht nach der richtigen Schattierung … um vielleicht noch einmal etwas anzufügen … oder wegzunehmen … oder zu verschieben …

… und richtig reif ist eine Entscheidung dann … wenn die Farben so ausgewogen zusammengesetzt sind … dass die Kugel zu strahlen beginnt … und plötzlich weiß und durchsichtig strahlt … … … und ein tiefes Gefühl der Vollkommenheit vermittelt …

… geduldig und wissend fügen die Hände eine Entscheidung nach der anderen … und es braucht so seine Zeit … und ein gutes Gefühl für Ausgewogenheit … um eine Kugel zum Strahlen zu bringen … … … und wenn die Zeit nicht ausreicht … und die Kugel unreif abgegeben werden muss … weil der Empfänger drängelt … weil er keine Geduld hat … oder keine Zeit zu haben glaubt … dann ist sie einfach unfarbig … irgendwie unfertig … und es genügt … sich dem Mann oder der Frau zuzuwenden … … … und zu warten … Fäden zu liefern … Gründe, die zusammengefügt werden können … … … und wenn eine

Entscheidung so richtig reif geworden ist ... dann erstrahlt das Gesicht des Wesens ... das sie geformt hat ... und die Kugel schwebt aus den Händen ... von selbst ... und ergänzt das Ganze ... erfüllt dich von innen mit Zufriedenheit ... und Freude ... ... und so kannst du das in der Ruhe spüren ... und genießen ... erholst dich dabei ... erneuerst dich unbewusst ... sammelst deine Energien ...

... um dann zur richtigen Zeit wieder hierher zurückzukommen ... frisch und ausgeruht ... und um dich auf den restlichen Tag zu freuen ...

Regenbogenbrücken

Regenbogen akzeptieren die Dinge wie sie sind. Dadurch sind sie zufrieden mit sich und der Welt. Wenn wir uns in sie einfühlen, dann können wir von ihnen lernen. Regenbogen sind der Fantasie sehr nahe – durch ihre Farben, durch ihre Unfassbarkeit und wegen ihrer prachtvollen Erscheinung in unruhigen Wetterverhältnissen.

... während du dich nach unten sinken lassen kannst ... und die Ohren sich noch an Worte erinnern ... bewegt der Wind die warme Luft über das Gras ... irgendwo ... das Gras tanzt dabei seinen Tanz ... bewegt sich hin und her ...

... und hinter der warmen Luft ... in einer Ecke des Himmels ... hinter einer blauen Tür ... die auch grau werden kann ... sind die Regenbogen gestapelt ... und zwar all diejenigen ... die jetzt gerade nicht gebraucht werden ... ... schön ordentlich liegen sie übereinander ... Farbe bei Farbe ... die oberen sind die älteren ... schon gebrauchten ... man sieht es daran ... dass die Farben stärker strahlen ... als hätten sie durch ihr Schweben zwischen Himmel und Erde ... Energie in sich aufgenommen ... die sie nun strahlen lässt ... ... unter ihnen liegen neue ... frisch entstandene ... und während die älteren die Pause genießen ... wie nur Regenbogen sie genießen können ... ... freuen die jüngeren sich darauf ... dass sie bald in die Welt können ... um die Brücke zu bilden ... zwischen Regen und Sonne ...

... und so liegen sie einfach nur da ... und genießen die Schwere und die Wärme ... sind zufrieden mit dem Leben ... zufrieden damit wo sie schon geschwebt sind ... oder bald schweben werden ... sprechen über die Gefühle der Menschen ... die durch ihren Anblick ausgelöst werden ... das Erstaunen ... die Freude ... die Entdeckerlust ... die Verbindung zur Magie ... die Erkenntnisse ... dass es viel mehr gibt als nur intellektuelles Verstehen ...

... und so liegen sie einfach nur da ... und sind mit sich zufrieden ... ... wenn ihnen danach ist ... unterhalten sie sich über das, was sie schon gesehen haben ... die mächtigen Gewitterwolken ... die Blitze ... in ihren vielen Gestalten ... die sonnenbeschienenen Landschaften ... ... die alten erzählen den neuen ... wie genau sie sich am Himmel aufstellen müssen ... damit die Sonne ihre Farben so richtig beleuchtet ...

... und wenn es an der Zeit ist ... dürfen die neuen mit den alten rausgehen ... sie sind zunächst meist nicht zu sehen ... oder viel blasser ... meist in Begleitung eines alten ... viel farbenprächtigeren ... so dass manchmal am Himmel mehrere Regenbogen gleichzeitig zu sehen sind ... weil die jungen gern erst einmal mit den alten im Himmel schweben ... ... und im Moment ruhen sie sich aus ... warten auf diejenigen ... die irgendwo draußen sind ... ... ihre Farben sind geputzt ... das tun sie immer als Erstes ... wenn sie reinkommen ... damit sie danach die Erholung voll genießen können ... und so genießen sie es ... einfach nur rumliegen zu können ... unbeachtet von allem anderen ... so wie sie es genießen ... den Himmel mit der Erde zu verbinden ... als Brücke zwischen Regen und Sonne ... zufrieden mit sich ... und ihrem Leben ...

... und dort, wo sie liegen ... scheint die Sonne auf ihren Rücken ... und wärmt ihren Körper ... und lädt dabei ihre Farben neu auf ... ... und sie spüren ... wie die Energie und das Licht der Sonne in ihren Rücken strömen ... und dort Lücken in der Farbe schließen ... oder Dichte auflockern ... so dass die Struktur gleichmäßig wird ... und sich richtig gut anfühlt ... bis in die Tiefen ...

... ein erfahrener Regenbogen hilft dabei mit ... indem er seinen Rücken lockert ... auch innerlich lockert ... und die Sonnenwärme aufnimmt ... und zulässt, dass es ihm guttut ... im ganzen Rücken ... im ganzen Körper ...

... und für einen Regenbogen ist es wirklich in Ordnung ... dass er nicht weiß ... wie das funktioniert ... es reicht ihm ... dass es ihm guttut ...

und so lässt er den Rücken sinken ... auf die weiche Luft ... der Sonne entgegen ... und genießt es ... zufrieden mit sich selbst ...

... und weil Regenbogen immer farbig sind ... kannst du dich jetzt wieder sammeln ... ... Frische und Erneuerung mitbringen ... während du hier wieder ankommst ... in deiner eigenen Geschwindigkeit ...

Ruheplatz am See

Sich erinnern an das Gefühl, etwas geleistet zu haben. Die Zufriedenheit erinnern und auch jetzt zulassen. Zufrieden sein mit den kleinen, den wirklich wichtigen Dingen: dass die Sinne wahrnehmen, dass die Hände sich bewegen, wenn man es von ihnen möchte ...

Die Natur wahrnehmen durch die eigene Existenz, durch die Sinne. Und zufrieden sein damit und dadurch.

... und weil es angenehm ist ... sein Gewicht für ein Weilchen abzugeben ... an eine weiche Unterlage ... und die Wärme in die Haut strömen lassen ... sich vorstellen ... wie sich die Dinge in dir auf eine gute Weise fügen ... und es zulassen ... geschehen lassen ... dass es dir gut geht ... in diesem Moment ...

... und wie es wohl wäre ... nach einer mehr oder weniger langen Tageswanderung ... mit schweren Füßen ... an einen See zu kommen ... der unter einem kleinen grünen Hügel liegen kann ... umgeben von grünen Wiesen ... in denen bunte Blumen blühen ... sich dort einen guten Platz aussuchen ... ... genau richtig warm ... und weich genug ... kannst du dich dort hineinsetzen ... oder hinlegen ... auf eine Decke vielleicht ... und ein bisschen tief zur Ruhe kommen ... für den Moment ...

... das Gefühl genießen ... zufrieden sein mit dir und deiner Leistung ... ohne zu hinterfragen ... ob es mehr hätte sein können ... zufrieden sein ... ... damit, dass deine Beine dich die Wege getragen haben ... auf denen deine Wünsche gehen wollten ... ... dass deine Hände getan haben ... was deine Absichten ihnen auftrugen ... dass deine Augen gesehen haben was sie sehen sollten ...

... einfach nur daliegen ... von der Sonne gewärmt ... auch im Schlafen zufrieden sein mit dir selbst ... und dich sinken lassen ... angenehm schwer ... oder schon leichter ... und wohlig warm ... in diesen Moment hinein ...

... kannst das Blau des Himmels sehen ... selbst hinter geschlossenen Lidern ... mithilfe des Gedächtnisses ... und vielleicht Wolken ... hier und da Vögel als dunkle Punkte ... die sich am Himmel bewegen ... ... ihre Stimmen hören ... ihren Gesang ...

... und allmählich die Anspannung sinken lassen ... aus den Muskeln ... aus den Gelenken ... in das weiche Gras ... von dort in die Erde ... deine Spannungen sinken lassen ... angenehm schwer ... oder schon leichter ... und wohlig warm ... ... und dort, wo Spannungen gehen ... breitet sich Zufriedenheit aus ... warmes Strömen im ganzen Körper ...

... deine Ohren hören vielleicht beiläufig ... das leise Rauschen des Windes ... in den Gräsern ... am Rande des Sees ... das Rufen eines Vogels ... in der Tiefe des Himmels ... das tiefe und ruhige Atmen eines anderen Menschen in der Nähe ...

... und noch leiser ... das Plätschern ganz kleiner Wellen ... und wie sie beim Zurückfließen kleine Steine in das Wasser rollen lassen ... klirrend klingend ...

... deshalb kannst du dich sinken lassen ... angenehm schwer ... oder schon leicht ... und wohlig warm ... kannst zufrieden Erholung sich ausbreiten lassen in dir ... und dich auf allen Ebenen erneuern lassen ... es in dir geschehen lassen ... in diesem Moment ...

... und du wirst einiges von der Erholung mitbringen ... und von der Zufriedenheit ... ... während du dich sammelst ... und in deiner eigenen Geschwindigkeit wieder ganz wach wirst ...

Zufriedenheit erleben

Das Gefühl der Zufriedenheit wird erinnert. Möglichst im ganzen Körper. Dabei kann auch akzeptiert werden, dass später wieder Unzufriedenheit entstehen könnte. Die positiven Auswirkungen der Zufriedenheit auf die Wahrnehmung sollen erlebt werden.

Dem Unbewussten wird der Auftrag gegeben, der ganzen Person zu vermitteln, mit sich zufrieden zu sein. Und indem man sich schon jetzt erinnert, wie sich das anfühlt, wird dieser Auftrag an das Unbewusste unterstützt.

... und während der Verstand sich vielleicht noch mit Wünschen beschäftigt ... was manchmal viel Freude macht ... wird die eigene Schwere mit der Ruhe deutlicher ... die Schwere des Körpers ... die sowieso vorhanden ist ... die in der Ruhe als angenehm empfunden wird ...

... und sowie der Bauch sich mit dem Einatmen hebt ... mal mehr mal weniger ... aber doch immer ... kann deine Stimmung jetzt ansteigen ... und die Glieder sinkenlassen ... mit dem beim Ausatmen sinkenden Bauch ... sich tiefer in die eigene angenehme Schwere sinken lassen ... und sich gut erholen dabei ...

... und wie mag es sich wohl anfühlen ... wenn du ganz zufrieden bist ... du kannst dich vielleicht erinnern ... und weil du es jetzt nicht sein musst ... kann dein Unbewusstes dich doch einmal mit der Vorstellung erfreuen ... dass völlige Zufriedenheit sich in dir ausbreitet ... ein Gefühl ... dass alles an dir mit allem zufrieden ist ... im Großen und Ganzen jedenfalls ... jeder Druck fällt von dir ab ... weil gar nichts geändert werden muss ... in der Vorstellung wenigstens ...

... und so kannst du es genießen ... ohne es zu sehr festzuhalten ... nicht zufrieden sein müssen ... ... und kannst sie deshalb sich ausbreiten lassen ... in dir ... in allem, was dein Körper ist ... im Großen und im Kleinen ... und in allen Stimmungen und Gefühlen ... ... und auch um dich herum ... es ist ja nur in deiner Vorstellung ... in der Realität kannst du ja weiterhin weniger zufrieden sein ... später wieder ... ... jetzt aber die Zufriedenheit sich ausbreiten lassen ... und es genießen ... weil du weißt ... es muss so nicht bleiben ... du kannst es wieder ändern ...

... und wie mögen sich zufriedene Knie anfühlen ... vielleicht lächeln sie auf ihre Art ... zwinkern einander zu ... und funktionieren geschmeidiger ... und lockerer ... und wissen, wo ihre Grenzen sind ...

und sind zufrieden damit ... sich innerhalb von ihnen zu bewegen ... ... und sie mögen sich über ihre Beweglichkeit freuen ...

... und vielleicht wirst du von den Pflanzen gegrüßt ... an denen du vorübergehst ... wirst von ihnen besser wahrgenommen ... und gegrüßt ... wenn du so viel Zufriedenheit ausstrahlst ... hast du je bewusst darauf geachtet ... und wie dem auch sei ... du kannst zufrieden sein damit ...

... und wie wäre es ... wenn du deinem Unbewussten jetzt den Auftrag geben würdest ... in den nächsten Stunden ... vielleicht sogar die kommende Woche, zufrieden zu sein mit dir ... aber du brauchst es nicht übertreiben ... die nächsten Stunden sind auch schon gut ... vielleicht sogar nur eine Stunde ... einfach so viel ... dass du zufrieden damit bist ... ... zufrieden mit dir sein ... mit allem, was dazugehört ... die Ansprüche loslassen ... ... und zufrieden sein ... mit dem, was dich umgibt ... ... und mit dem, was dir begegnet ... ... und sei es nur für diesen Moment ... und es richtig genießen ... jetzt schon ... wer weiß ... wie lange es anhält ...

... und ohne zufrieden sein zu müssen ... kannst du die Vorstellung loslassen ... an der Unzufriedenheit festhalten zu müssen ... jetzt ... für den Augenblick ... so dass der eine oder andere Druck abfällt von dir ... ... und kaum hast du die feste Absicht gefasst ... eine Zeit lang so zu tun ... als ob du zufrieden bist ... und weil das Bewusstsein nicht weiß, wie so etwas gesteuert wird ... wohl aber ein paar Ahnungen davon hat ... beginnt sie schon jetzt ... sich zu verwirklichen ... ... denn Zufriedenheit bringt Gelassenheit ... die den Körper locker sinken lässt ... in seine Schwere ... in der tiefe Erholung wirksam wird ... ... und in Zufriedenheit liegt Offenheit für sich selbst ... und für andere ... und Offenheit für andere bringt Verständnis ... und das wiederum bringt Zufriedenheit zurück zu dir ... ... denn wenn du in die Sonne trittst ... ihre Wärme spürst ... wird sie dir ihr Licht schenken ... und ihre Wärme ...

... und wenn du dich dem gewöhnlichen Teer der Straße näherst ... an einem sonnenwarmen Tag ... mit deinen Händen ... die das nicht so oft erleben ... und den Fußsohlen ... die das schon besser kennen ... gibt auch er dir Wärme ... und Festigkeit ... ... denn der Flieder erfreut dich nur mit seiner Farbe ... wenn du ihn anschaust ... und so kannst du jetzt noch einmal ein Stück tiefer sinken ... und dir in den nächsten ein oder zwei Minuten alle Zeit nehmen ... die du brauchst ... ... um dich gründlich zu erholen ... um Freude zu schöpfen ... die dir den Rest des Tages verschönert ...

... und danach in deiner eigenen Geschwindigkeit hierher zurückkehren ... und mit dem Einatmen frischer und klarer werden ... und die Zufriedenheit mitbringen ... die du jetzt weiter erleben möchtest ...

3. »Negative« Gefühle nehmen Energie

Als »negativ« werden Gefühle dann bezeichnet, wenn sie unangenehme Stimmungen oder Körperempfindungen erzeugen. Sie können den Körper energetisieren, wie das bei Ärger, Wut oder Angst geschieht, indem beispielsweise die Herzfrequenz und der Blutdruck steigen, die Atmung sich verändert und die Muskelspannung zunimmt. Diese Veränderungen werden nicht unbedingt als unangenehm empfunden, aber sie verbrauchen Energie und werden, wenn sie zu lange andauern, zu heftig werden oder wenn man sich ihnen gegenüber als sehr hilflos erlebt, einen starken Einfluss auf das Denken, die körperlichen Reaktionen und das allgemeine Empfinden ausüben. Man kann den Eindruck bekommen (der durchaus den Tatsachen entsprechen kann), man werde von ihnen beherrscht. Depressionen und Trauer schränken darüber hinaus die Lust, etwas zu unternehmen, mehr oder weniger stark ein.

Indem diese Gefühle das eigene Verhalten und Erleben stark beeinflussen, werden Beziehungen mit anderen Menschen schwierig (Ängste verhindern manche Tätigkeiten, wie wir es von Höhenangst gut kennen) und sogar der Körper kann stark belastet werden (so wird Ärger als ein Risikofaktor für Herzerkrankungen angesehen). Es ist von Vorteil, wenn die eigenen Gefühle auch dann akzeptiert werden, wenn sie als negativ empfunden werden. Dadurch wird der Einfluss auf ihre Häufigkeit und Intensität deutlich verbessert.

Ärger

Wer sich ärgert, gebraucht gerne die Formulierung, er »müsse« sich ärgern. Das vermittelt den Eindruck, es gebe keine andere Reaktionsmöglichkeit, als Ärger auf diesen oder jenen Auslöser. Indem diese Automatik ernsthaft hinterfragt wird, ist sie natürlich nicht mehr haltbar. Trotzdem ist es meist schwierig, den Ärger tatsächlich nicht mehr zuzulassen oder sogar aufzulösen. Aber es gibt Wege, sein Verhältnis dem Ärger gegenüber zu verändern.

Gespräch zwischen Stille und Licht

Wenn es keinen Ärger gäbe, könnte Stille an seiner Stelle gefühlt werden. Wenn man sich darauf einlassen kann, dass Stille und Licht miteinander sprechen, dann kann man sich auch vorstellen, dass der Ärger keine wesentliche Rolle im eigenen Leben spielen muss. Dadurch wird Energie für anderes frei.

... und weil es andere Empfindungen im Körper sind ... wenn er durch Ärger angeregt wird ... als in der Ruhe ... fällt es dir in einem solchen Moment nicht leicht ... deine eigene Schwere angenehm zu spüren ... ... und es ist nicht einfach für den Verstand ... sich vorzustellen ... dass Ärger sinnvoll ist ... obwohl er einige Begründungen finden mag ... diesen aufgeregten Zustand zu rechtfertigen ... der auf unbewusster Ebene einen ganz anderen Zweck verfolgen mag ... ... und so kannst du also den Ärger im Körper finden ... hier und da ... und seine Energie spüren ... während er sich anfühlen kann ... wie unruhige Geräusche ... die von außen zu dir kommen ... und zwischen den Geräuschen gibt es doch auch Stille ... auch wenn sie anfangs nicht lang sein mag ...

... während mit dem Ausatmen die Momente der Stille länger werden können ... besonders dann ... während der Körper mit dem Ausatmen nach unten sinkt ... mehr oder weniger ... und die Spannungen allmählich weniger werden ... ... mit jedem Ausatmen die Atemmuskeln locker werden ... und die anderen Muskeln sich anschließen mögen ... mehr und mehr ... ... und so können die Spannungen nach unten sinken ... auf den Boden ... wo der Lichtschein hinfällt ... in die Stille ... die zwischen den Geräuschen ihren Platz hat ...

... und wenn du dieses Geschehen verfolgst ... wie in einem Traum ... und dem Ärger auch seinen Platz lässt ... wie in einem Traum ... kannst du dir vorstellen ... wie die Stille sich mit dem Lichtschein unterhält ... zwischen den Geräuschen ... spricht die Stille mit dem Lichtschein ... und umgekehrt ... und wie man es vermutet ... kennen die beiden nur den Ärger der Menschen ... sie selbst haben ihn nie erlebt ... kennen nur seine Auswirkungen ... und Erscheinungsformen bei den Menschen ... ... und in dem Versuch ... ihn zu verstehen ... beobachten sie das ... was vom Ärger übrig bleibt ... wenn er vom Menschen abfällt ... indem die Spannungen nachlassen ... und die Muskeln sich lockern ... fällt der Ärger hinunter ... zwischen Stille und Lichtschein ... und die sammeln ihn auf ... und versuchen seinen Sinn zu ergründen ... ... sie bewundern die Energie ... die in ihm steckt ... ... und während der Ärger hinunterfällt ... macht er die Stille stiller ... und den Lichtschein heller ...

... und so freuen sich die beiden über dieses Gefühl ... denn die Stille wird intensiver ... wenn der Ärger ausklingt ... und das Licht heller ... so dass er hier also doch einen offensichtlichen Sinn bekommt ...

... und es ist nicht so ... dass das Licht oder die Stille den Menschen ärgern ... damit sie in einem besseren Licht dastehen ... sobald der Ärger wieder verschwindet ... so sind die beiden nicht ... ... obwohl es der Stille natürlich gefällt ... wenn sie gut dasteht ... und vom Menschen anerkannt wird ... der ihren Wert besonders dann schätzt ... wenn der Ärger sich aufgelöst hat ... und das Licht gerne hell ist ... denn es fühlt sich auch in der Dämmerung wohl ... wo es besonders gut in der Stille gesehen wird ... ... und so passen die beiden ganz gut zusammen ... und verstehen sich gut ... sprechen dieselbe Sprache ... die in der Gelassenheit besser verständlich wird ...

... und so kannst du es jetzt vielleicht schon genießen ... der Stille zu lauschen ... die zwischen den Geräuschen spürbar wird ... dich dabei erholen ... und dir irgendwie auch den Weg merken ... der zur Stille führt ... um ihn das nächste Mal schneller zu finden ...

... um dich dann wieder zu sammeln ... und in der Geschwindigkeit ... die jetzt gut ist für dich ... frisch und klar werden ...

Windhauch

Ärger kann auch als Gewitter betrachtet werden. Sie haben starke Energien, sind schwer oder gar nicht kontrollierbar und können gefährlich werden, wenn man nicht auf sich aufpasst. Wenn man akzeptiert, dass der Ärger dem schaden kann, der sich ärgert, dann ist es besser, vorsichtig mit ihm umzugehen, sich ihm nicht zu überlassen. Sobald man vorsichtiger wird, können leisere Gefühle wahrgenommen werden, die neue, gesündere Sichtweisen eröffnen.

... und wie immer ... wenn sich Ruhe ausbreitet ... kannst du dich sinken lassen ... vielleicht in einen angenehm schwebenden Zustand ... sinken lassen ... das Schweben in der Schwere ... des Körpers entdecken ... irgendwann ... irgendwie ...

... während die dunklen Wolken eines Gewitters ... vielleicht durch Gefühle von Menschen verursacht werden ... ... wer weiß das schon wirklich ... ... denn wenn so ein Gewitter vorüber ist ... kann man sich so richtig befreit fühlen ... und heller und leichter ... erleichtert eben ... so wie jetzt ... während die eigene Schwere nach unten sinkt ... die Leichtigkeit zulassen ...

... und vielleicht ist ein Sturm entstanden ... durch ungeduldige Gefühle ... oder durch Wut ... die sich aus den Gedanken und aus dem Körper befreit hat ... ihren Weg in die Natur gefunden hat ...

... so mag eine warme Brise ... die deine Haut streichelt ... dein Haar bewegt ... mal in die eine Richtung ... mal in die andere ... einem liebevollen Gedanken entsprungen sein ... eines Menschen, der dich liebt ...

... und so kannst du dir vielleicht vorstellen ... wie schön es sich anfühlen mag ... ... irgendwo zu sitzen ... oder zu liegen ... wo du geborgen bist ... ... das Gewitter aus der sicheren Entfernung sehen und hören ... dich vor ihm schützen ... und es als eine Reinigung der Dinge sehen ... die irgendwann zu Ende ist ... ihren Lauf nimmt ... ihren Sinn hat ... starke Kräfte ... tatsächlich sind sie gefährlich ... so dass es wichtig ist ... auf dich aufzupassen ... Abstand zu nehmen ... und es von dort sogar mit Gelassenheit betrachten zu können ...

... und irgendwann beginnt es auszuklingen ... die Blitze sind weiter weg ... das Donnern leiser ... die Natur lässt ihre anderen Stimmen wieder hören ... ... und dann ist es vorübergezogen ... es klingt noch selten nach ... rumpelnd ... weit weg ...

... der Wind hat sich gelegt ... nachdem er die Blätter neu geordnet hat ... was nicht unbedingt ordentlich aussieht dann ...

... und du magst dich vielleicht öffnen ... für die Zärtlichkeit des Windhauchs ... der über deine Haut weht ... und dich sinken lassen ... in diesen Moment der Ruhe sinken lassen ... angenehm schwer ... oder leicht ... und wohlig warm ...

... denn der Windhauch kommt zu jedem ... empfangen wird er aber nur von demjenigen ... der ihn begrüßt ... und sich für ihn öffnet ... so dass er ihn genießen kann ... und vielleicht sogar die Gefühle empfängt ... die er mit sich führt ... über weite Landschaften ...

... und so kann er dich auch innerlich streicheln ... und so manches lösen ... so dass es sich nun neu in dir integrieren kann ... zu einer guten Gestalt ... in der Tiefe des Fühlens ...

... und weil diese Dinge überwiegend unbewusst geschehen ... natürlich ... kannst du die Erleichterung spüren ... nachdem du so manches losgelassen hast ... ... während du einfach nur hier liegst ... angenehm schwer ... oder leicht ... und wohlig warm ...

... um dich dann zu sammeln ... und in deiner eigenen Geschwindigkeit wieder hierher zurück zu orientieren ... und dabei mit jedem Atemzug frischer und wacher werden ...

Worte

Während die Ohren nach Worten suchen, die dem Verstand Sicherheit, Beständigkeit und Verständnis geben, kann das Unbewusste in der Ruhe für Ordnung in den Gefühlen und Gedanken sorgen.

Worte sind mit Gefühlen assoziiert. Mehr oder weniger bewusst. Die Verbindungen zwischen den Gefühlen und den Worten können betrachtet werden. Die Betrachtung an sich bewirkt mehr Bewusstheit und die Lockerung von Zwangsläufigkeit der assoziierten Gefühle – durch die wir uns gerade bei Ärger hilflos ausgeliefert fühlen können. Und das Gefühl, sich von den guten Farben eines Wortes einhüllen zu lassen, kann ungeahnt guttun.

... und während die Ohren warten ... auf das, was wohl gesagt werden wird ... ... irgendwann ... ... und der Verstand bereit ist ... das dann Gehörte zu verknüpfen ... mit dem, was er schon kennt ... um sein Wissen zu erweitern ... und Neues entstehen zu lassen ... ... kannst du deinen Körper sich erholen lassen ... während er mit dem Ausatmen hinuntersinkt ... jedes Mal ein Stück in seine angenehme Schwere sinkt ... und wohlige Wärme sich ausbreitet ...

... und so schickt das Gehirn die Ohren auf die Suche ... schon seit sie zusammen in der Welt sind ... nach den Geräuschen ... die sonst noch zu hören sind ... ... und der Verstand sucht nach solchen Bestandteilen in den Geräuschen ... die ihm Sicherheit geben ... Beständigkeit ... Verständnis ...

... und die Ohren werden fündig ... auch dort, wo der Verstand es nicht wird ... aber das ist ihnen nicht wichtig ... denn fast immer ist irgendwo irgendetwas zu hören ... ... und sie melden es weiter ... die Ohren ... an das Gehirn ... ... und weil das nicht nur der Verstand ist ... kannst du dich beruhigt zurücksinken lassen ... auch innerlich ... für die nächsten Minuten ... ... dafür die eigene Geschwindigkeit wählen ... und wohlige Wärme empfinden ... während die Ohren suchen ... und immer wieder neu finden ... und suchen ... und finden ... ... gebe ich deinem Unbewussten die Anregung ... die nächsten Minuten zu nutzen ... um den bisherigen heutigen Tag ... noch einmal vorüberziehen zu lassen ... sich sinnvoll ordnen zu lassen ... ...

... während du einfach nur hier liegst ... in deiner Schwere und Wärme ... dich wohlfühlst ... ... und die Dinge des Tages sind ausreichend weit entfernt ... so dass du die guten Seiten auswählen kannst ... ... da waren diese oder jene Gespräche ... und weil Gespräche aus Worten bestehen ... nicht nur ... ... sind viele Worte wie bunte Blätter in die Luft gegeben worden ... nicht alle haben deinen Mund verlassen ... und die meisten Worte haben nur ein kurzes Leben ... kaum gesprochen ... beginnen sie schon zu verblassen ... und es ist ihnen vielleicht ganz recht so ...

... und da sind deine Gefühle ... sie sind die Farbe ... durch die deine Worte erst lebendig werden ... und bunt ... ... und es gibt rote Worte ... wie ein Feuer manchmal so heiß ... und doch auch wohltuend ... ... und es gibt blaue Worte ... kühl ... und eher schlicht in der Wärme ... und doch irgendwie schön in der Wirkung ... ... und die grünen fühlen sich wieder anders schön an ... ... und da sind die gelben ... die an die helle Sonne erinnern ... ... und die exotischen als Mischung aus den Farben ... unendlich viele ...

... und manche Worte kleiden sich besonders gern in gleiche Farben ... sie scheinen irgendwie zueinander zu gehören ... meistens jedenfalls ... ... und andere Worte können einfach jede Farbe anziehen ... sie haben immer eine andere Bedeutung ... immer eine Wirkung ... ganz gleich, welche Farbe sie gerade tragen ... ... so wie manche Menschen auch ... ... und so kannst du dich mit dem Ausatmen noch ein Stück tiefer sinken lassen ... die Energie genießen ... die mit dem Atem in dich hineinströmt ... innerlich und doch kräftigend ... und die Gelassenheit genießen ... die sich ausbreitet ... ... in deinen Muskeln ... in deinen Gedanken ausbreitet ... mit jedem Loslassen beim Ausatmen ...

... und so kannst du dir ... wenn du magst ... für einen Moment eine schöne Farbe aussuchen ... dich von ihr einhüllen lassen ... wie von einem warmen Kleid einhüllen lassen ... und sie genießen ... und dir ein schönes Wort vorstellen ... das zu ihr gehören mag ... und dieses Wort seine Wirkung entfalten lassen in dir ... so dass es dich angenehm ausfüllt ... so wie die Farbe dich angenehm einhüllt ... ... während das Einatmen dich mit Energie versorgt ... die in jeden Teil deines Körpers strömt ... und jedes Ausatmen dich etwas gelassener werden lässt ...

... um dann diese Dinge abzuschließen ... sich auf eine gute Weise in dir integrieren lassen ... ... und damit in deiner eigenen Geschwindigkeit hierher zurückkehren ... warm eingehüllt und gut ausgefüllt ... und frisch im Denken ...

Depression und Traurigkeit

Sowohl Depression als auch Traurigkeit sind Gefühle, die man normalerweise nicht haben möchte. Es ist erwünscht, zu lächeln, bei anderen leichte, freudige Gefühle auszulösen, nicht aber, ernst oder gar traurig zu sein.

Interessant ist die Beobachtung, dass Musik und Bilder ohne dunkle Farben und ohne traurige Stimmungen eher langweilig wirken. Menschen, die auch traurige Gefühle leben können, wirken oft interessant und anziehend.

Depressive Stimmungen können ihren »Sog in die Tiefe« verlieren, wenn sie akzeptiert werden. Indem sie und ihre Auswirkungen auf die Vorstellung und auf den Körper gefühlt und angenommen werden, verliert sich die Starre, die der Depression ansonsten anhaftet. Dadurch werden andere Gefühle kommen, die anderes Verhalten begünstigen, das uns Wege aus dem Gefängnis der Hilflosigkeit der Depression eröffnet.

Das Leben besteht wenigstens ebenso aus traurigen Anlässen, wie aus freudigen. Die Vergänglichkeit an sich, die Ausdruck der permanenten Veränderung ist, der sich nichts und niemand entziehen kann, führt zwangsläufig zu traurigen Gefühlen. Und zwar immer dann, wenn man etwas verliert, das man gerne behalten hätte. Verlieren kann man es allerdings nur, wenn man es vorher gehabt also besessen hat. Kann man aber überhaupt irgendetwas besitzen? Wenn alles vergänglich ist, dann ist doch jeder Besitz letztlich nur eine Leihgabe, ein zeitlich befristetes Zusammensein.

Wenn es gelingt, zu akzeptieren, dass alles vorüber geht, nimmt die Beweglichkeit, die Unabhängigkeit zu. Traurige Gefühle werden seltener, weniger tief und werden besser angenommen. Depressionen, sofern sie die Vertiefung der Traurigkeit sind, werden sehr viel seltener.

Kraft aus der Tiefe

Am Beispiel zweier Bäume wird dargestellt, dass die eigenen Ressourcen genutzt werden können, um lebendig und lebensfroh zu sein. Dabei lernt der eine Baum vom anderen. Indem er sich auf ihn zubewegt, sich also auf die Suche begibt, erschließen sich ihm die gesuchten Antworten.

... und während deine Ohren hier warten ... zwischen den verschiedenen Geräuschen ein bisschen abhängen ... ... lassen deine Glieder sich schonmal sinken ... in die weiche, warme Unterlage ... mit einem großen Teil ihrer Schwere sinken lassen ... mit dem Ausatmen tiefer ...

... weil es immer etwas zu hören gibt ... kannst du dich auch innerlich sinken lassen ... soweit es dir angenehm ist im Moment ... ... auch innerlich loslassen ... ... und das kann mal weniger tief ... und mal tiefer sein ... kann sich von Moment zu Moment verändern ... und das ist in Ordnung so ...

... und im Frühling ... sobald es wärmer wird ... beginnen die Bäume, ihre Blätter zu bilden ... aus sich selbst heraus ... etwas in ihnen weiß sehr genau ... wie es geht ... und wann der richtige Moment gekommen ist ...

... und das geht sehr schnell ... sobald es warm geworden ist ... und die Tage länger werden ... ... helles, manchmal gelbliches Grün wächst aus den braunen Zweigen ... dem Licht entgegen ...

... und da gibt es tief in den Wäldern eine Baumgruppe ... es sind Bäume verschiedenen Alters ... und da ist ein sehr alter Baum dabei

... der Älteste in der Gruppe ... er wirkt sehr gesund und kräftig ... an jedem noch so kleinen Zweig sprießt das Grün ... ... und er erinnert sich an eine Zeit ... da ging es ihm nicht so gut ... es ging ihm auch nicht ausgesprochen schlecht ... aber irgendwie hatte er die Mitte seines Lebens erreicht ... und er fühlte damals ... dass es von nun an dem Ende entgegenging ... wenn auch langsam ... aber es schien ihm schon damals alles mühsamer zu werden ... ... am Spiel mit dem Wind ... hatte er keine so große Freude mehr wie früher ... mit dem warmen Wind ... der ihn zerzauste und ihn säuberte ... und mit dem kalten Wind ... der ihn auf andere Art reinigte ...

... und die Sonne schien ihm auch dunkler ... und gleichzeitig zu hell ... die Nahrung aus der Erde schmeckte fad ... seine Zweige wurden brüchig ... die Blätter fleckig und klein ... ... und er sah sich um und den anderen älteren Bäumen ging es ähnlich ... und so akzeptierte er den Lauf des Lebens ...

... bis ihm eines Morgens im Frühling auffiel ... dass ein deutlich älterer Baum ... der ein Stück entfernt stand ... viel kräftiger und fröhlicher wirkte als alle anderen ... ... und er beobachtete ihn durch den Frühling ... den Sommer ... und den Herbst ... und er sah zu Beginn des Winters, dass der andere viel mehr Laub abzuwerfen hatte als er selbst ... ... den Winter nutzte er ... um darüber nachzudenken ... warum der andere so viel lebendiger wirkte ... als er selbst sich fühlte ...

... und während der langen kalten Nächte ... entwickelte sich in ihm der Wunsch ... zu erfahren, wie der andere es machte ... dass er so viel mehr Lebenskraft hatte ... ... und als der Wunsch stark genug geworden war ... führte er zu einem Entschluss ... und der Entschluss festigte sich mit jedem Tag ... den der Frühling näher rückte ...

... der Baum wollte noch nicht schwach werden ... und den Verfall akzeptieren ... er wollte stark sein und frisch ... und Freude haben am Leben und an seinem Fortschreiten ... er wollte auch die kommenden Lebensabschnitte mit Freude erleben ...

... und so schickte er ... sobald der Boden weich genug geworden war ... ein paar seiner Wurzeln aus ... in Richtung des anderen Baumes ... gab ihnen viel Kraft mit auf den Weg ... damit sie besonders lang wachsen konnten … … … und so wuchsen sie das Jahr hindurch immer weiter … sie kamen dem anderen langsam näher … … … und er ließ sie auch im Winter und während des ganzen nächsten Jahres wachsen …

… und plötzlich bemerkte er … obwohl er sehr viel Kraft in die Wurzeln schickte … hatte er doch mehr Blätter als zuvor an seinen Zweigen … und als der nächste Winter kam … zog er sich, wie immer im Winter, ein Stück in sich selbst zurück … und ließ die Dinge in sich reifen …

… und mit dem Erwachen des nächsten Frühlings … war wieder ein Entschluss in ihm gewachsen … er schickte die meisten seiner Wurzeln in die Tiefe … denn er hatte erkannt … dass es die Erde war … dass es die unbekannte Tiefe war … dass es sein Entschluss war … die ihm Kraft gaben …

… und weil er dies nun wusste … war es ihm nicht mehr so wichtig … den anderen zu erreichen … er tastete sich nun weiter in die Tiefe vor … entwickelte ein Gefühl für den Reichtum der Tiefe … für den vielfältigen Geschmack der Erde … entwickelte sich in alle Richtungen … schickte seine Wurzeln überallhin … und nahm sehr genau wahr … was sie fanden …

… und je weiter er sich vertiefte … wobei er sorgfältig darauf achtete … sich auch in der Oberfläche gut zu verankern … desto kräftiger und schöner wurde er auch über der Erde … seine Zweige und Äste wurden wieder weich und biegsam … seine Blätter wuchsen farbiger und größer … das Blau des Himmels schien intensiver … und er konnte die Sonne wieder genießen und sich vor ihr schützen …

… irgendwann erreichte er den anderen dann doch noch … weil der auch nach ihm suchte … begegneten sie sich irgendwo in der Nähe der Mitte … … … und sie tauschen sich seither aus … über den Reichtum … der in ihnen wächst … … … und ihr Alter ist nicht zu bestimmen … groß und kräftig sind sie … doch auch jung und biegsam … ein Lächeln in ihren Kronen zeigt den Weg in ihre Tiefe …

… und so kannst du es für den Moment genießen … und den Entschluss fassen … und seine Verwirklichung beginnen … … … aus deiner Tiefe Erfrischung und Kraft zu schöpfen … ruhig … unbewusst … und du sammelst dabei Kraft und Frische in dir ... in all deinen Zellen ... ... lässt sie deine Augen klären ... und deine Muskeln stärken ... den Körper reinigen ... die Stimmung erhellen ... ... während du dich jetzt wieder sammelst ... in deiner eigenen Geschwindigkeit hierher zurückorientierst ... so schnell oder langsam, wie es gut ist für dich ... um wach und mit Lebensfreude aufzunehmen ... was um dich ist ...

Schwere abgeben und Helles aufnehmen

Schwere in der Stimmung abgeben, indem das Gewicht des Körpers zugelassen wird (das fördert Entspannung, wie man aus dem Autogenen Training weiß). Die Schwere auf die Unterlage sinken lassen und die Schwere der Stimmung tiefer sinken lassen. So dass die Seele leichter wird und – zusammen mit anderen Seelen – in der Höhe Licht aufnimmt und Helligkeit.

Beides kann auch eingeatmet werden.

... weil es immer ein Weilchen dauert ... bis die Gedanken ... und die Gefühle merklich ausklingen ... kannst du für den Moment ... deine Empfindungen sinken lassen ... und auch deine Gefühle und Gedanken sinken lassen ... mit dem Gewicht deines Körpers nach unten ... in die wohltuende Ruhe ... ... so wie der Wind draußen die Geräusche heranträgt ... und auch wieder wegschiebt ... ... und er kommt von weit her der Wind ... und wird weiterziehen ... bis auch er sich sinken lässt ... an einem Ort, der ihm gefällt ... ... der den Häusern Leben verleiht ... indem er manchmal hörbar an den Ziegeln wackelt ... neugierig durch die Fenster streicht ... und dann weiterzieht ... immer irgendwann ... ... so kannst du dich für die nächsten Minuten ausreichend tief sinken lassen ...

... dein Körper kann in seine Schwere sinken ... so dass sein Selbst leicht werden kann dadurch ... ... vielleicht ist es so ... dass mit jedem Gramm ... das dein Körper auf die Unterlage legt ... das diese an den Boden weiter gibt ... deine Seele leichter wird ...

... ein Stück zu schweben beginnen kann ... wie der helle Hauch der Freude ... sich tief sinken lassen kann ... um leicht zu werden ... Schwere abgeben nach unten ... sich erleichtern dadurch ... und so kann die Seele frei werden ... kann nach oben steigen ... und die Stimmung mit dem Licht verbinden ... das von oben kommt ...

... und mit jedem Ausatmen sinkt Gewicht nach unten ... ... und mit jedem Einatmen wirst du freier ...

... und so kann man sich vorstellen ... dass weiter oben ... dort, wo es heller ist ... sich die Seelen treffen ... während die Körper sich unten in der Sicherheit des Bodens erholen ... ... die Seelen nehmen dort oben Licht auf ... und gute Stimmungen ... und auch Fröhlichkeit ... ... und leiten all das Helle und Leichte nach unten zum Körper ... und dadurch wird auch der Körper leichter ... und heller ... und fröhlicher ... irgendwie ...

... Schwere und Dunkles loslassen ... mit dem Ausatmen loslassen ... und wie automatisch abgeben ... ... und Helles, Leichtes mit dem Einatmen aufnehmen ... einströmen lassen ... und in den Körper leiten ... und es sich auf eine gute Weise integrieren lassen ...

... und weil der Wind nicht nur im Herbst die trockenen Blätter von den Bäumen löst ... kannst du all das ein Weilchen weiter geschehen lassen ... Schwere abgeben ... mit dem Ausatmen loslassen ... Helles und Leichtes aufnehmen mit dem Einatmen ... so dass du insgesamt heller wirst ... auch dort, wo dein Verstand es sich nicht vorstellen kann ... allmählich ... überall kann das Leichte und Helle mehr werden ... allmählich ... überall in deinem Körper kommt es hin ... und überall tut es dir gut ... hell und leicht ...

... und so wirst du jetzt wieder wach werden ... und neben der hellen Leichtigkeit ... auch klare Frische mitbringen ... so schnell oder langsam, wie es gut ist für dich ... jetzt ...

Bad im Popcorn

Traurigkeit und depressive Gefühle können durch angenehme Körpergefühle wenigstens gelindert werden. Es werden verschiedene Vorstellungen durchgespielt, womit eine Badewanne gefüllt werden kann, um darin zu baden. Die ungewöhnlichen Stoffe dienen der Stimulation der eigenen Fantasie. Das soll beispielsweise bewirken, dass die Fantasie auch für die Veränderung der Bedingungen genutzt wird, die für die depressive oder traurige Stimmung verantwortlich sind.

... und besonders dann ... wenn es draußen ungemütlich ist ... kannst du es genießen ... im geschützten Raum zu sein ... ... du kannst dich deshalb noch etwas tiefer sinken lassen ... angenehm schwer und wohlig warm ... ... kannst alles annehmen ... was du brauchen kannst ... um dich gut zu erholen ...

... anderes lässt du vorüberziehen ... wie Wolken ... deren Lauf einfach weitergeht ... gleichgültig ... was du davon hältst ... ... wenn es regnet ... fallen auch Tropfen auf eine schöne Rose ... oder auf eine Magnolie ... der Regen fällt auf beide gleich ... und viele andere Tropfen fallen daneben ... wer weiß ... vielleicht würden sie lieber auf einer farbigen Blüte landen ... als auf der Erde ... oder auf der Straße ... vielleicht ist es angenehm für sie ... das Weiche der Blüte zu spüren ... ... und das Federn ... wenn die Blume unter ihrem Gewicht nachgibt ... und dann wieder zurückschwingt ... um dem Tropfen für eine Weile ein weiches Bett zu sein ... leicht schwingend ... duftend ... ... vielleicht ist für andere Tropfen eine solche Blüte ganz unwichtig ... weil sie das schnelle Versinken in der Erde mögen ... dem Ruhen auf einer Blüte vorziehen ...

... und ich weiß nicht ... ob du dich erinnern magst ... an das gute Gefühl ... in einer warmen Badewanne zu liegen ... ... und falls du es magst ... kannst du dich in deiner Vorstellung nun hineinsinken lassen ... ... sie muss ja nicht mit Wasser gefüllt sein ... manche Leute baden wohl in Sekt ... das soll prickeln und auf eine besondere Weise riechen ... ist aber wohl nicht ganz billig ... andere haben schon auch in Milch gebadet ... das soll weich sein ... und gut für die Haut ... ... und ich weiß nicht ... ob schon einmal jemand eine Badewanne mit gelbem Mais gefüllt hat ... schön gewärmt ... vielleicht von der Sonne ... um dann darin zu baden ... sich hineinsinken lassen ... in die glatten gelben Körner ... die Haut sanft massieren lassen ... ... und so kannst du es genießen ... diese Vorstellungen entstehen zu lassen ... und die Gefühle ... die dazugehören ... entstehen lassen ... ... die Wärme der gelben Körner wärmt deine Haut ... kommt aus ihrem Inneren ... und strahlt in deine Haut ... ... so dass deine Muskeln locker werden ... ... und so genießt du es ... mit jedem Ausatmen ... kannst du ein Stück mehr in den Genuss der Wärme hineinsinken ... der Ruhe ... ... und weil das ja keine richtige Realität ist ... kannst du dir jetzt vorstellen ... wie es sich anfühlen mag ... wenn dieses Bad alles Unwohlsein wegmassiert ... alles Unwohlsein sogar bis in deine Seele hinein ... ...

... aus deinen Gedanken wegmassiert ... einfach so ... alles Störende wegmassiert ... so dass du dich danach einfach nur wohlfühlst ... wie neugeboren ... wohlfühlst ...

... kannst du dir einmal vorstellen ... wie in einem schönen Traum ... in einer anderen Realität ... der gelbe Mais sich verwandelt ... in weiches Popcorn ... das warm und weich alle Muskeln sanft massiert ... ... wohlriechend wärmt es deine Haut ... so dass sie zu prickeln beginnt ... warm und wohlig ... ... vielleicht hören deine Ohren dabei eine schöne Musik ... ... während du die Wärme und die Massage genießt ... die überall wirkt ... und vor allem dort besonders intensiv ... wo du es brauchen kannst ... ... oder wo es einfach nur schön ist ... ... erlaubst dir im Moment, es so ausgiebig zu genießen ... wie es nötig ist ... damit es gut wird ...

... und so kannst du dich danach erfrischt abtrocknen ... in aller Ruhe ... und erholt ... und so wach werden ... und frisch ... dass du dich mit innerer Ruhe auf den Rest des Tages freust ...

Helle Stimmung

Sowie der Körper in der Entspannung nach unten sinkt, so kann die Stimmung nach oben steigen. Indem sie der Sonne näherkommt, wird sie erwärmt. In der Höhe trifft die Stimmung, die als Schmetterling erscheinen mag, auf andere leichte Schmetterlinge und tanzt mit ihnen. Die tristen Farben der Traurigkeit werden ersetzt durch die Farben des Regenbogens.

... und so kannst du deine Glieder hinuntersinken lassen ... jetzt ... alle zusammen ... und auch einzeln ... angenehm schwer ... und wohlig warm ... ... während noch einige Gedanken herumschweben ... wie bunte Luftballons ... die einen leichter ... die anderen schwerer ... manche schon ohne Luft am Boden liegend ... verschrumpelt ... andere kaum noch sichtbar ... weit weg ... oben herumschweben ... und irgendwann völlig verschwunden sind ... ... und diese oder jene Muskeln schon locker sind ... ist die Schwere des Körpers hier und da angenehm spürbar ...

... und während deine Glieder mit dem Ausatmen tiefer sinken ... und die Gedanken sich treiben lassen ... auf ihrem Weg ... der sich unvermittelt ändern kann ... wie das immer so ist ... wenn die Ruhe sich ausbreitet ... ... und so kann deine Stimmung damit beginnen ... leichter zu werden ... ... gleichgültig ... wie schwer sie vorher war ... kann sie nun leichter werden ... je leichter der Körper in seiner Schwere nach unten sinkt ... desto leichter kann die Stimmung werden ... auch wenn es vielleicht wichtig ist ... ihre bisherige Schwere noch einmal richtig zu spüren ... und zu akzeptieren ...

... so sinkt der Körper mit dem Ausatmen hinunter ... und die Stimmung wird leichter ... kann so leicht werden wie eine Feder ... oder auch ein Schmetterling ... und wie ein Schmetterling hebt sie sich schwerelos in den Himmel ... gewärmt von den hellen Strahlen der Sonne ...

... deine Stimmung wird durchwärmt ... wie der Schmetterling am Himmel ... und hell bestrahlt ... jetzt ... ... leicht schwingt der Schmetterling von einer Seite auf die andere ... warm ... und hell ... und leicht ... tanzt er seinen Tanz ... und er steigt dabei noch immer nach oben ... ... in der Luft begegnet er anderen Schmetterlingen ... und spielt schwerelos mit ihnen ... im warmen Licht der Sonne ... ein leichter Tanz in den Strahlen der Sonne ...

... sie finden einen Regenbogen ... tanzen auf ihm ... zusammen ... oder einzeln ... tanzen sie auf den Farben eines Regenbogens ... lassen sich von ihm einhüllen ... baden in seinen Farben ... und reichern sich an ... so nebenbei ... mit allem, was in den Farben steckt ... und ihnen guttut ... während du deine Schwere loslässt ... so dass sie tiefer sinkt ... aus dir ausströmt ... dich verlässt ... damit du dich erholen kannst ... ... lässt deine Stimmung sich treiben ... im warmen Licht der Freude ... und kehrt dann zurück ... in deinen Körper ... ... durchstreift ihn mit ihrem hellen Licht ... von unten nach oben ... und umgekehrt ... leicht wie zuvor der Schmetterling in der Luft ...

... sammelt sich in deinem Bauch ... erleuchtet ihn von innen ... und wärmt deinen Bauch ... wie eine gemütliche Höhle ... ... und so füllt sich dein Bauch jetzt mit Licht ... und guter Stimmung ... die sich nach und nach warm ausbreitet ... nach oben ... nach links ... und nach rechts ... und auch nach unten ... nach vorne ... und nach hinten ... überall breitet sich gute Stimmung in dir aus ...

... während die angenehme Schwere deiner Glieder ... dich sicher verbindet ... mit dem Boden ... breitet sich gute Stimmung in deinem Körper aus ... hell und leicht pulsiert sie ... vom Bauch ... in den ganzen Körper ... ... durchstreift ihn wie sanfte Flötenmusik ... streichelt liebevoll deine Haut ... erwärmt deine Gelenke ... ... und sammelt sich auch im Kopf ... in deinen Gedanken ... klärt hell deinen Verstand ... und erheitert ihn mit leichten Gedanken ...

... und ich weiß nicht ... wo du die heitere Stimmung am deutlichsten spüren wirst ... nachdem du dich nun sammelst ... und für den Alltag bereit machst ... wo du die heitere Stimmung am deutlichsten spürst ... wenn du nun in deiner eigenen Geschwindigkeit wieder hierher zurückgekommen bist ...

Spiegelung

Ein See lässt Unwetter über sich ergehen, indem er sich in seine Tiefe zurückzieht. Das ist eine Möglichkeit, Traurigkeit konstruktiv zu betrachten: Sie ermöglicht es, sich widrigen Bedingungen durch das Absinkenlassen in die eigene Tiefe zu entziehen. Der See tauscht seine Oberfläche dabei aus. Indem wir von ihm lernen, bieten wir den Bedingungen, die uns umgeben, verschiedene Seiten von uns an.

Durch die Akzeptanz der wechselnden Bedingungen werden wir klarer und somit bewusster für uns selbst und für die Wechselwirkung zwischen den verschiedenen Lebensbedingungen und unseren Stimmungen und Gefühlen. Dadurch werden wir aus uns selbst heraus leichter zufrieden.

... und so gehst du schon jetzt wieder einen guten Weg ... in die Ruhe ... weichst dabei noch diesem oder jenem Hindernis aus ... in Form eines Gedankens ... eines Geräusches ... eines Gefühls ...

... und so kannst du in deiner Vorstellung ... irgendwann zu einem See kommen ... während du einfach nur hier liegst ... angenehm schwer ... oder leicht ... und wohlig warm ... ... und während deine Glieder mit jedem Ausatmen hinuntersinken ... und weil du auch innerlich dich sinken lassen kannst ... jetzt ... weg von den Dingen des Alltags ... die nun leiser werden können ... und sich zu harmonischen Klängen wandeln ... in ausreichender Entfernung ... ... ist das wie bei einem See ... der da in der Landschaft liegt und von den Stürmen des unruhigen Alltags aufgewühlt wurde ... und in seiner Tiefe kennt er es gut ... kann es über sich ergehen lassen ... sich nach unten zurückziehen ... mit einem Teil von sich selbst ... die Oberfläche austauschen ... so dass er sich insgesamt immer auch ausruhen kann ... und dabei Kraft aufnimmt ... aus seiner Tiefe ...

... und so verziehen sich die Wolken allmählich ... das helle Licht der Sonne kommt hervor ... und scheint tief hinein ... in das ruhiger werdende Wasser ... beleuchtet Pflanzen ... und Steine ... Fische und Luftperlen ...

... und während die Oberfläche irgendwann glatt wird ... und ruhig ... wirkt der See wie ein Spiegel ... in dem sich das klare Blau des Himmels sehen kann ... und das verschieden getönte Grün der Bäume ... die Bewegung der Vögel ... die darüber hinweggleiten ...

... und im Licht der Sonne ... kann das Auge tiefer hineinschauen ... und was vorher undurchsichtig und unruhig war ... wird nun interessant ... klar ... und farbig ... und auf diese Weise harmonisch ... und auf eine unbewusste Art verständlich ... ... das Auge sieht es ... die Seele versteht es ... und der Verstand kann es in der Ruhe begleiten ... in seiner Art die Dinge zu sehen ... ... während die Ohren die harmonische Spiegelung des Wesens der Natur genießen ... auf ihre Art ... ... und der Wind ... der sich über das glatte Wasser gleiten lässt ... schwerelos ... erzeugt dabei einen hellen Ton der Lebensfreude ... und klingt in einem tiefen Ton der Zuversicht aus ... während er am Ufer über Hügel gleitet und Bäume umrauscht ...

... und wenn etwas hineinfällt ... in den beweglichen Spiegel ... aus Licht und Wasser ... entsteht eine Veränderung ... ... und nachdem die Wellen ausgelaufen sind ... ist die Ruhe wieder da ... ... etwas anders nun ... und hin und wieder fällt etwas hinein ... ein Tropfen ... ein Ton ... das Licht ... das sich im Auge des Falken spiegelt ... der darüber gleitet ... und der See nimmt es auf ... gibt ihm den richtigen Platz in sich ... und geduldig fügt sich die Oberfläche wieder zu einem Spiegel ... während sie ruhig wird ... ... im warmen Licht der Sonne ...

spiegelt er alle Farben ... der Sonne ... der Bäume und Pflanzen, die ihn umgeben ... nichts kann ihn wirklich beunruhigen ... er nimmt alles auf ... und wird immer wieder glatt ... und ruhig ...

... während alles sich in ihm spiegelt ... das sich ihm nähert ... ... und in der Spiegelung dessen, was ist ... wird alles wertfrei ... kann sich selbst neu finden ... und neu ordnen ... aus sich selbst heraus ... zufrieden sein ... mit dem, was ist ...

... und über die Spiegelung sieht der See sich selbst ... im anderen ... ... und bietet ihm von seiner Ruhe und weisen Tiefe an ... so trinkt der Mund sein Wasser und die Seele seine Ruhe ... und seine Weisheit ... und indem er angenommen wird ... erfährt er sich im anderen ... als er selbst ... ... über das Auge, das sich in ihm spiegelt ...

... und so kannst auch du seine Ruhe aufnehmen ... und tief in dir nachklingen lassen ... während er sich in dir erfährt ... und ihr euch gegenseitig erweitert ...

... und allmählich kannst du dich wieder davon lösen ... dich sammeln ... und hierher zurückkommen ... mit der Ruhe des Sees ... und irgendwie innerlich verbunden mit seinem tiefen Wissen ... ... nimmst auch Frische auf ... und während all das auch später noch tief in dir nachklingt ... wirst du hier mit dem Öffnen deiner Augen wach ... und klar in der Gegenwart orientiert ...

Aus sich selbst heraus wertvoll

Die Stimmung wird heller, wenn man sich selbst angenommen und wertvoll fühlt. Die besten Bedingungen herrschen dann, wenn diese Anerkennung aus uns selbst heraus wächst, wenn wir niemanden dafür brauchen, der uns bestätigt, dass wir wertvoll sind. Indem wir erkennen, dass wir alleine dadurch, dass es uns gibt, wertvoll sind. Wie der Regen, der Wind, die Erde, die man ganz selbstverständlich hinnimmt, ihnen keinen besonderen Wert beimisst – obwohl wir ohne sie nicht leben könnten.

Und so liegt der besondere Wert oft dort, wo wir ihn nicht suchen und vielleicht selbst dann nicht sehen, wenn wir ihn anschauen.

... und weil deine Beine nicht gleich alle Spannung loslassen ... wenn der Körper sich hinlegt ... kannst du dich mit dem Ausatmen sinken lassen ... angenehm schwer ... und wohlig warm ... ... und weil der

Körper immer breiter aufliegt ... während die Muskeln ihre Spannung loslassen ... beginnt sich schon bald Erholung in dir auszubreiten ...

... und während du dich mehr oder weniger intensiv fühlst ... in deinem Körper ... in Verbindung zu der Welt, die dich umgibt ... kannst du den Gedanken haben ... dass du wertvoll bist ... dass du wichtig bist ... für dich ... und für die Menschen, die dich lieben ... und besonders für die Menschen ... die dich brauchen ... ... und weil dein Unbewusstes es ohnehin weiß ... kann sich die Gewissheit auch in deinem Bewusstsein ausbreiten ... können sich deine Gedanken daran gewöhnen ... dass du wertvoll bist ... und in gewisser Weise auch sehr wichtig ... dass du mit und in deinem Körper wertvoll bist ... ... dass deine Gedanken für dich und für die Menschen, die dich lieben, wichtig sind ... dass deine Gefühle in Ordnung sind ... ... dass deine Wünsche für dich so schön sein können ... wie manche unverwirklichbar scheinen ... und dennoch sind sie die Grundlage ... die Nahrung für sehr schöne Träume ... und Gefühle ... ... und so ist alles an dir wichtig und wertvoll ... selbstverständlich wertvoll ...

... so wie der Regen ... der vom Himmel fällt ... nur der Regen ist ... und dennoch als Grundlage für das Leben ... unendlich wertvoll ... auch, weil er alles mit Wasser versorgt ... ... so wie es der Wind ist ... der die Wolken herantreibt ... und wieder mitnimmt ... wie in einem ewigen Spiel ... dem man auf verschiedene Weise einen Sinn zuerkennen kann ... und er sich darum nicht kümmert ... welchen Sinn die Menschen ihm zuerkennen mögen ... und es unabhängig davon einfach weiter macht ... weil er nur der Wind ist ... und dennoch den Regen heranbringt ... die Samen verteilt ... und die Bäume reinigt ... und deshalb unendlich wertvoll ist ... ... denn während es in Ordnung ist ... dass du hier bist ... bewegt er die Pflanzen draußen ... streicht über die Mauern ... bringt Wärme ... und Kühle ... je nachdem ... und auch er ist aus sich selbst heraus wertvoll ... weil es ihn gibt ... ... deshalb wird es sich als wohlige Wärme in dir ausbreiten ... das Gefühl ... die innere Sicherheit ... wertvoll zu sein ... weil es dich gibt ... und weil es keiner weiteren Begründung bedarf ...

... so wie die Erde nur die Erde ist ... die deine Schuhe schmutzig macht ... und den Boden rutschig nach dem Regen ... sie nur die Erde ist ... und doch ist sie unendlich wertvoll ... auch, weil in ihr unsere

Nahrung wächst ... ... so wie das Licht nur das Licht ist ... und doch unendlich wertvoll ist ... auch, weil es die Pflanzen nährt ... die wir essen ... ... und so ist all das wertvoll und wichtig ... einfach indem es ist ... ohne weitere Ansprüche ... und so bist du wertvoll und wichtig ... einfach, weil du bist ... ...

... auch deshalb kann es sich als wohlige Wärme in dir ausbreiten ... das Gefühl ... die innere Sicherheit ... wertvoll zu sein ... aus dir selbst heraus ... mit all deinen Wünschen ... und Gedanken ... und Gefühlen ... ... während der Regen aufs Dach prasselt ... auf die Blätter der Bäume ... der Wind über die Gräser streicht ... die Erde auf dem Boden liegt ... wo sie der Boden ist ... und das Licht über die Welt wandert ... und du einfach nur hier liegst ... angenehm schwer ... oder leicht ... und wohlig warm ...

... und gleichzeitig das Gefühl sich in dir verfestigt ... dass du wertvoll und wichtig bist ... und es sich als warme Kraft in jede Zelle deines Körpers ausbreitet ... pulsierend ... strömend ... ... denn es ist ein wirklich gutes Gefühl ... sich zu erlauben ... wertvoll zu sein ... ... und so breitet sich diese Gewissheit kraftvoll in dir aus ... vielleicht als helle Farbe ... in jede Körperzelle ... in jeden Winkel von Körper ... und Seele ... und Geist ... ... und dieses Licht und dieses Gefühl ruft Freude hervor ... und gelassene Heiterkeit ...

... und so kannst du sie mitbringen ... die Freude ... die Gewissheit ... wertvoll zu sein ... und wichtig für dich selbst ... ... und wirst dabei mit jedem Atemzug frischer und klarer ... ... so wie es sich anfühlt ... wenn du die feuchte, kühle Luft einatmest ...

... um nun mit der nötigen Kraft ... und mit gelassener Freude den Rest des Tages zu genießen ... in und mit dir selbst ...

Abduschen

Auch wenn es im Moment ungünstige Bedingungen gibt, durch die Freude getrübt wird, so wird sich das auch wieder ändern. Irgendwann regnet es und der Staub wird von den Blüten abgewaschen, so dass ihre Farben das Auge wieder erfreuen.

Zwar können wir unsere Gefühle nicht abduschen. Aber in einer tiefen Entspannung, in der vieles möglich ist, das dem Verstand undenkbar ist, kann es uns erstaunlich stark entlasten, die Vorstellung zu entwickeln, wie es sich anfühlen würde.

... und immer wenn du zuhörst ... ist dein Unbewusstes auch mit anderem beschäftigt ... und irgendwie hat das andere auch mit dir zu tun ... denn es ist dein Unbewusstes ... das sich damit beschäftigt ... ... und ein sehr wichtiges Thema des Unbewussten ist die Erholung ... deshalb kannst du sowohl bewusst als auch unbewusst zuhören ... weil dein Unbewusstes sich um deine Gesundheit kümmert ... und die Dinge loslässt ... die besser weiter weg sein sollten ... damit sie von dir wegtreiben können ...

... und es ist gut ... wenn du auch bewusst damit einverstanden bist ...

... während eine Rose im Frühling ihre Blätter öffnet ... in der Wärme der Frühlingssonne ... weil es nun soweit ist ... und sie sich in der Kälte und Dunkelheit des Winters darauf vorbereitet hat ... ... und die Knospen ihrer Blüten entwickelt ... ihnen Farbe gibt ... und auf eine geheimnisvolle Weise auch Freude in sie hineinverwebt ... ... weht irgendwann auch Staub auf die Blätter ... manchmal nur wenig ... vielleicht gar nicht sichtbar ...

... und die Knospen öffnen sich ... verbinden sich mit dem Licht ... im Auge des Betrachters zu schönen Blüten ... die eine Stimmung so sehr aufhellen können ... dass Traurigkeit wie ein Wunder verschwindet ... einfach so ... durch den Anblick der Blüte ... ... und so eine Rosenblüte hat viele einzelne Blätter ... und auch auf ihnen sammelt sich irgendwann Staub ... manchmal so viel ... dass er die Farbe trübt ... und das Auge sieht sie dann weniger intensiv ...

... und es mag sein ... dass die Rose die Freude des Menschen spürt ... der ihre Blüten sieht ... wer weiß das schon ... und vielleicht freut sich die Rose über die Freude des Menschen ... und braucht sie vielleicht sogar ... für das eigene Wachstum ...

... und so kann der Staub in Zeiten der Trockenheit mehr werden ... und die Freude ist trotzdem da ... sowohl die des Menschen ... als auch die der Rose ... und sie können sie beieinander finden ... die Freude ... jeder beim anderen ... unter dem Staub ... ... und weil der Staub da ist … ist sie schwerer zu finden … unter ihm … und das mag die Freude trüben … … … und die Blüte mag nicht nur schwer werden … durch den Staub … sondern auch durch die Traurigkeit … aber der Staub ist nur vorübergehend … wie auch die Trauer … … … der Wind bläst ihn weg … und sogar die Flügel der Bienen wirbeln den Staub auf … während sie landen … und ihren Honig ernten …

… und weil die Rose nur wachsen wird … wo es Wasser gibt … beginnt es irgendwann zu regnen … irgendwann … … … und die Wassertropfen fallen auch auf die Rose … nehmen den Staub auf ihrem Weg mit … bringen ihn auf die Erde … und lassen ihn auf den Wurzeln der Rose liegen … wo er unauffällig ist … und seinen Sinn hat … weil er die Wurzeln der Pflanze schützt …

… so werden die grünen Blätter gereinigt … durch den Regen … wie auch die farbigen Blüten … die Pflanze nährt sich nun besser durch das Licht … die Blätter und die Blüten sind leichter geworden … irgendwie erleichtert … und fühlen die Leichtigkeit … die Helligkeit der Freude nun viel deutlicher … weil sie die Schwere kennen gelernt haben … … … und sie nähern sich dem Licht und dem Himmel … und schicken ihre Schönheit dem Auge des Menschen …

… und der Staub sinkt in den Boden … wo die Wurzeln der Rose die Nahrung aus ihm aufnehmen … sie in neue Triebe und Blüten verwandeln …

… und so kannst du es genießen … dass die Dinge sich zum Guten verändern … auch wenn der Staub manchmal dichter wird … und die schönen Dinge verschleiert … denn das geht vorüber … irgendwann … kommt die Reinigung … kommt der Regen … der ihn abwäscht … Dünger aus ihm macht … der die Pflanze stärkt … und die Pflanze wird vom Regen erfrischt … nebenbei …

… und du wirst dich nun wieder sammeln … die Erfahrungen in dir … sich zu deinem Guten fügen lassen … auf unbewusste Weise … während dein Bewusstes sich wieder an den Erfordernissen des Alltags orientiert … ihnen ausgeruht begegnet … … … und so wirst du mit jedem Atemzug klarer und frischer … … … um auch im Alltag die Blüten zu finden … auch dort, wo der Staub etwas dicker ist …

Schweres Ausatmen – helles Einatmen

Der Atem sammelt die Schwere, die in unseren Stimmungen ist, ein, er zieht sie aus den Zellen des Körpers heraus und gibt sie mit dem Ausatmen ab. Mit dem Einatmen fließt leichte Helligkeit ein und breitet sich in allen Zellen aus.

... und wenn die Muskeln ihre Spannung loslassen ... um sich auszuruhen ... sich zu erholen ... dann sinkt der Körper tiefer in die weiche Unterlage ... wärmt sich selbst ... geborgen im geschützten Raum ... in der weichen und warmen Unterlage ...

... und weil nach der Schwere die Leichtigkeit kommt ... kannst du dich mit jedem Ausatmen ein Stück tiefer schweben lassen ... mit jedem Ausatmen wirst du etwas leichter ...

... weil Schwere aus dir ausströmt ... und weil du leichter wirst ... kannst du dich sinken lassen ... leicht immer ein kleines bisschen tiefer sinken lassen ... mit jedem Ausatmen tiefer ... fast oder ganz unmerklich tiefer ... bis hin zu einem optimalen Zustand der Ruhe ... in der Tiefe ... in der du dich jetzt wohlfühlst ... in der es dir jetzt so richtig gut geht ... und das kann sich immer besser anpassen ... zu deinem Besten ... von Moment zu Moment ... unbewusst gesteuert ... ... und du lässt die Kraft des Atems in deinen Körper strömen ... die Lebensenergie in deinen Körper bringt ... die deine Stimmung reinigt ...

... während du dich auf eine innere Ebene begibst ... in der es gut ist für dich ... und dabei auf dich aufpasst ... damit du eine gute Tiefe erreichst ... in der es sich angenehm schweben lässt ... ... sammelt dein Atem deine Schwere in dir ein ... er zieht sie aus deinen Stimmungen heraus ... und lässt sie mit dem Ausatmen ausströmen ... ... aus dem Körper und aus den Stimmungen ... strömt die Schwere aus ... und mit dem Einatmen fließt Helligkeit in dich hinein ... dorthin, wo vorher Schwere war und Müdigkeit ... dort fließt nun leichte Helligkeit hinein ... ... und Licht und Zuversicht ... und du spürst es daran ... in welcher Tiefe du diese Dinge gut laufen lassen kannst ... ob du dich im Moment wohlfühlst ... dabei ... ... in dieser angenehmen und gelösten Ruhe ... in der das Schwere aus dir ausströmt ... und das Leichte einströmt ... wohlfühlen mit dir selbst ...

... und während du also auf deine Weise eine gute Ebene in dir findest ... vielleicht auch schon angekommen bist ... lässt du das Helle einströmen ... das Leichte mit deinem Atem in den Körper hineinströmen lassen ... in jede Zelle ... die es belebt ... die es erfrischt ... ... vielleicht kannst du es beobachten ... irgendwie ... die Zelle mag ihre Farbe verändern ... ihre Form ... irgendwie runder werden ... ... und sie fühlt sich von innen anders an ... ... und so lässt du die Leichtigkeit weiter hineinströmen in jede Zelle deines Körpers ... die im Körper zu genau der leichten Schwere wird ... die dir guttut ... die dich gut verbindet mit allem, das gut für dich ist ... und die dich von dem löst ... das nicht gut ist für dich ...

... und so bringt dir dieser Austausch Energie und Frische ... er hilft ... zu erneuern und zu schützen ... auf allen Ebenen ... auch Undenkbares und Unvorstellbares kann zugelassen werden ... soweit es eben gut ist für dich ... ... und dein Verstand braucht sich nicht darum kümmern, wie das geschieht ... darf einfach genießend beobachten ... oder auch nicht beobachten ... und nur genießen ... ... und so lässt du diese Dinge jetzt noch ein Weilchen so lange geschehen ... bis du deine Energie und Aufmerksamkeit wieder auf den Alltag hier konzentrieren möchtest ... ... und erholt und erfrischt aufwachst ...

Der Dünger für gute Gefühle

Die Gedanken werden sich irgendwann auflösen. Wie vom Wind verweht. Die Gefühle sinken nach unten, die leichten und schönen bleiben glitzernd auf dem Boden liegen und die schweren sinken in die Erde, werden zu Dünger für die guten Gefühle.

So haben auch die schweren Gefühle ihren Sinn. Nicht nur in diesen Bildern, sondern vielfältig tatsächlich auch im Leben. Indem wir sie zulassen, vielleicht auch ihren Sinn zu erkennen versuchen, können sie zur Grundlage für gute Gefühle werden.

... du kannst dich jetzt angenehm sinken lassen ... ... während noch einige Gedanken entstehen mögen ... aus den Geschehnissen des Tages ... aufsteigen ...

... wie Nebelschwaden aus einem Tal ... ... oder einem Wald ... ... vielleicht nach einem Regen ... oder einer kalten Nacht ... nun von der Sonne erwärmt ...

... wenn es keinen anderen Grund gäbe ... dann könntest du dich auch deswegen jetzt sinken lassen ... in diesen Moment hinein ... es dir gut gehen lassen ... angenehm schwer und wohlig warm ...

... weil die Dinge sich in der Ruhe besser regeln können ... zu deinem Guten ... auch wenn dein Verstand das nicht wirklich glauben mag ... ... und in der Ruhe kann auch dein Verstand sich ausruhen ... das kennt er gut vom nächtlichen Träumen ... mag sich vielleicht irgendwo hinlegen ... und die Dinge nur noch aus der Ferne betrachten ... ... und da entsteht so einiges ... das ihn belustigen mag ... in seiner lockeren Haltung ...

... vielleicht gibt es aus dem Wald aufsteigende Nebel für die Gefühle ... und andere für die Gedanken ... ... und vielleicht sinken die Gefühle in der Ruhe nach unten ... während die Gedanken aufsteigen mögen ...

... und so bilden die Gefühle am Boden die Nährstoffe für die Pflanzen ... ... und vielleicht wachsen dort ... wo viele helle Gefühle in den Boden sinken ... andere Pflanzen oder kräftigere als woanders ... ...

... und so können die Gedanken sich zu Wolken verbinden ... oben am Himmel ... ...

... und davonziehen ... so dass du es genießen kannst, dabei zuzuschauen ... aus einer lockeren Haltung heraus ... ... während du dich ausreichend tief in deine Ruhe sinken lässt ... angenehm schwer und wohlig warm ...

... und alle Gedanken verflüchtigen sich irgendwann ... wenn sie ihre Aufgabe erledigt haben ... ... auch wenn manche länger bleiben wollen ... verlieren sie doch irgendwann an Bedeutung ... ... irgendwann kommt ein kräftiger Wind von irgendwoher ... und verteilt sie in der Weite des Himmels ... so dass sie irgendwann irgendwo im Nirgendwo verschwinden ...

... andere werden von der Wärme der Sonne aufgelöst ... ... wieder andere fallen als Regentropfen zu Boden ... ... und verbinden sich in der Erde mit den Gefühlen ... so dass sich etwas Neues daraus entwickelt ...

… und die Gefühle kommen im Boden erst einmal zur Ruhe … zu ihrer Ruhe … die für sie angemessen ist … … … sie lassen sich sinken … die leichten und hellen bleiben auf der Erde liegen … ein glitzerndes Schimmern mag von ihnen ausgehen … es beleuchtet deine Stimmung … macht dich freudig und gut gestimmt … lässt Lust auf Leben in dir wachsen …

… und auch die schweren Gefühle sammeln sich … und werden ruhig … sie sinken tiefer … schöpfen ihre Nahrung aus großen Tiefen … bilden auf ihre Art eine gute Verbindung zu dem Wesen der Dinge … … … sind auf ihre Art Nahrung für die guten Stimmungen … zeichnen die dunklen Farben in das Leben … so dass es mehr Tiefe bekommt … … … und so ruhen auch alle die Gefühle sich aus … integrieren sich dabei auf eine gute Art in dir … so dass alles seinen guten Platz findet …

… liegen ein ganzes Weilchen einfach nur da … angenehm schwer und wohlig warm … … … erholen sich gründlich auf ihre Art … … … auf einem bequemen Platz … … … lauschen vielleicht auf das Fallen der Gedankentropfen über ihnen … … … und auf die Gespräche der Pflanzen über ihre Wurzeln … dort, wo sie sich begegnen … … …

… und wie mag es wohl klingen … wenn ein sehr alter Baum sich mit einer Sonnenblume unterhält … … … worüber mögen sie sich wohl unterhalten … was lässt sie gemeinsam lachen …

… und sie sammeln sich im Gelb der Sonnenblumen … die Gefühle der Freude … … … und gehen von dort zu den Augen der Menschen … zu ihren Nasen … und in die Seelen … wo sie auf eine gute Weise wirken …

… und so kannst du es genießen … auch jetzt … … … diesen Teil des Tages hinter dir zu haben … und dich gründlich zu erholen … … … um dich auf den weiteren Tag einzustimmen … und ihn freudig zu verbringen … wie nach einem Gespräch mit einem Feld voller Sonnenblumen …

… um jetzt in deiner eigenen Geschwindigkeit wieder hierher zurückzukommen … und dabei mit jedem Einatmen frischer und klarer werden …

Der Schmetterling in der Morgendämmerung

Durch die Wärme und das Licht wird eine depressive Stimmung sich auflösen. Vielleicht nicht sofort, vielleicht nicht vollständig. Aber die Depression fühlt sich in Licht und Wärme nicht sehr wohl.

… und weil deine Muskeln sich gerne ausruhen … wenn sie vorher aktiv waren … und dabei Kraft sammeln … was der Verstand zwar weiß … aber nicht in seiner Entstehung beobachten kann … wohl aber im Ergebnis … kann die Wärme der Muskeln … sich in der Haut ausbreiten … … … kann die Fantasie ihre Fähigkeiten auf eine Weise verwenden … dass du dich an ihrer Vorstellungskraft erfreuen kannst …

… und während die Sonne auf das grüne Blatt scheint … und es wärmt … und gleichzeitig nährt … kann es sich wohlig hängen lassen … in der warmen Luft … im warmen Licht … … … und es ist nicht wirklich wichtig … ob es an einem Baum hängt … vielleicht geschützt irgendwo in der Mitte … oder an einem Busch in der Nähe des Bodens … die Sonne wärmt das eine genauso wie das andere …

… und wenn man dorthin geht … wo sehr viele Blätter sind … in einem Wald … vielleicht früh morgens … wenn die Sonne noch nicht zu sehen ist … ihr Licht aber schon den Himmel erhellt … … … und während du in der Vorstellung dieses Bild genießen kannst … oder in der Erinnerung … und auch die Stille hören kannst … die diesem Moment innewohnt … … … kannst du vielleicht auch sehen … wie irgendwann die ersten hellen Strahlen den Himmel beleuchten … und bald darauf der Himmel heller wird … und schließlich auch die Sonne zu sehen ist … zuerst nur ein schmaler Rand … … … und die runde Scheibe klettert unaufhaltsam nach oben … vom Horizont zum Himmel … jeden Morgen … seit unvorstellbar langer Zeit …

… und der Wald beginnt zu erwachen … noch hängt ein Schmetterling in der Kühle des Schattens unter einem Blatt … er kann sich nicht bewegen … alles an ihm ist noch kalt von der langen Nacht … denn für einen Schmetterling ist eine Nacht viel länger als für einen Menschen … schließlich lebt er viel kürzer … und vielleicht ist sie deshalb auch kälter für ihn … wer weiß das schon …

… und er freut sich auf die Sonne … sehnt sie herbei … obwohl er in der letzten Stunde … vor ihrem Erscheinen … vielleicht schon gar nicht mehr glaubte ... dass er ihre Wärme je wieder spüren würde ... und er sieht ... wie die Krone des Baumes vom Licht erfasst wird ... und die der hohen Bäume um ihn herum ... ... er spürt die Freude des Baumes ... über das Licht und die Wärme ... spürt, wie seine Säfte sich schon etwas schneller in ihm bewegen ... spürt das Erwachen seiner Äste und Zweige ... wie er sich zu recken beginnt ...

... und so erreichen auch ihn die ersten Strahlen ... beleuchten kurz einen Teil seiner Flügel ... noch ist ihre Wärme nicht spürbar ... ... und ihr Licht macht die Flügel durchsichtig ... ... der Schmetterling schließt erleichtert die Augen ... voller Vorfreude fühlt er in seine zarten Flügel ... ... und schon beginnt sich die Wärme über seine Flügel auszubreiten ... in seinen Körper ... und in seine Seele ... die Farben seiner Flügel erstrahlen ... nicht nur durch das Licht ... sondern auch durch die Wärme ... die nun auch seine Seele erreicht hat ... und auch sie nährt ... so dass sie hell wird ... und sich von innen nach außen öffnet für die Welt ... für ihre Farben ... und Freuden ...

... die Farben der Flügel reflektieren das Licht ... und geben so auch seiner Umgebung Farbe ... und Licht ... ... vielleicht ist es ihm im ersten Moment zuviel des Lichts ... und er bewegt sich noch einmal für eine kurze Zeit in den Schatten ... um sich langsam anpassen zu können ... ... aber bald nähert er sich wieder den Strahlen der Sonne ... taucht langsam hinein ...

... voller Feingefühl beginnt er die Flügel zu bewegen ... möchte sich in allen Einzelheiten spüren ... und es genießen ... wieder einen neuen Tag voller Leben zu beginnen ... ... dann öffnet er die Flügel weit ... nimmt mit seiner ganzen Gestalt Licht und Wärme auf ... schließt und öffnet die Flügel noch einige Male ... erst langsam ... dann immer kraftvoller ... und schneller ... ... um sich dann fallen zu lassen ... sich mit der Kraft seiner Flügel aufzufangen ... und schließlich nach oben zu fliegen ... in die Weite der Luft ... zu den Wiesen ... zu den anderen Schmetterlingen ...

... und so kannst du deine eigene Wärme noch genießen ... ... und das Licht in dir ... um dich dann wieder auf den Alltag einzustellen ... dich dafür zu sammeln ... ... und so wirst du mit jedem Einatmen frischer und klarer ... um in der Geschwindigkeit, die jetzt gut ist für dich ... wieder so wach zu werden ... wie es jetzt für dich optimal ist ...

Angst

Angst ist ein Gefühl, das für Gefahr sensibilisiert und insofern lebensnotwendig ist. Wir haben jedoch viele Ängste, die sich von ihrem sinnvollen Zusammenhang gelöst haben und ohne erkennbaren Sinn belastend und einschränkend wirken. Mit ihnen kann auf verschiedene Weise konstruktiv umgegangen werden.

Grundsätzlich hat eine zuverlässige Entspannung immer angstlösende Wirkung. Ohne körperliche Anspannung gibt es keine Angst.

Unbekannter Wald

Die Natur wirkt oft beruhigend auf uns. Wie bei einem Spaziergang in einem unbekannten Wald. Dort können wir die Weisheit der Natur spüren, die wir vermittelt bekommen, wenn wir uns den alten Bäumen zuwenden, die schon seit sehr langer Zeit immer an ein und demselben Platz stehen und schon so vieles gesehen haben. Im Spüren löst sich dann so manche Angst einfach auf.

... und nachdem du dir erlauben kannst ... es zu genießen ... dass du dich wieder ein Stück weit treiben lassen kannst ... ... in diesen Moment hinein ... soweit es eben angenehm für dich ist ... und dir guttut ... ... gibt es tiefe Wälder auf der Erde ... die noch kein Menschenfuß in ihrer Tiefe je betreten hat ...

... und wie es wohl wäre ... in einen solchen Wald hineinzugehen ... mit der nötigen Verpflegung ... und Kleidung ... und allem anderen, was du für deinen Schutz brauchst ... ... wo du ruhig auch Unsicherheit spüren darfst ... vielleicht sogar Angst ... wegen des Neuen ... des Unbekannten ... ... über Blätter und Moos zu gehen ... und dabei zu wissen ... dass noch nie ein menschlicher Fuß hier gestanden hat ... und gegangen ist ...

... und vielleicht irgendwie zu fühlen ... wie der Wald dich mit Neugier betrachtet ... und wohlwollend begleitet ... auf deinem Weg durch ihn hindurch ...

... und so kannst du tiefer hineingehen ... und deine Verbindung mit den Bäumen spüren ... dich vom Wind berühren lassen ... die eigene Wärme spüren ... und deine Nähe zur Natur genießen ...

… und du kannst dabei in der ausreichenden Tiefe … in ein weites Tal kommen … die Sonne scheint hinein … dort stehen große und seltene Bäume … sie stehen zwischen niedrigeren Sträuchern … und anderen bekannteren Bäumen … weit auseinander … jeder hat seinen eigenen Platz …

… und du hältst inne … und bleibst einfach dort stehen … setzt dich an einem guten Platz ins Gras … oder auf einen bequemen Stein … in die Sonne … spürst in dich hinein … um die Wärme und die Ruhe zu genießen …

… und fühlst bald … dass jeder dieser großen, alten und seltenen Bäume … dir etwas mitteilen kann … das wichtig ist für dich … sie bieten dir ihr Wissen an … ihre uralte Erfahrung … … … und du bist frei … das Angebot anzunehmen … und zu lauschen … auf jene Art zu lauschen … durch die man der Natur so nahe ist … dass man sie aus sich selbst heraus versteht … … … und sie sprechen mit dir … wenn du sie aufforderst … spüren deine Ängste … und irgendwie nehmen sie die Ängste von dir … lösen sie langsam genug auf … irgendwie … so dass du dich daran gewöhnen kannst … davon befreit zu werden …

… und wenn du dich darauf einlassen magst … fühlst du eine seltsame Bekanntschaft … als würdest du diese Bäume schon lange kennen … weißt aber genau … dass deine Augen sie so noch nie gesehen haben …

… und weil jetzt nicht die Zeit dafür ist … näher zu gehen … und vielleicht auch, um dich langsam daran zu gewöhnen … gehst du nun wieder deinen Weg zurück … durch den Wald und aus ihm heraus … du kannst später zu ihm zurückkehren … wenn die Gelegenheit günstig ist … … … gehst nun aber zurück … in die vertrauten Gegenden …

… nimmst eine tiefe innere Ruhe mit … die sich in dir wohlfühlt … und wirst in deiner eigenen Geschwindigkeit hier wieder wach und frisch …

St. Martin

Die Geborgenheit der Kinder, die in der (meist kalten) Dunkelheit eines Novemberabends durch die Straßen ziehen. Neben ihren Eltern, die ihnen Schutz geben, in der Hand die bunte Laterne mit ihrer Kerze, deren Schein ihnen Wärme vermittelt. Innerhalb der Gruppe und zwischen den Lichtern fühlen sie sich geborgen und sicher, sehen aber auch das Ungewisse jenseits der kleinen Lichter.

Die Eule wohnt in der Dunkelheit und fühlt sich dort sicher. Sie beobachtet aus ihrem Umfeld das Geschehen im Umzug. Und sie hat damit nichts zu tun.

So gibt sie dem Unbewussten ein Beispiel, wie es wäre, wenn der Mensch mit der Angst vor dem »Draußen«, vor dem Ungewissen, nichts zu tun hätte.

... und während du noch deine richtige Haltung findest ... kannst du schon tiefer gehen ... ... du musst nicht sofort dieses umfassende Gefühl ... ausreichend weit vom Alltag entfernt zu sein ... spüren ... ... musst es nicht sofort im Körper spüren ... wie sich die Spannungen zu lösen beginnen ...

... und während du dich tiefer sinken lassen kannst ... jetzt ... kannst du deine Ohren schließen ... innerlich mit einer mehr oder weniger dichten Tür ... in deiner Vorstellung ... und die Stille genießen ... die dadurch entsteht ...

... und an St. Martin sind viele Kerzen zu sehen ... und bunte Laternen ... auf der Straße ... getragen von Kinderhänden und von Eltern ... ... und in den Augen der Kinder ... die umrahmt sind von der Dunkelheit der Nacht ... spiegeln sich die Lichter ... wie Sterne ...

... und von oben sehen die vielen Lichter anders aus ... die im Dunkeln durch die Straßen wandern ... an St. Martin ... ... aus der Sicht einer Eule am Himmel ... die in der Nähe der Straße wohnt ... auf der die vielen Lichter sich bewegen ... die jedes Jahr neu staunend ... ein paar ruhige Schleifen fliegt ... um das Schauspiel zu beobachten ... in der Dunkelheit ... ganz nah ... und doch weit genug weg ... so dass sie von den Menschen nicht gesehen wird ... auch wenn der Luftzug ihrer großen Flügel ... so manche Kerze zum Flackern bringt ...

... und sie sieht mit ihren scharfen Augen ... auch die Hände der Menschen ... die vom flackernden Licht beleuchtet werden ... ... die Gesichter der Menschen ... und die großen staunenden Augen der Kinder .... die das Licht in ihren Augen durch die Dunkelheit tragen ...

und sie hört die Aufregung und das gedämpfte Staunen in den Stimmen der Kinder ... die sich freuen über den nächtlichen Ausflug ... im Schutz der Eltern ... ... und es ist für die Eule in Ordnung ... denn sie hat nichts damit zu tun ... deshalb zieht sie in Ruhe ihre Kreise ... auf der Luft ... mit ihren großen und weichen Flügeln ... und sie spürt manchmal an ihrem Bauch ... sogar die Wärme der Kerzen ... die nach oben steigt ...

... und sie sieht von da oben auch die anderen Kinder ... diejenigen, die stumm lauschen ... und ehrfürchtig das Licht sehen ... und etwas ängstlich die große Dunkelheit ... in die sich die kleinen Lichter einbetten ... ... und manches dieser Kinder schaut auch nach oben ... und sieht manchmal, wie die Sterne verdeckt werden von einem Schatten ... der sich über ihnen bewegt ... und hin und wieder auch das Glitzern der Laternen in den Augen der Eule ... ... und sie freuen sich darüber ... zu wissen ... dass es den Vogel gibt ... dort oben ...

... und von weiter oben ... von den Wolken aus ... sind die Menschen nicht mehr zu erkennen ... von dort sieht man nur viele kleine helle Punkte ... die sich bewegen wie von selbst ... und einen langsam kreisender Schatten ... der die Lichter verdeckt ... und die Form eines großen Vogels hat ... ... und Stimmen sind dort auch nicht mehr zu hören ... leise ist es dort oben ... und friedlich ... nur der Wind ist zu hören ...

... und die Lichter unten bilden Muster ... die sich bewegen ... und wer es weiß ... dem erzählen sie von Wärme ... die zwei Hände fühlen ... wenn sie sich der Flamme nähern ... sie vor dem Wind schützen ... und genau den Abstand finden ... der viel Wärme bringt ... und nicht zu nah ist ... ... und so kann die Wärme des Lichtes ... in den Körper strömen ... über die Augen ... und durch die Hände und Finger ... ... und wenn man alle Kerzen eines St. Martin-Umzugs zusammen in ein Zimmer stellen würde ... man könnte es damit heizen ... oder sogar ein ganzes Haus ... und sich wohlfühlen in der Wärme ... im Licht der Kerzen ... mit ihrem typischen Geruch ...

... und wenn du es zulassen magst ... dann kann sich diese Wärme auch jetzt in dir sammeln ... irgendwie ... vielleicht nur undeutlich anfangs ... anfangs nur ... dann intensiver werdend ... ... die Wärme der Kerzen des Umzugs ... von vielen Kinderhänden getragen ... von vielen Kinderwünschen verstärkt ... ausgeschmückt und in den Himmel geschickt ... kann sie sich in dir sammeln ... und Gutes auslösen und verstärken ... so dass Veränderung möglich wird ... wo sie vorher nicht zu ahnen war ...

... und wie die Menschen so durch die Straßen ziehen ... in der kalten Nacht ... wärmen sie sich auch an der Freude der Kinder ... an dem gemeinsamen Weg durch die Nacht ... ... und sie freuen sich auch an ihrer Erinnerung an früher ... als sie selbst eine Laterne durch die Nacht trugen ... mit einer kostbaren Flamme darin ... ... und ihre andere Hand lag in der warmen erwachsenen Hand neben ihnen ... von wo Vertrauen und die Geborgenheit in ihren Körper und in ihre Seele floss ... ... und staunend schauten sie die flackernden Kerzen in den bunten Laternen an ...

... und so kannst du gute Gefühle von damals einsammeln ... und jetzt mitbringen ... während du in deiner eigenen Geschwindigkeit ... so, wie es gut ist für dich ... wieder hierher zurückkommst ... wach und erfrischt ...

Heißluftballon

Angst engt ein, macht schwer und unbeweglich. Indem man sich vom Boden löst, leicht wird und Abstand bekommt, verlässt man die Angst und all ihre Einschränkungen. Gleichzeitig erholt sich der Körper in der Entspannung.

Mit dem richtigen Abstand ist es leichter möglich, zu erkennen, welcher Sinn hinter welcher Angst steht.

... um Umwege zu vermeiden ... kannst du dich jetzt gleich sinken lassen ... in einen angenehmen Zustand der Ruhe ... mit jedem Ausatmen ein Stückchen tiefer sinken lassen ... so weit, wie es angenehm ist für dich ... jetzt ...

... und spürst dabei in aller Ruhe ... deine eigene Schwere ... und wohlige Wärme ... und die Wärme umspült deinen Nacken ... und deine Schultern ... wie ein warmer Wind ... löst sie Verspannungen ... ... wohlige Wärme ... breitet sich über deinen Nacken aus ...

... und geborgen in der Wärme ... kannst du dich in der Vorstellung vom Boden lösen ... kannst abheben ... über den Tag schweben ... wie in einem Heißluftballon … nach oben schweben … so dass der Tag unter dir liegt … wie eine Landkarte vielleicht … als Farbkomposition ausgebreitet unter dir liegt … … … und um weiter aufzusteigen … um einen besseren Überblick zu bekommen … kannst du den Ballon noch etwas mehr anheizen … vielleicht, indem du hineinbläst … … … so dass er langsam höher steigt …

… und die Grenzen des Tages werden unter dir allmählich sichtbar … und daneben oder um ihn herum sind andere Tage angeordnet … … … und während der Ballon langsam steigt … wird die vergangene Woche sichtbar … und er kann anhalten … … … damit du dir das eine oder andere genauer anschauen kannst … dazu kannst du ihn auch wieder sinken lassen … wenn nötig … und erwünscht …

… und so kann er weiter steigen … … … und ungefähr der ganze letzte Monat deines Lebens wird sichtbar … irgendwann … wenn du es willst … … … und während deine Vorstellung dort schwebt … liegt dein Körper hier … angenehm schwer … und wohlig warm … … … und in der Karte der Zeit … die unter dir liegt wie eine Landkarte … sind die Erlebnisse … die du in dieser Zeit hattest … verschieden gefärbt … die Freude zeigt sich gerne als eher gelbe oder orangene Flecken … auf der ganzen Karte findest du Freudeflecken … größere und kleinere … vielleicht mehr, als gedacht … … … und die Freude kann sich auch in anderen Farben abbilden …

… und da sind neben anderen Farben auch die des Glücks … sie sind sehr hell … und sie strahlen eine starke Energie aus … die zu dir nach oben steigt … und dich hell einhüllt … … … dir wie das warme Licht der Sonne … Leben spendet … dich wärmt …

… und hier und da sind unter dir auch Flecken der Angst … die andere Farben haben … sie können dich nicht erreichen … ihre Kraft reicht nicht bis nach oben … zu dir … du bist sicher dort oben … umgeben vom warmen Licht der Freude … … … und kannst deshalb locker … mit dem nötigen Abstand … in einen solchen Fleck der Angst hineinschauen … wie mit einem Fernrohr … und dort steht etwas geschrieben … über den Sinn der Angst … denn jede Angst hat ihren Sinn … und ihren Zweck … vielleicht kannst du es auch bewusst erkennen … während die schöne Farbe der Freude dich sicher einhüllt … … … kannst du hierhin und dorthin schauen ... um zu erkennen ... welchen Sinn welche Angst hat ... kannst auch ein Fernrohr benutzen ... wenn du magst ... ... und dann löst du deinen Blick wieder von der Farbe der Angst ... leicht fällt es dir ... aus dem guten Abstand davon ... und richtest dein Fernrohr auf einen anderen Fleck ... er pulsiert ganz besonders kräftig unter dir ... er strahlt viel Zuversicht aus ... und manchmal sprüht eine neue Idee heraus ... wie aus einem Vulkan ... ... und du kannst sie aufgreifen ... einfangen mit einem geeigneten Netz ... und in Ruhe betrachten ... ... auch wenn sie unsinnig erscheint im ersten Moment ... oder im zweiten ... ... und kannst sie sicher verstauen ... für später einmal ...

... und indem du den Feuerstrahl in den Ballon hinein drosselst ... sinkt dein Korb tiefer ... und wenn du wieder aufdrehst ... steigt er ... und so kannst du die für den Moment richtige Höhe finden ... den Abstand ... der dir jetzt ein richtig sicheres Gefühl gibt ... mit dem du dich wohlfühlst ... im Jetzt ... und in dir ... und dich dann bequem in eine warme Ecke legen ... und das Schweben in der Stille genießen ...

... und so näherst du dich allmählich dem Jetzt ... ausgeruht und mit einem guten Abstand ... ... und du kannst es vielleicht so steuern ... dass du in einem schönen Farbfleck landest ... der dich bei dem unterstützt, was du heute noch tun willst ...

... so dass du frisch, klar und freudig hierher zurückkommst ... und die frische Luft klärt und reinigt deine Gefühle ... und dein Denken ... mit jedem Einatmen mehr ... ... so dass du mit dem Öffnen der Augen wach und klar wirst ...

Fesselballon

In dieser Geschichte erlebt nicht der Hörer selbst das Aufsteigen in die Luft, sondern ein »Jemand«. Der Hörer ist vom Geschehen also so weit entfernt, dass er sich in keiner Weise gefährdet fühlen braucht. Er lässt sich nur so weit ein, wie es seine Angst zulässt. Entsprechende Formulierungen erinnern ihn daran, dass nicht nur der Jemand sicher ist, sondern er selbst auf dem Boden geblieben ist.

Auf diese Weise lässt sich ohne Gefährdung das Geschehen nachvollziehen. Die Angst kann sich reduzieren, ohne dass ihr Stress erlebt werden muss.

... und während deine Muskeln ihre Spannung loslassen können ... um den Körper angenehm sinken zu lassen ... ... können deine Ohren sich öffnen ... für die schönen Geräusche ... ... und vielleicht gibt es in den Ohren irgendwo eine Tür ... die zu den Geräuschen aus der Erinnerung führt ... so dass du dich auch für schöne Geräusche aus der Vergangenheit öffnen kannst ... während die Erholung immer eine gute Voraussetzung für das Lernen ist ...

... wie mag jemand sich in einem Fesselballon fühlen ... vielleicht an einem klaren Herbstmorgen ... ... am Anfang steht der stabile Korb auf der Wiese ... weit über ihm die Flamme ... sie schickt Wärme in den Ballon ... die farbige, stabile Hülle ist prall gefüllt ... mit warmer Luft ... und wirkt riesig vor dem blauen Himmel ... ... der Fluggast ist warm eingehüllt ... er fühlt sich vor dem Abenteuer zuerst vielleicht noch ängstlich ... mag unsicher sein ... ob er es wirklich wagen soll ... in den Korb zu steigen ... ... während du einfach nur hier liegst ... angenehm schwer ... oder leicht ... und wohlig warm ...

... er entschließt sich dazu ... der Ballonführer gibt ihm ein gutes Gefühl ... und so steigt er hinein ... die Leinen werden bald gelöst ... sanft löst sich der Korb von der Wiese ... und steigt sehr langsam nach oben ... in die klare Luft ... alles macht einen sicheren Eindruck ... ... der Ballonführer erklärt ihm alles ... wie es funktioniert ... auf welche Weise gelenkt wird ... zur Seite und nach oben ... und wie man sicher landen kann ... wenn es nötig wird ... ... der Jemand schaut hinaus ... seine Angst lässt nach durch die herrliche Aussicht ... auf die Landschaft unter ihm ... die langsam kleiner wird ...

... während du dich tiefer sinken lassen kannst ... die Muskeln sind locker ... die Erholung breitet sich aus ...

... ein Kribbeln ist zwar in seinem Bauch ... wenn er nach unten schaut ... und es ist sogar angenehm ... bringt irgendwie Wärme in den Bauch ... er fühlt den stabilen Boden des Korbes unter seinen Füßen ... kann seine Schultern hinuntersinken lassen ... sich bequem auf den Korbrand auflehnen ... der Atem wird ruhiger ... ... sein Blick fällt auf das ermutigend lächelnde Gesicht des Ballonführers ... und mehr und mehr verwandelt sich seine Angst ... ... sie wird zu einem Gefühl des offenen Staunens ... je höher der Ballon steigt ... je weiter der Blick wird ... ein wunderbarer Ausblick ... in die Runde ... neue Perspektiven ... auf die Bäume von oben ... Grenzen verlieren sich ... hohe Berge werden zu kleinen Hügeln ... Straßen zu Linien ... ... begleitet vom Rauschen der Flamme ... vom zeitweiligen leisen Knarren des Korbes ... steigt der Jemand höher ... er genießt die Freiheit ... fühlt sich sehr fern vom Alltag ... kann sich sogar erholen ... die Herbstsonne wärmt ihn ... so dass er sich noch weiter lockern kann ... und es ausgiebig genießt ... ... begleitet von Krähen und anderen Vögeln ... reisen sie eine Weile über die Landschaft ... sehen einiges Unbekanntes unter sich ... und haben immer wieder neue Sichtweisen auf die Dinge ... so dass Altbekanntes ganz anders aussehen kann ...

... bis sie am Ende der Reise zu ihrem Landeplatz kommen ... wo sie langsam absteigen ... dabei die Aussicht noch einmal genießend ... hinunterschweben ... alles auf dem Boden wird wieder deutlicher ... ... irgendwann kann er wieder Bäume voneinander unterscheiden ... und Büsche ... dann auch Blumen und Steine erkennen ... ... um schließlich sanft aufzusetzen ... auf dem bekannten Boden ... mit dem sehr guten Gefühl ... etwas gutes Neues erlebt zu haben ...

... und so sammelst du dich jetzt ... für den Alltag ... und kommst in deiner eigenen Geschwindigkeit hierher zurück ... wirst mit jedem Einatmen frischer und klarer ... um den Rest des Tages zu genießen ...

Innere Sonne

Diese Geschichte wurde das erste Mal in »Innehalten und Verweilen« (Wilk 1999) veröffentlicht.

Aus der sicheren Position der Ruhe heraus kann man eigene Ängste anschauen und loslassen.

Normalerweise fliehen wir vor Ängsten, versuchen, sie zu vermeiden. Das ist dazu geeignet, sie zu stärken. Sobald wir uns ihnen zuwenden, verschwinden sehr viele ganz einfach – dabei wird Energie frei, die wir neu nutzen oder einfach genießen können. Diejenigen, die sich nicht gleich auflösen, können wir konstruktiv bearbeiten, wenn wir sie uns anschauen.

... und während du hier liegst ... und dein Körper es genießen kann ... dass er eine weiche und sichere Unterlage unter sich hat ... die ihn wärmt ... und an die er seine Spannungen abgeben kann ... ... kennst du das Gefühl ... wenn zu viele Dinge zugleich von dir verlangt werden ... irgendwann kommst du an einen Punkt ... da kannst du dann kaum noch etwas in Ruhe anfangen oder zu Ende bringen ... und bist dennoch schnell erschöpft ... und so kannst du es dir jetzt im Moment erlauben ... einmal all diese Dinge – oder doch so manche ... loszulassen ... und so in einen Bewusstseinszustand zu kommen ... in dem die guten Energien sich in dir sammeln ...

... und mit diesem Bewusstseinszustand ist Ruhe verbunden ... Ruhe und innere Stärke ... so dass deine Muskeln loslassen können ... deine Glieder tiefer sinken ... und diese wohlbekannte Wärme sich ausbreitet ... ... und so möchte ich, dass du jetzt ... während die Ruhe in dir tiefer wird ... während die Geräusche ihre Melodien an deine Ohren tragen lassen ... während deine Kleidung sich bei jedem Atemzug mitbewegt ... dass du die Dinge mehr und mehr loslässt für den Moment ... damit deine Energien sich sammeln ... und konzentrieren können ... zu einer kleinen warmen Sonne ... vielleicht in deinem Bauch ... oder in der Brust ... und diese Sonne ist rund ... gelborange ... sie fühlt sich freudig an ... und warm ...

... und mit jeder Sorge ... mit jedem Bedenken ... das du loslässt ... ernährst du deine innere Sonne ... dann wird diese Sonne größer und wärmer ... sie freut sich ... dass sie bei dir sein kann ...

... irgendwo sind auch in dir irgendwelche Ängste ... denn wir alle schleppen Ängste mit uns herum ... wir lernen das sehr früh ... schon in der Kindheit ... schon als Säugling ... so manche Ängste brauchen wir ... sie schützen uns ... denn als Kind hast du auch gelernt ... Vielem auszuweichen ... das dir Angst gemacht hat ... um dich zu schützen ... und du hast auch gelernt ... dass du manchen Ängsten gegenübertreten musst ... dass du sie nur loswirst ... indem du sie anschaust ... und das genügt oft auch schon ... ... und so kannst du das jetzt einmal probehalber tun ... während dein Körper angenehm schwer und wohlig warm ist in der Ruhe ...

... und deine eigene innere Kraft lächelt dir zu ... ermutigend ... es ist die Sonne in dir ... sie lächelt dir ermutigend zu ... sie pulsiert ruhig dabei ... in ihrem hellen und warmen Licht ... ... und du kannst dich einmal der einen oder anderen Angst zuwenden ... und sie anschauen

... dir ihr Gesicht ansehen ... aus der sicheren Position deiner Ruhe heraus ... dann, wenn du dazu bereit bist ...

... und jedes Mal, wenn du einer Angst ins Gesicht schaust ... wächst die Sonne in dir ... ihr Lächeln wird breiter ... ihre Wärme breitet sich aus ... legt sich wie eine ganz leichte und warme Decke über die Schmerzen ... die mit Angst einhergehen ... ... und deine Angst wird jetzt kleiner ... fängt vielleicht sogar schon an ... von dir abzufallen ... und du spürst im Niedersinken Deines Körpers in seine Schwere, dass du nun wieder etwas leichter geworden bist ... ... und so kannst du das vielleicht auf einer unbewussten Ebene jetzt einmal durchprobieren ... in diesem Moment ... soweit, wie du jetzt bereit bist dazu ... mit dieser oder jener Angst ... immer nur so weit .... wie es für dich gut ist ... ... und es kann anstrengend sein ... wenn es dir zu anstrengend ist ... gib dir die Erlaubnis ... wieder damit aufzuhören ... geh auf eine Wiese ... spüre die Lebendigkeit der Pflanzen ... das Öffnen von Knospen ... vielleicht sind da weiche Weidekätzchen irgendwo ... und genieße es ... bei dir zu sein ... für nichts anderes Energie aufwenden zu müssen ... als für dich und dein Wohlergehen ... ... mit jedem Blütenblatt ... dessen Samtweiche du an deiner Haut spürst ...

... und wenn du das Gewicht deiner Haare spürst ... während sie wieder herunterfallen ... nachdem der Wind sie im Spiel hochgehoben und wieder losgelassen hat ... dann bist du bei dir ... und die Weichheit eines Weidenkätzchens ... spürst du wie etwas Weiches in dir ... das es auch in dir gibt ... etwas Weiches ... Zartes ... Liebenswertes ... und indem du dich dir selbst zuwendest ... wächst der Energieball in dir ... die warme Sonne ... ... und indem du deine Ängste anschaust ... eine nach der anderen ... es müssen nicht alle sein ... spürst du deine eigene Kraft ... und die Sorgen können von dir abfallen ... für diesen Moment ... und du kannst dich bewusst dafür entscheiden ... in Zukunft dafür Sorge zu tragen ... dass du deine Energien bewusster einsetzt ... ... und dich dabei leiten lässt ... von deiner inneren Weisheit ... die dich seit deiner Kindheit wachsen lässt ... ... die dich geschützt hat ... wenn du auch nur ein wenig auf sie gehört hast ... und dir noch immer Lösungsmöglichkeiten eingibt ... wenn du danach fragst ...

... und so wird die Sonne in dir größer und wärmer werden ... ihr Lächeln breitet sich aus ... wärmt gütig deine Seele ... ... und erfüllt deinen Körper pulsierend mit Offenheit und Wärme ...

... deine Ängste werden dabei immer kleiner und unwichtiger ... so wie Sterne in der Morgendämmerung zu verblassen beginnen ... immer mehr überstrahlt werden vom Licht der Sonne ... mehr und mehr verblassen ... und schließlich im Licht verschwinden ... und so sollst du diesen Prozess genießen ...

... und ihn später zu einem günstigen Zeitpunkt fortsetzen ... dich nun aber wieder sammeln ... in Deiner eigenen Geschwindigkeit ... und hierher zurückkehren ... ... um mit dem Öffnen deiner Augen wach zu werden ...

4. Konstruktive Veränderung der eigenen Gefühle

Gefühle können verändert werden. Sie haben einen großen Einfluss auf unser Erleben und Verhalten. Sie können uns leiden lassen oder auch unser Leben bereichern. Sie beeinflussen unsere Sicht der Welt.

Deshalb ist es sehr interessant, zu versuchen, ihren Einfluss dort zu stärken, wo sie uns guttun und dort zu mindern, wo sie unser Erleben und Handeln negativ färben und unser klares Bewusstsein trüben.

Gefühle zulassen

Grundsätzlich sollten wir lernen, zu unseren Gefühlen zu stehen. Einfach nur akzeptieren, dass wir sie haben – ohne sie als gut oder schlecht, richtig oder falsch zu bewerten. Dazu ist es notwendig, unsere Aufmerksamkeit derart zu schulen, dass wir möglichst alle Gefühle wahrnehmen.

Manche möchten wir nicht haben, weil sie beispielsweise nicht zu dem Bild passen, das wir von uns haben und auch anderen vermitteln möchten. Aber auch diese Gefühle gibt es. Sie wahrnehmen, bedeutet auch, uns besser kennenzulernen und auf dieser Basis besser mit uns umgehen zu können.

Keller

Im Laufe unseres bisherigen Lebens haben wir vieles erlebt und gefühlt. Nicht alles konnten wir verarbeiten. Besonders unangenehme Erlebnisse mit den dazugehörigen Gefühlen sind häufig »unbearbeitet« oder gar »unregistriert« irgendwo in uns gespeichert. Indem wir unserem Unbewussten ganz allgemein den Auftrag geben, die Speicher in uns aufzuräumen, neu zu ordnen, wo nötig, und die Dinge auch in neue Relationen zueinander zu setzen, geschieht Verarbeitung, ohne dass wir uns die Erlebnisse im Einzelnen anschauen müssen. Hinterher geht es uns einfach besser.

Sollten während des Hörens oder Lesens der Geschichten doch einmal unangenehme Erlebnisse bewusst werden – was selten der Fall ist – dann sollen sie akzeptiert werden. Soweit es gewünscht ist, kann darüber gesprochen werden. Eine Vertiefung in das ehemalige Erleben sollte nicht angestrebt werden. Vielmehr ist es wichtig, sich bewusst zu machen, dass das Erlebnis in der Vergangenheit liegt und nur insofern mit der Gegenwart zu tun hat, als es erinnert wird. Sanfte Ablenkung und Entspannung sind deshalb auch hilfreich, um mit der Aufmerksamkeit wieder in die Gegenwart zurückzukehren.

... und während du hier liegst ... oder sitzt ... kannst du deinen Körper spüren ... seine angenehme Schwere ... und wohlige Wärme ... ... und dich deshalb so tief sinken lassen ... wie es nötig ist ... damit diese Dinge auf eine gute Weise verstanden werden ... und eine gute Ordnung in dir entstehen kann ...

... mit deinen Erinnerungen ... und den Gefühlen die dazugehören ... und zu jeder Erinnerung gehören Gefühle ... angenehme und unangenehme ... gehst du vielleicht um wie ein Sammler ... der ganz vieles hortet ... ... oft, ohne es genauer anzuschauen ... oder ihm einen guten Platz zu geben ... sammelst du einfach Erfahrungen und Erlebnisse ... vielleicht weil da gar keine Zeit zum Sortieren ist ... oder auch nur zum ruhigen Betrachten ... es wird alles in den Keller geworfen ... und wo es gerade hinfällt ... dort bleibt es eben liegen ... für später ... irgendwann ... manches wird aufgeräumt ... oder sogar geordnet ... sinnvoll eingefügt ... so dass du es vergessen kannst ... und es dir guttut an seinem Platz ... irgendwie ...

... und es gibt Bereiche in unseren Kellern ... die sind gut aufgeräumt ... sie sind sauber ... alles ist ordentlich ... ... dort gehen wir gerne hin ... denn dort ist es so ... wie es gut ist ... wie wir es mögen ... ... dort kann man sogar Besucher hinführen ... sogar die Eltern und dic Freunde ... denn dort gibt es nichts, was ein schlechtes Licht auf uns werfen könnte ...

... und es gibt andere Bereiche ... die besser gemieden werden ... in manche gehst du noch ganz gerne ... sie sind einfach nur unordentlich ... und enthalten recht harmlose Gefühle ... sie müssten nur einmal aufgeräumt werden ... ... nicht alles wäre für den Pfarrer in Ordnung ... aber der muss da ja auch nicht hineinschauen ... und wenn er es dann doch tut ... vielleicht sogar ohne Erlaubnis ... dann ist er eben selber schuld ... der hat bestimmt auch dunkle Ecken in seinem Keller ...

... und dann gibt es vielleicht noch ein anderes Zimmer ... das ist mit festen Türen verschlossen ... da willst eigentlich du selbst nichteinmal hineinschauen ... dort liegen Gefühle, Gedanken und Erfahrungen ... die du nicht haben willst ... und es ist sicher gut ... dass die Tür sehr stabil ist ... ... weil du jetzt einfach nur hier sein kannst ... dich wohlfühlen kannst mit dir ... während du dich erholst ... ... irgendwie geht es uns manchmal nicht gut damit ... dass es dieses Zimmer gibt ... wir wollen es nicht haben ... und schon gar nicht den Inhalt ... meinen, dass er nicht zu uns gehört ... jemand wird ihn hineingeschmuggelt haben ... und wenn wir bei jemand anderem Ähnliches sehen ... wie es bei uns in diesem Teil des Kellers liegt ... dann verurteilen wir vielleicht den anderen ... damit auch ja niemand denkt ... wir könnten so etwas auch haben ... ... das ist schon seltsam ... und irgendwie auch traurig ...

... wenn dieses Zimmer zu voll wird ... und irgendwie kommt immer mehr hinein ... ohne dass wir es aufräumen ... dann macht es uns irgendwie Schwierigkeiten ... wir fühlen uns schlecht ... werden vielleicht sogar krank ...

... deshalb können wir versuchen ... Licht in den Keller zu bringen ... und dann, wenn es uns richtig gut geht ... und möglichst nur dann ... hineingehen ... und das muss wirklich nicht bewusst sein ... kann so lange unbewusst sein ... bis unser Bewusstsein gut damit umgehen kann ... und das darf auch immer unbewusst sein ... ... und wenn es dir richtig gut geht ... dann fällt es dir leicht ... die Dinge aufzuräumen ... du wirst sie so lange aufräumen ... wie du dich wohlfühlst dabei ... und es tut dir gut ...

... und dann zum richtigen Zeitpunkt ... auch gleich wieder aufhören ... um zu einem späteren Zeitpunkt ... dann, wenn es dir wieder gut geht ... weiterzumachen ... und dich dazwischen erst einmal ausruhen ... deine Leistung vor dir selbst anerkennen ...

... und wenn wir dann so ein Gefühl oder Erlebnis lange genug anschauen ... vielleicht ist es wichtig ... dabei den Standpunkt zu wechseln ... mal von dieser ... mal von jener Seite hinschauen ... ... dann entdecken wir oft seine gute Kraft ... die unsere Angst bisher vor uns verborgen hat ... und schon ist der Keller wieder etwas besser aufgeräumt ...

... manchmal ist unsere Angst vor diesen Gefühlen so groß ... dass wir uns gar nicht alleine hineintrauen ... dann können wir natürlich jemanden mitnehmen ... der sich mit solchen Dingen auskennt ... der weiß ... dass jeder mindestens ein solches Zimmer in seinem Keller hat ... und wie man am besten damit umgeht ...

... und es gibt ein großes Wissen in dir ... das sehr gut mit solchen Gefühlen umgehen kann ... das ihnen ihren schlechten Einfluss nehmen wird ... das sogar dafür sorgen kann ... dass diese Gefühle einen guten Platz in dir bekommen ... so dass sie dir in Zukunft sogar nutzen werden ...

... und so beauftrage ich dein Unbewusstes damit ... sein Wissen zu nutzen ... um alle deine Anteile und Erlebnisse und Gefühle sinnvoll in dich zu integrieren ... so schnell oder langsam, wie es gut ist für dich ... und manches auch noch besser wegzuschließen ... wenn es so gut ist für dich im Moment ...

... und so kannst du diese Bereiche deines Kellers jetzt erst einmal wieder in Ruhe lassen ... die Tür schließen ... die dorthin führt ... und hinaufsteigen ... in die hellen und aufgeräumten Zimmer nach oben gehen ... wo die Dinge klar und auf eine gute Weise geregelt sind ...

... um später ... zu einem Zeitpunkt ... wenn es dir gut geht ... und wenn dein Unbewusstes dich optimal darauf vorbereitet hat ... wieder ein Stück mehr zu integrieren ... so, wie es gut für dich ist ...

... und so kannst du die Dinge nun für den Moment beenden ... um sie zu einem späteren, günstigen Zeitpunkt fortzusetzen ... sammelst dich jetzt wieder für diesen Alltag ... um ihn wach und frisch zu leben ...

Unkrautblumenwiese

Die Blumen stehen für unsere Gefühle. Je mehr wir unsere Gefühlsvielfalt zulassen, desto mehr werden wir durch sie bereichert. Indem wir Gefühle als ungewollt oder schlecht klassifizieren, lehnen wir auch Teile von uns ab, beschränken unsere Erlebensvielfalt.

Viele der abgelehnten Blumen sind (schöne) Heilpflanzen. Wie beispielsweise der gelbe Löwenzahn, dem so viele Rasenbesitzer mit Eifer ans Leben gehen. Man könnte ihn stattdessen wachsen lassen, sich an seiner Farbe freuen, Honig aus seinen Blüten zubereiten und Salat aus seinen Blättern.

... es gibt wunderschöne Wiesen ... mit so vielen verschiedenen Blumen ... und anderen Pflanzen ... ... manche Wiesen liegen so weit weg von den Menschen ... dass sie sehr selten gesehen werden ... über ihnen liegt meist Friede ... sie können gedeihen, wie es ihnen entspricht ... während sie einfach nur dort sind, wo sie sind ... ... und sie fühlen sich gut dabei ... so wie man sich eben fühlt ... wenn man in seiner Entwicklung frei ist ...

... und die Blumen haben ganz viele verschiedene Farben und Größen ... sie blühen unterschiedlich lange ... und riechen sehr unterschiedlich ... ... und ein aufgeschlossenes Kind ... das auch älter sein kann ... vielleicht schon sehr alt ...

... es könnte ein Maler sein ... der auf der Suche ist ... nach neuen Farben ... und neuen Bildern ... ... oder einer, der es noch werden wird ... woran würde man es erkennen ... wenn man es einem Kind schon ansehen könnte ... wozu es die größte Begabung hat ... vielleicht an der Zufriedenheit ... die es ausstrahlt ... wenn es sich mit dem beschäftigen kann ... das ihm am ehesten entspricht ...

... vielleicht ist oder wäre es auch eine Musikerin ... die in den Wiesen die Klänge noch unbekannter Melodien hört ... und vielleicht auch sieht ... ... ein Kind, das zum ersten Mal eine solche Wiese betritt ... bisher nur ordentliche Gärten gesehen hat ... mag erstaunt sein ... und erfreut über die vielen neuen Pflanzen ... ... kann sich gar nicht satt sehen ... ... und jeder Farbton ruft andere Gefühle in ihm hervor ... eine Vielfalt auf engstem Raum und auch in der Weite ...

... während ein eher ängstliches Kind ... das auch älter sein kann ... vielleicht schon sehr alt ... ... es könnte der Rasenpfleger eines wichtigen Fußballfeldes sein ... oder sein oberster Chef ... oder beides in einer Person ... ... wütend werden könnte ... über die vielen Unkräuter zwischen den erwünschten Blumen ... und es mag damit beginnen ... die Wiese zu säubern ... damit sie so wird ... wie sie sein sollte ... in seinen Augen ...

... und wenn es sich dann nach einiger Zeit umschaut ... um seine Arbeit zu begutachten ... mag es feststellen ... dass von der Wiese kaum noch etwas geblieben ist ... dort, wo es Ordnung hergestellt hat ... ...

... und dieses Wirken wird das andere Kind traurig machen ... das die Blumen mag ...

... und sie stehen sich gegenüber ... und sind vielleicht eins ... und ohne dass sie einander schaden wollen ... können sie in der Welt des anderen keine große Freude finden ... zunächst ... es fehlt das gegenseitige Verständnis ... zunächst ...

... Angst und Bedürfnis nach Ordnung auf der einen Seite ... ... Traurigkeit und ein Gefühl des Eingesperrtseins auf der anderen Seite ...

... und so setzen sie sich irgendwann zusammen ... weil sie Frieden wollen ... und erklären einander ihre Welten ... ... so dass sie Wege finden ... sich füreinander zu öffnen ... ... die Sicht und die Gefühle des anderen zu tolerieren ... und so zu einer ordentlichen Unordnung kommen können ... die den Pflanzen erlaubt ... zu wachsen und sich zu entwickeln ...

... Erkenntnis auf beiden Seiten ... dass auch in der scheinbaren Unordnung eine Ordnung herrscht ... ... Einsicht ... dass Ordnung vieles einfacher werden lässt ... und klarer ... solange sie ein Mittel zum Zweck bleibt ... so dass die Wiese schön sein kann ... mit ihrem Grün ... und all den anderen Farben ...

... und so wirst du dich jetzt wieder sammeln ... in dir selbst ... und in der Geschwindigkeit ... die gut ist für dich ... jetzt wieder wach werden ... und frisch und klar ...

Das Haus der Gefühle

Irgendwo steht ein Haus, zu dem der Hörer wandert. Es ist ein Gästehaus, in dessen Zimmer man Gefühle erleben kann. In jedem Zimmer ein anderes Gefühl. Es gibt nur reine und gute Gefühle dort, die im Schläfer Gutes bewirken. Die unguten Gefühle werden von einer Schale aufgenommen und in die Erde abgeleitet.

... und während du hier bist ... und deinen Körper hier spüren kannst ... ist es gut ... ihm zu erlauben ... den Moment zu nutzen ... um sich zu erholen ... ... dabei wandern die Geräusche an dir vorüber ... sie kommen zuerst zum einen Ohr ... und fast gleichzeitig auch zum anderen … halten sich ein Weilchen dort auf … und wandern irgendwann weiter … oder verschwinden einfach … in der Tiefe der Stille …

… und so kannst du in deiner Fantasie oder Erinnerung wandern … in aller Ruhe in der Vorstellung wandern … vielleicht in eine Winterlandschaft hinein … warm angezogen … vielleicht etwas erschöpft vom Tag … kommst du nach einigem Wandern zu einem Haus …

… das Haus hat eine schöne und warme Eingangshalle … dort sitzt an einem Tisch mit einer sauberen alten Holzplatte … die schon viel erlebt hat … gemessen an den Spuren auf ihrer Oberfläche … im hellen Licht eine freundliche Frau … die dir lächelnd entgegensieht … … … und auf deine Frage … was das für ein Haus sei … antwortet … dass es ein besonderes Gästehaus sei … dessen Zimmer du danach aussuchen kannst … welche Gefühle du darin erleben möchtest … … … dazu sei in jedem Zimmer eine Schale auf einem Stein in der Mitte … der Stein sei verbunden mit der Erde … in die das Haus hineingebaut ist … irgendwie … und jede Schale enthalte ein reines und gutes Gefühl … das in den Schläfer einströme … und Gutes in ihm bewirke … … … in einer Ecke des gleichen Zimmers ist eine andere Schale … auf einem Stein … der ebenfalls mit der Erde verbunden ist … irgendwie … und diese Schale nehme alle unguten Gefühle auf … die du loswerden möchtest … oder loswerden solltest … … … auf deine Frage … wie das geschehen könne … antwortet sie … dass du dir das Gefühl aussuchst … das du haben möchtest … dann in das entsprechende Zimmer gehst … um dir dann vor dem Einschlafen einigermaßen klar zu werden … welche Gefühle du an die andere Schale abgeben möchtest … … … während der Nacht vollzieht sich der Austausch … … … und morgens sind die unerwünschten Gefühle in der Schale versunken … und du gehst mit den Erwünschten aus dem Zimmer hinaus …

… die Frau lächelt dich freundlich an … wartet ein Weilchen … und sagt dann noch … dass du auch mehrere Nächte bleiben kannst … so lange du willst … um in einem Zimmer nach dem anderen zu schlafen … und dich so mit guten Gefühlen jeglicher Art zu erfüllen … … … und sie sagt … dass alleine du bestimmst … welche Gefühle du brauchst … und was für dich gut ist … … … und dass du auch die Zimmer mit nach Hause nehmen kannst … und so seltsam das nun klingen mag … verstehst du es in jenem Moment … als selbstverständliche Möglichkeit … … … wieder schweigt sie ein Weilchen … während die Stille angenehm ist … und sagt dann … dass es natürlich auch in Ordnung ist … wenn du bestimmte Gefühle behalten möchtest … oder andere nicht annehmen möchtest … … … und sie zählt dir die verschiedenen Gefühle auf … die in den einzelnen Zimmern sind … es sind so Viele … dass du sie dir gar nicht alle merken kannst … aber es sind alles gute Gefühle … die dir guttun …

… der Gedanke daran gefällt dir … und du bedankst dich bei der freundlichen Frau … du gehst zu den Zimmern … und schon ohne sie zu betreten … spürst du das gute Gefühl … das in jedem auf dich wartet … … … und nachdem du an allen Zimmertüren vorbeigegangen bist … und alle Eindrücke gesammelt hast … suchst du dir das erste Zimmer aus … wenn du magst … … … und du wählst ein Zimmer nach deinem Gefühl aus … gehst mit wachem Gefühl hinein … und du fühlst dich wohl dort … … … in dem weichen und warmen Bett … schläfst du irgendwann ein … und schläfst einen sehr guten und erholsamen Schlaf …

… später fragst du die Frau … wo die Gefühle herkommen … und wo sie hingehen … und sie antwortet … dass die Guten im Haus bleiben … und dass man an der Farbe der Wände erkennen kann … welche Gefühle gerade besonders intensiv sind … und dass die schweren Gefühle … die aus den Menschen ausströmen … in der Erde umgewandelt werden … und als gute Gefühle wieder ins Haus strömen …

… aber all das braucht dich jetzt nicht interessieren … du kannst dich wohlfühlen … während du einfach nur hier bist … in deiner eigenen angenehmen Schwere … oder Leichtigkeit … und wohligen Wärme … … … und während die Ruhe sich nun schon ein Stück weit ausgebreitet hat … mag sich ein Teil von dir vielleicht unbewusst vorstellen … wie es sich anfühlen würde … mit allem, was dazugehört … dir das Gefühl vorstellen … wenn du in dem Zimmer mit der Schale für Selbstwertgefühl schlafen würdest … und dieses Gefühl in dich einströmt … während du einfach nur da liegst … gut verankert in deinem Körper … der sich gründlich erholt … der sich schwer oder leicht und warm so richtig gut anfühlt …

… während du dich spürst und deinen Wert spürst … und dich einfach so magst, wie du bist … … … und das Gefühl, dass du wertvoll bist …

wird sich in jeder deiner Ebenen ausbreiten ... und dich auch dann noch ausfüllen ... wenn du wieder in deinem Alltag bist ...

... und mit jedem Einatmen breitet sich dieses richtig gute Gefühl deutlicher in deinem Körper aus ... in den Muskeln ... sie werden geschmeidig und kraftvoll ... in deinem Bauch ... er wird weich und warm ... in deiner Brust ... sie wird freier ... der Atem fließt leicht ... in deinem Kopf ... er fühlt sich an wie gereinigt ... in deinen Zellen ... einfach im ganzen Körper ... mit jedem Atemzug deutlicher ... dass du wertvoll bist ... so wie du bist ...

... und so wirst du diese Dinge nun auf eine gute Weise abschließen ... wissend ... dass du jederzeit zu diesem Haus und der Frau zurückgehen kannst ... um die Zimmer zu bewohnen ... ... sammelst dich jetzt ... und kehrst so schnell oder langsam, wie es für dich gut ist ... hierher zurück ... und wirst dabei so wach ... wie du es für diesen Alltag brauchst ...

Integration und Reinigung

Wenn wir Gefühle nicht verarbeitet haben, dann wurden sie nicht in uns integriert. Sie wirken dann störend auf uns und verbrauchen Energie.

Unser Unbewusstes weiß, wie alles Erlebte mit all seinen Gefühlen auf eine gute Weise in uns integriert werden kann, so dass wir nicht nur nicht mehr darunter leiden, sondern sogar Lehren daraus ziehen können. Indem diese Gefühle integriert werden, werden wir auch gereinigt.

Kraft des Unbewussten

Wir haben ein bewusstes Wissen und eine bewusste Wahrnehmung, mit denen wir unsere Wirklichkeit leben. Unser Körper besitzt aber auch ein unbewusstes Wissen. Es ist außerordentlich umfangreich. Ein Teil dieses Wissens wird permanent genutzt, um den Körper gesund zu erhalten. Wir können auf indirekte Weise darauf Einfluss nehmen, beispielsweise, indem wir es durch den Gebrauch von Erfahrungen und bildhaften Vorstellungen ansprechen. Die Ansprache gelingt leichter, wenn die beschränkenden Anteile des Verstandes damit einverstanden sind und ihre Kontrolle lockern oder für diesen Bereich während der Entspannung aufgeben.

Diese Ansicht wird in diesem Text während der tiefen Entspannung praktiziert und erläutert.

... und kaum hast du dich zurückgelegt ... und die Augen geschlossen ... beginnt sich schon Ruhe in dir auszubreiten ... ... aus sich selbst heraus ... aus vielen Erfahrungen damit ... weiß dein Unbewusstes ... weiß dein Körper ... was zu tun ist ...

... damit die einzelnen Muskeln sich aus der Spannung lösen können ... damit deine Atmung ruhiger wird ... und all die anderen Prozesse in deinem Körper ineinander greifen ... die notwendig sind ... damit eine tiefe und erholsame Ruhe sich ausbreiten kann ... ... und in dieser Ruhe haben die Dinge des Tages ... das, was heute geschehen ist ... und was noch geschehen wird ... auch ihren Platz ...

... und während die Ruhe sich jetzt optimal einpendelt ... das kann der Verstand eigentlich gut zulassen ... denn es tut auch ihm gut ... ... wobei es hilfreich wäre ... wenn er zulassen kann ... dass er es nicht verstehen kann ... wie es funktioniert ... und trotzdem das gute Gefühl wahrnimmt ... das durch das Zulassen entsteht ... ... und das, was optimal ist ... kann sich entwickeln ... so dass die Ruhe nie ganz gleichmäßig tief ist ... weil optimal sich verändert ... ... und weil sich in dieser optimalen Ruhe ... Energie in dir sammelt ... die dort eingesammelt wird ... wo die Beschäftigung mit alltäglichen ... vielleicht beruflichen Dingen ... gerade nachlassen kann ... ... nutzt du jetzt die Gelegenheit ... und die Energie ... irgendwie ... und gibst deinem Unbewussten den freundlichen Auftrag ... die Dinge zu regeln ... die wirklich wichtig für dich sind ... während du einfach nur hier liegst ... und die Ruhe genießt ... wie tief sie auch immer sein mag ... angenehm schwer ... und wohlig warm ...

... dazu und dabei nutzt dein Unbewusstes die Wege ... die es in deinem Leben kennengelernt hat ... und zum Teil vielleicht doch noch nie gegangen ist ... um die Dinge zu deinem Besten zu regeln ... die wirklich wichtig für dich sind ... auch wenn das Bewusstsein sie nicht unbedingt als solche erkennen würde ... ... und zur gleichen Zeit kann dein Bewusstes einen schlafähnlichen Zustand genießen ... und die Erholung, die es darin gewinnt ... oder in schönen Bildern wandern ... sich an Erlebtes erinnern ... oder sich etwas Schönes vorstellen ... vielleicht die schönste Jahreszeit ... mit einigen ihrer schönen Bilder und Erfahrungen ... kommen lassen ...

... und jedes System aus Körper, Geist und Seele ... hat den natürlichen Wunsch ... und das natürliche Streben ... nach Harmonie und Gesundheit ... und so kannst du es jetzt zulassen ... auf allen Ebenen ... ... weil das Unbewusste auch zu Lösungen und Hilfen greifen kann ... sie zulassen kann ... sie anstoßen kann ... die außerhalb unserer bewussten Vorstellungskraft liegen ... ... deshalb kannst du es jetzt ausgiebig genießen ... einfach nur hier zu liegen ... angenehm schwer ... oder leicht ... und rundum wohlig warm ... ... und wenn das wieder einmal geschieht ... wenn du wieder Kraft und Heilung bewusst erfährst ... denn unbewusst geschieht es täglich ... und neue Ideen von außen oder von tief in uns Wirklichkeit werden dürfen ... dann bezeichnet der Verstand es vielleicht als ein Wunder ... und er staunt mal wieder über das, was es noch gibt ... außerhalb seines bewussten Wissens ... ... und es entsteht Vertrauen daraus ... und Zuversicht ... in dich selbst ... ... es wärmt uns von innen und von außen ... ... und wenn auch dein Verstand beginnt ... an die Möglichkeiten von Heilungen und guten Lösungen zu glauben ... dann erleichterst du es ihnen ... sich zu bewahrheiten ... dann lässt du sie zu ... aus sich selbst heraus ... und das ist gut so ... ... und so genießt du es ... jetzt einfach nur hier zu sein ... und das Gute geschehen zu lassen ... in Harmonie mit deinem Körper ... deinem Geist und deiner Seele ...

... um dich nun allmählich ... in deiner eigenen Geschwindigkeit ... wieder vollständig hierher zurück zu orientieren ... auf die Ebene ... auf der du deinem Alltag so begegnen kannst ... dass du dich in ihm wohlfühlst ...

Den Ohren eine Freude machen

Die oben angesprochene Differenzierung des Bewussten vom Unbewussten wird hier noch etwas erweitert.

In der Einleitung wird angeregt, den Verstand während der Entspannung von den unbewussten Fähigkeiten zu dissoziieren. Ein innerer Raum der Geborgenheit wird gesucht, um sich auf tieferen Ebenen zu erholen und weitergehende Veränderungen zu ermöglichen.

... es gehen viele Gedanken durch deinen Kopf ... es sind Schwierige dabei ... die viel Energie verbrauchen ... und es sind leichte, angenehme dabei ... die sogar Energie bringen ...

... und so kannst du all diese Gedanken mit der Zeit gehen lassen ... loslassen ... denn alle Gedanken sind vergänglich ... kannst sie zurückgehen lassen ... dorthin ... woher sie kamen ... oder weiterwandern lassen ... dorthin ... wo sie ihrer Bestimmung nach ankommen sollen ... in ihrer Zeit ... ... und gleichgültig, ob Gedanken barfuss wandern ... ... kannst du dich jetzt einmal sinken lassen ... tief in dich hinein ... ... kannst dich in deine eigene Geborgenheit zurücksinken lassen ... denn in jedem von uns gibt es mindestens eine Möglichkeit ... ... sich zurückzuziehen ... in den Schutz seiner guten Erfahrungen ... seiner unbewussten Möglichkeiten ...

... und so kannst du auch in den nächsten Minuten die Zeit nutzen ... und diesen Raum der inneren Geborgenheit ... überwiegend auf unbewusste Weise sehr effektiv ... sich weiter ausbauen lassen ... dich hineinsinken lassen ... während sich dein Unbewusstes weiter um dich kümmert ... und dein Bewusstes mit Anderem beschäftigt ... oder sich einfach treiben lässt ...

... und es ist für den Verstand nicht so einfach ... mit seinem Alltagsdenken ... daran zu glauben ... alleine schon auch ... weil der Verstand es nicht so hat mit dem Glauben ...

... gerade auch deshalb darf er es sich erlauben ... anders zu denken ... ... denn manchmal dauert es etwas länger ... die Dinge richtig zu sehen ... auf eine Weise richtig ... wie es für dich gut ist ... ... und so kann es vom einen Standpunkt aus gesehen ... falsch wirken ... und von einem anderen aus ist es gut für dich ... so dass du aus einer anderen Entfernung den für dich guten Standpunkt findest ...

... und so werden beunruhigende oder störende Dinge auf eine gute Weise für dich nutzbar ... einen besseren Standpunkt finden ... ist dann doch einfach ... irgendwie ... ... und es ist immer eine gute Idee ... den Ohren eine Freude zu machen ... denn die Ohren sind ein wichtiger Teil von dir ... und so macht es dir Freude ... den Ohren eine Freude zu machen ...

... während du einfach nur hier liegst ... angenehm schwer ... oder leicht ... und wohlig warm ... denn die Geräusche draußen ... von den Motoren und von den Reifen ... wie sie manchmal mit dem Regen auf dem Asphalt ein Lied singen ... diese für den Alltagsverstand eigentlich nicht so schönen Geräusche ... sind in einer anderen Wirklichkeit ... Teile schöner Melodien ... ... und du kannst es mit deiner Fantasie beobachten ... wenn du magst ... sobald sie von der Straße nach oben steigen ... und zu den Seiten ... sobald sie außer Sichtweite sind ... die vielen Töne ... sammeln sie sich ... und bilden Gruppen ... ... wandern zu mehreren weit nach oben ... über die Wolken hinaus ... dorthin ... wo sie einen freien Blick auf die Sterne haben ... und von der Sonne genährt werden ... dorthin, wo der Himmel immer blau ist ...

... und von dort oben ... schauen sie auf die Erde ... und weil sie ohne Augen sind ... brauchen sie auch nicht blinzeln ... und so können sie schauen ... und suchen ... nach Menschen ... durch die sie sich hörbar machen können ... ... während sie also dort oben ... in der Wärme der Sonne verweilen ... finden sie irgendwann einen Menschen ... der gut singen oder ein Instrument spielen kann ... und sie lassen sich dann sinken ... lassen sich hinuntersinken ... und erfreuen die Ohren ... auch wenn wir sie nur unbewusst hören ... ... und um Neues auszuprobieren ... oder aus anderen Gründen ... hören wir sie auch auf der Straße ... ... oder als Gesang der Vögel in den Bäumen ... ... als Plätschern eines Baches ... der über Steine gleitet und springt ... ... als Rauschen des Windes ... im Maisfeld ... in hohen Gräsern ... in den Blättern der Bäume ...

... und immer wieder verändern sie sich ... und wirken auf unsere Gefühle ... deshalb kannst du sie loslassen ... gleichgültig, in welcher Form sie dir erscheinen ... und einfach nur hier liegen ... für den Moment ... angenehm schwer oder leicht ... und wohlig warm ...

... um dann allmählich ... und in der Geschwindigkeit, die geeignet ist ... dich wach und frisch werden zu lassen ... wieder hierher zurückzukehren ... in diesen Raum und in diese Zeit ...

Gute Schwingungen

Ausgehend von den Muskelbewegungen und den schönen Gefühlen, die das Lachen in uns auslöst, kann man sich tiefer in diese Gefühle hineintreiben lassen. Sie können zur feineren Schwingung der Seele führen. Sie können als Farben und Formen visualisiert werden, und man kann sich auf ihre heilenden Wirkungen einlassen.

... und weil Lachen vielfältig guttut ... sich im Körper fortpflanzt ... wie auf weichen Wellen durch den Körper schwingt ... und du dich erinnern kannst ... an die befreiende Wirkung der Heiterkeit ... und auch dein Körper sich an das Lachen erinnern kann ... im Bauch ... im Gesicht ... und auch sonst ...

... kannst du dich auf seinen weichen Wellen ausreichend tief treiben lassen ... ... um eine gute Schwingung entstehen zu lassen ... die den ganzen Körper bewegt ... fast unspürbar ... auf jeden Fall unsichtbar ... ... und diese Bewegung lockert Spannungen ... so dass alles seinen guten Platz finden kann ... ... locker schwingen ... und seinen guten Platz finden ... überall in dir ... ... und innerhalb dieser Schwingung gibt es eine weitere ... noch feinere ... sie ist die Schwingung der Seele ... ... und so werden sich beide Schwingungen aufeinander einstimmen ... sich voneinander lösen ... und wieder miteinander verbinden ... spielerisch ... leicht ... stimmig ...

... mit dem Ausatmen werden diese Schwingungen allmählich lockerer ... und klarer ... damit auch angenehmer ... ... sie mögen vom Bauch ausgehen ... oder sich dort wiederfinden ... wie das Lachen auch den Bauch bewegt ... ... du brauchst sie nicht bewusst aufbauen wollen ... sondern kannst sie zulassen ... wie einen Traum ... denn sie sind schon immer in dir ... ... und sie finden sich in Tönen ... vereinigen sich vielleicht in einer Melodie ... die auch deine Ohren schwingen lässt ... können auch farbig erscheinen ... vielleicht wie ein Regenbogen ... dessen Farben unterschiedlich warm durch deine Zellen schwingen ... sich als kribbelnde Lebenslust in deinem Bauch bewegen ... ... oder auch ein Gefühl ... das wie ein fröhliches, lautloses Lachen ... durch deinen ganzen Körper schwingt ... ... während das bewusste Wollen loslässt ... mit dem Ausatmen umfassender loslässt ...

... und so entsteht aus den guten Schwingungen Energie ... sie heilt und integriert ... lockert und fügt neu ...

... sie mag sein wie ein farbiger Ball in dir ... fröhlich rollend ... hell und wohlklingend in der Bewegung ... weich in deinem Bauch mag das sein ... der genährt wird von den guten Gefühlen ... ... das Lachen schwingt in dir ... harmonisch rund ... und kraftvoll ...

... und wie es wohl wäre ... wenn du von dieser guten Energie in dir ... einiges in die Mitte des Raumes abgeben würdest ... sie aus dir ausströmen lassen würdest ... diejenige, die du übrig hast ... und gerne abgibst ... ... und in dem Maß, in dem du Energie in die Mitte des Raumes abgibst ... fließt neue von außen nach ... und in dich hinein ...

... in dem Maß, in dem du abgibst ... bekommst du neue Energie von außen ... vielleicht kommt sie von der Sonne ... oder vom All ... ... und so entsteht eine helle, wohlklingende Kraft ... und sie beginnt, aus sich selbst zu leben ... erfüllt ihren guten Zweck ... und verteilt sich selbst ... an jene im Zimmer ... die eine gute Energie brauchen können ... ... und so fließt Energie von jedem Einzelnen ... der sie hergeben möchte ... in die Mitte des Raumes ... und von dort zu jedem, der sie brauchen kann, in diesen Raum ... ... gleichgültig, was das Bewusstsein davon halten mag ... geben und nehmen dürfen ...

... und vielleicht siehst du die Farben der Energie ... die du gibst ... und die zu dir kommt ... nimm sie an ... falls du magst ... und lass dich stärken ... falls du magst ...

... und gib ab ... was du geben willst ... und kannst ...

... und nachdem so ein gutes Gleichgewicht in dir entsteht ... und bereits ein Stück weit entstanden ist ... ... kehrst du in deiner eigenen Geschwindigkeit hierher zurück ... um es weiter geschehen zu lassen ... angepasst an die Möglichkeiten der Situation ...

... und du wirst jetzt mit jedem Einatmen frischer und klarer ...

Pflanze düngen

Ziel dieser Geschichte ist es, sich auf die Vorstellung einzulassen, ein Getränk zu trinken, das dich reinigt und klärt. Und während die Entspannung tiefer wird, zu einer unregelmäßig gewachsenen Pflanze zu kommen – ein Vergleich für eigene Disharmonien. Sich um die Pflanze kümmern heißt, sich um sich selbst kümmern – mit den unbewussten Fähigkeiten wissend, was man braucht.

In der Umgebung der Pflanze gibt es einen Brunnen, dessen Wasser vielfältig gut auf dich wirkt, sobald du es trinkst.

... während du hier bist ... und dieser Augenblick vieles anbietet ... abgesehen von körperlicher Aktivität ... und manch anderem ... kannst du aus all dem ... deinen Weg in die Ruhe des Augenblicks nehmen ... auch wenn er nicht immer gleich zu finden ist ... die Suche lohnt sich ... und ist schon Teil deines Weges ... ... weil du dazu dein Gewicht nach unten sinken lassen kannst ... angenehm schwer ... und wohlig warm ...

... und er führt vielleicht noch einige Zeit ... in den nächsten Minuten ... durch die Reste der letzten Stunden ... der Nacht ... und der Zeit davor ... ... die allmählich ausklingen ... anfangs am bewussten Wahrnehmen vorbei ... ausklingen ... mit Geduld und Würdigung ausklingen lassen ...

... und vielleicht möchtest du heute tiefer gehen ... indem du dir vorstellst ... du würdest ein köstliches Getränk trinken ... vielleicht perlt es ... das die Wirkung hat ... dass es dich klärt ... dich vom Unnötigen reinigt ... und locker tiefer sinken lässt ... in eine warme und geschützte Ruhe ... sinken lässt ... jetzt ... und aus dir selbst heraus Geborgenheit entstehen lässt ...

... und vielleicht möchtest du noch etwas tiefer gehen ... so tief wie es nötig ist ... damit du dich wohlfühlst ... und etwas außergewöhnlich Gutes für dich zulassen kannst ...

... und so kannst du ... wie auch immer es geschehen mag ... während du einfach nur hier bist ... angenehm schwer ... und wohlig warm ... mit deiner Vorstellung an einen friedlichen Ort kommen ... der in dir liegen mag ... an dem eine schöne Pflanze wächst ... ... und bei näherer Betrachtung ... siehst du ... dass diese Pflanze nicht gleichmäßig gewachsen ist ... ... sie hatte wohl zu manchen Zeiten ihres Lebens nicht genug von dem, was sie brauchte ... um alle ihre Teile sich gleichmäßig entwickeln zu lassen ...

... und damit es der Pflanze gut geht ... sorgst du für Licht und Wasser ... in deiner Vorstellung ... ... und deine Fürsorge und dein

Wunsch tun ihr gut … und sie trinkt das Wasser … und nimmt das Licht an … und so wird sie kräftiger … ihr Grün wird satter … ihre Blüten beginnen zu strahlen … … … dann kannst du deine Aufmerksamkeit den Teilen zuwenden … die weniger entwickelt sind … einer Knospe, die sich nicht geöffnet hat … deren farbige Blüte noch verborgen ist … einem Zweig, der nicht kräftig wurde … einem Blatt … dessen Grün blass ist … … … und du schenkst diesen Anteilen etwas von deiner Liebe … reinigst sie von Staub … und fügst einen speziellen Dünger zu … der deine Liebe enthält … und gibst ihnen in der Vorstellung all das … was sie sonst noch brauchen …

… und vielleicht gehst du noch etwas tiefer … um dich besser einstimmen zu können … um alle nötigen Bestandteile zu finden … die du brauchst … um den richtigen Wachstumsdünger herstellen zu können … … … während du einfach nur hier bist … angenehm schwer … oder leicht … und wohlig warm … und dein Unbewusstes dafür sorgt … dass du dich gründlich erholst … auf allen Ebenen … … … ist das Wissen über die Herstellung des Düngers … über die Zutaten … in deinem Unbewussten enthalten …

… und so gedeiht die Pflanze … in diesem Augenblick … denn sie bekommt, was sie braucht … … … die Knospe wächst sichtbar … und beginnt sich zu öffnen … vielleicht kannst du schon ahnen … welche Farbe sich in ihr verbirgt … und sich gleich dem Licht öffnen wird … … … und schließlich siehst du einen ersten Schimmer von ihr … es ist eine sehr schöne, intensive Farbe … sie entfaltet sich weiter … … … die Pflanze bedankt sich bei dir … und schenkt dir den Anblick ihrer Farbe … dein Auge nimmt das Geschenk gerne an … und leitet es dorthin in deinen Körper … wo es dir guttut … dich wachsen lässt … … … und auch andere Teile der Pflanze wachsen … wie es ihnen entspricht … sie werden kräftiger … aufrechter … freudiger …

… und im tiefen Vertrauen … dass diese Dinge sich weiterhin gut entwickeln … kannst du dich der Umgebung neben der Pflanze zuwenden … … … um dort einen Brunnen zu finden … der ein ganz klares … reines Wasser hat … du magst dich hinunterbeugen … lässt das Wasser über deine Hand fließen … und fühlst seine wohltuende Wirkung … … … deine Zunge kostet davon … und seine klare Reinheit tut deinem Körper gut …

... ein Schluck weckt wache und helle Freude in dir ... ein weiterer klärt deinen Verstand ... und lässt dich wachsen ... dort, wo eine Knospe noch geschlossen war ... und wo ein Teil sich noch entwickeln kann ... ... und weil das gut ist so ... kannst du dich daneben setzen ... die Wärme und das Licht der Sonne aufnehmen ... und es genießen ... den Moment ... die Wärme ... und dich selbst ... genießen ... ... dir erlauben, dich zu spüren ... dir erlauben ... dich zu mögen ... warm und hell ... auch in diesem Augenblick ...

... ein gutes Gefühl für dich ... und freundliche Klarheit ... und den farbigen Dank der Pflanze ... tief in dir ... strahlend und heilend ... und wärmend ... ... mitbringen ... während du jetzt deinen Weg in deiner eigenen Geschwindigkeit hierher gehst ... dich aus der Tiefe löst ... und hierher zurückkommst ... ... dich dabei gut in diesen Tag integrierst ... mit seinen Anforderungen ... und auf eine gute Weise wach und klar wirst ... jetzt ...

Sternenbadesee

Gedanken und Gefühle werden mit Kindern verglichen, die (unschuldig ihren natürlichen Impulsen folgend) Unruhe verbreiten und scheinbar sinnlos durcheinander laufen. Die Kinder und ihr Verhalten akzeptieren heißt, sich dem natürlichen Lauf der Dinge anpassen und es abwarten können, dass sie von alleine ausklingen. Dabei kann man entdecken, dass im vermeintlichen Chaos Ordnungen wahrgenommen werden, wenn man sich darauf einlässt. Im weiteren Verlauf wird die Eigenreinigung in einem klaren See beobachtet, in den Gefühle fallen – der sich in uns befindet und den wir finden können, indem wir uns auf ihn einlassen. Durch das Einlassen werden die Gefühle konstruktiver angenommen als vom Verstand.

Die Sterne baden nachts in diesem See – und kehren nicht immer rechtzeitig an den Himmel zurück.

... und während dein Körper sich an die Unterlage anpasst ... mit seinem Gewicht ... seinen Muskeln ... Knochen und Gelenken ... deine Ohren sich an die Geräusche anpassen ... irgendwie ... ... passen sich auch deine Gefühle auf eine gute Weise an den Moment an ... Gedanken ziehen noch durch den Verstand ... einzeln oder in Gruppen ... ... bringen oder begleiten verschiedene Gefühle ... und Empfindungen ... die auch im Körper widerhallen ...

… Gedanken und Gefühle können vielleicht in der Ruhe verglichen werden … mit einer Gruppe von Kindern … auf die niemand aufpasst … sie rennen herum … rufen sich etwas zu … oder stehen auch einmal still … und unterhalten sich … … … von außen betrachtet mag der Sinn fehlen … doch für die Kinder ist er vorhanden … … … jeder Versuch sie zu bremsen … ist nur kurzzeitig wirksam … wenn überhaupt … … … deshalb ist es viel besser … sich in einigem Abstand daneben zu setzen … das bunte Treiben zu beobachten … mit dem nötigen Abstand … … … sich mit dem Ausatmen sinken lassen … in die angenehme Schwere … und wohlige Wärme … und es genießen … einen guten Abstand zu haben …

… und es sind interessante Muster zu erkennen … schöne Stimmen zu hören … die Gefühle der Kinder auf ihren Gesichtern zu sehen … in ihren Bewegungen … in den Stimmen … zu hören …

… und während du so einiges beobachten … und vielleicht auch lernen kannst … mit dem nötigen Abstand … spielen die Kinder ihr Spiel weiter … lernen darin für sich … und genießen es … während dein Körper ruht … und dein Geist etwas aufnehmen kann … das ihn interessiert …

… und irgendwann … setzen sich die ersten Kinder irgendwo hin … um sich auszuruhen … … … eins nach dem anderen … oder auch manche in Gruppen … … … zufrieden mit sich … ihr Körper ist warm von der Bewegung … und fühlt sich wohl mit sich selbst … … … und nach einiger Zeit sitzen sie alle irgendwo … mehr oder weniger still … es wird ruhiger … … … die Stimmung wird klar und rein … wie in einem sauberen See … nach einer stürmischen Phase … wenn er sich geklärt hat … und all die aufgewirbelten Dinge abgesunken sind … in seine Tiefe …

… und so ein klarer See … reinigt sich selbst … irgendwie … wenn Gefühle wie farbige Tropfen in ihn hineinfallen … dann sind sie im Moment des Aufpralls intensiv farbig … schnell verteilen sie sich … in der Klarheit des Sees … … … und sind bald nicht mehr zu sehen …

… und so kann eine Wut hineinfallen … oder ein Ärger mit dunklen Tropfen … und er wird doch nur kurz den Blick in die Tiefe trüben … auf diesem kleinen Punkt … an dem er auf das Wasser trifft … …

... schnell wird der See wieder klar ... ... und neben den dunklen Tropfen der Wut ... des Ärgers ... und anderer Gefühle ... gibt es auch reinigende Tropfen der Freude ... der Zuversicht ... sie sind heller ... und doch konzentriert ... und wenn auch einmal viele dunkle Tropfen hineinfallen ... so weiß der See ... aus jahrtausendelanger Erfahrung ... er kann einfach abwarten ... es klärt sich ... von alleine ... ... alles sinkt auf den Grund ... irgendwann ... ... und da sein eigentliches Wesen Klarheit ist ... kann er sehr gut und geduldig warten ... bis die Farben sich aufgelöst haben ... in seiner Weite ... ... und so spiegelt er tagsüber die Kronen der Bäume ... und ihre Stämme und Zweige und Blätter ... die an seinem Ufer stehen ... und sich in ihm betrachten können ... ... sie betrachten sich in ihm ... und freuen sich über seine Klarheit ... die die ihre fördert ...

... und wenn die Nacht kommt ... und mit ihr die Sterne ... und der Mond ... dann lädt er sie ein ... zu einem Bad in seiner Klarheit ... ... und die meisten Sterne tauchen gerne ein ... wie Kinder spielen sie mit dem Wasser ... und mit den anderen Sternen im Wasser ... und locken den Mond ... der sich zwar gerne ... aber nur selten locken lässt ... denn vor langer Zeit fühlte er sich einmal so wohl im Wasser ... dass er vergaß ... rechtzeitig vor dem Morgen zurückzukehren ... an den Himmel ... und so musste er einen ganzen Tag lang warten ... versteckt in der Tiefe des Sees ... hinter einem großen Stein ... dessen seltsames Leuchten zum Glück niemandem auffiel ... auch weil die Sonne ihm half ... indem sie den ganzen See in ihr strahlendes Licht hüllte ... um ungesehen in der nächsten Nacht wieder an seinen Platz zu kommen ... ... bei den Sternen ist es etwas anderes ... sie sind kleiner und können sich leichter verstecken ...

... und irgendwann ... wenn die Kinder sich genügend ausgeruht haben ... stehen sie auf ... und schlendern in Gruppen oder alleine dorthin zurück ... wo sie herkamen ... und du kannst dich vernünftig mit ihnen unterhalten ... wenn du es dann magst ...

... und so schließt du diese Dinge nun gründlich ab ... bringst sie für den Moment zu einem guten Ende ... so wie es gerade passt ... ... um danach ausgeruht wieder hierher zurückzukommen ... in deiner eigenen Geschwindigkeit ...

Strömungen

Wie mag ein Fisch sich fühlen, wenn er vom Meer getragen wird? Wie ein Kind in den Armen seiner Mutter oder seines Vaters?

Die Strömungen in einem See (in einer Pfütze oder auch im Meer) schaffen sichtbare Veränderungen auf seinem Grund und an seinen Ufern. Die Strömungen der Liebe schaffen Veränderungen im ganzen Menschen.

... während du einfach nur hier liegst ... und es deinem Körper erlaubst ... sich sinken zu lassen ... angenehm schwer und wohlig warm ... um dich zu erholen ... wie das eben so geschieht in der Ruhe ...

... mögen einige deiner Gedanken und Gefühle noch unruhig sein ... vielleicht wie Wellen eines Sees ... nach einem starken Wind ... ... und so wie die Wellen unterschiedlich hoch sind ... weil der Wind verschieden stark geweht hat ... haben deine Gefühle verschieden viel Kraft ... mit der sie die Höhe deiner Unruhewellen ... ihre Länge oder Größe beeinflussen ... und auch ihre Stärke ...

... und vielleicht wird ein Wind von starken Gefühlen beeinflusst ... oder sogar hervorgerufen ... wer weiß das schon wirklich ... vielleicht mit einiger Verzögerung ... so dass die Gefühle von vorgestern ... den Wind von übermorgen beeinflussen ...

... und weil das nicht wirklich wichtig ist ... für das normale Denken des Augenblicks ... für das solche Überlegungen ohnehin nur unsinnig sein können ... kann der See zur Ruhe kommen ... während du dich mit dem Ausatmen tiefer sinken lässt ... in eine angenehme Ruhe ...

... und wenn so ein See sich beruhigt hat ... dann gibt es immer noch kleine Wellen auf seiner Oberfläche ... sie werden lokal durch kleine Ereignisse hervorgerufen ... ... und da sind auch in seinen Tiefen Strömungen ... mit verschiedenen Stärken ... ... und auch wenn der Mensch das nicht erkennt ... jedenfalls nicht mit seinem Verstand ... die Fische wissen davon ... sie lassen sich von ihnen tragen ... oder auf ihnen treiben ... und entspannen sich dabei auf ihre Art ...

... und so kann ein Fisch seine Flossen hängen lassen ... während der Mensch seine Farben bewundert ... ... und das Meer umspielt ihn ... trägt sein Gewicht ... und die Strömungen bewegen ihn ...

... vielleicht fühlt es sich ähnlich an ... wenn ein Kind in den Armen seiner Eltern ... abends geborgen im Bett liegt ... ... und die Liebe seiner Eltern trägt es ...

... so dass es sich treiben lassen kann ... ... und die Fantasie ihm einen See zeigen mag ... in dem ein Fisch mit schönen Farben ... im Licht der Sonne schwebt ... ... im Wasser schwebt ... zufrieden und entspannt ... vielleicht sogar richtig locker ...

... auf einer anderen Ebene ... könnte es sich erinnern ... an den wiegenden Gang einer Kuh ... die abends satt und müde von den Wiesen in den Stall trottet ... in seinen Schutz ... sich in das warme Stroh legt ... und sich zufrieden ausruht von allem ... was der Tag so gebracht hat ...

... und die Strömungen in einem See schaffen Veränderungen ... sie verschieben Sand zu kleinen Hügeln ... und glätten Felsen ... und der Fisch nutzt das ... so, wie es für ihn gut ist ...

... und die Strömungen der Liebe ... zwischen den Kindern ... und den Eltern schaffen Veränderungen ... die heilen und in guter Weise wachsen lassen ... ... unsichtbare Strömungen ... und doch fühlbar ... als Zufriedenheit und Harmonie ... als Kraft ... die gute Veränderung zulässt ... und sie schützt ... während sie sich entwickelt ...

... und so mögen Fische ihre Lieblingsströmungen haben ... angenehm frisch oder warm ... ausreichend stark ... um ihr Gewicht zu tragen ... und ihre Schuppen zu reinigen ... und zu streicheln ... ... während sie es genießen ... und sich erholen dabei ...

... und so kannst du diese Dinge für den Moment ausklingen lassen ... um dich zu sammeln ... und hier wieder wach zu werden ...

Windiger Tag

Die Auswirkungen eines windigen Tages werden verglichen mit starken Gefühlen, die auch in uns starke Veränderungen hervorrufen – die aber nicht bleiben, sondern zum Teil rückgängig gemacht werden, zu anderen Teilen aber auch weitere Veränderungen nach sich ziehen.

Der starke Wind hat nicht nur Chaos als Folge, er hat auch reinigende und klärende Auswirkungen. In der dann einkehrenden Ruhe können die einzelnen Melodien und Strömungen der Ruhe und des Lebens besser wahrgenommen werden. Auch die heilenden Tendenzen.

... vielleicht kannst du schon jetzt diesen Moment genießen ... außerhalb der normalen Pflichten ... kannst auch deinen Gedanken erlauben ... sich zu bewegen ... ihnen erlauben ... Dinge zu erledigen ... die wichtig sind für dich ... während Geräusche ausklingen ... und Neue kommen ... ... und so kannst du dich sinken lassen ... in der eigenen Geschwindigkeit ... in deine angenehme Schwere ... und wohlige Wärme ...

... und nach so einem Tag wie heute ... haben die Ereignisse des Tages ... auch die Gefühle bewegt ... und wenn du dann hier liegst ... ziehen manche Gefühle noch durch den Körper ... ... die Großen und die Kleinen ... und manche sind klein und haben doch große Wirkungen im Körper ... in der Seele ...

... und auf welche Weise die Gefühle sich im Körper bewegen ... ist nicht bekannt ... vielleicht schweben und fliegen sie ... sicher sind sie unsichtbar innerhalb und außerhalb des Körpers ... und sie ziehen hier an den Knochen ... verspannen oder lockern dort die Muskeln ... und so kannst du zulassen ... dass sie sich jetzt allmählich beruhigen ... und der Körper wieder in ein gutes Verhältnis kommt ... mit sich selbst ...

... so dass die Ruhe tiefer wird ... und die Verspannungen sich lösen ... der Körper sich erholt ... und locker wird ... die Seele und das Bewusstsein sich klären ... und alles in ein gutes Verhältnis zueinander kommt ...

... wie nach einem windigen Tag ... an dem die Blumen und anderen Pflanzen stark bewegt wurden ... sich unter dem Druck des Windes nach verschiedenen Seiten geneigt haben ... ... und danach ... sobald der Wind sich gelegt hat ... sich wieder aufrichten ... so allmählich, wie es ihnen möglich ist ...

... sie strecken sich nach oben ... richten sich auf ... öffnen ihre Blüten ... und Blätter ... für das Abendlicht ... und die Wärme ... für die Düfte der anderen Pflanzen ...

... und der Wind hat die Wiese gereinigt ... hat alte Blätter und Zweige mitgenommen ... so dass sie jetzt besser atmen kann ... und die Schatten weniger geworden sind ... das Licht fast überall hinkommt ... und die Feuchtigkeit nach oben entweichen kann ... zu den Wolken ...

... und so gibt es eine gesunde Ordnung in der Natur ... so, wie es gut ist für sie ... ... und wenn dann später der Regen fällt ... spült er die Reste hinweg ... ... er reinigt die Pflanzen vom Staub ... und man hört sein beruhigendes Plätschern ... hier und dort ...

... und so klärt sich auch die Luft ... wenn die starken Gefühle hinuntersinken können ...

... als wäre das Bewusstsein dasjenige ... das gereinigt wurde ... ... und so wird das Empfinden feiner ... ... werden auch die kleinen Dinge wieder gesehen ...

... und auch die Geräusche werden frei ... vom Rauschen und Zerren des Windes ...

... die kleinen Töne sind wieder zu hören ... und bei genauem Hinhören ... ... entfaltet sich eine ruhige Grundmelodie ... melodisch ... unter all den anderen Tönen ...

... gebildet durch das Zwitschern vieler verschiedener Vögel ... ... durch das Plätschern von Wasser ... ... durch das fast lautlose Geräusch sich reibender Grashalme ... während sie sich aufrichten ... ... durch die Sprache des Windes ... wenn er sich noch nicht gelegt oder entfernt hat ...

... und eine Wiese ... die zur Ruhe gekommen ist ... mag aussehen wie ein Teppich ... in den Farben gewebt wurden ... im Auge des Menschen ... ... und bei seinem Anblick bewirkt er Frieden im Menschen ... und Ruhe ... und Gelassenheit ... die auch tiefer gehen kann ...

... und so kannst du es zulassen ... dass deine Gefühle zur Ruhe kommen ... und eine gesunde Stimmung dich ausfüllt ... in der deine Kraft sich zu deinem Guten entfaltet ... ... so dass in dir strömen kann ... was strömen sollte ...

... Energiereserven sich auffüllen ... und sich eine warme Harmonie in deinem Körper sammelt ... und ihn in eine gute Verbindung bringt ... mit deiner Seele ... und deinem Geist ...

... und du lässt die Dinge sich jetzt abrunden ... kannst auf unbewusste Weise zulassen ... dass es sich zu deinem Guten richtet ... in dir ...

... um dann allmählich wieder wach zu werden ... so schnell oder langsam ... wie es gut ist für dich ... jetzt ...

Vergängliche Straßen

Die Gedanken werden mit grauen Straßen verglichen, die durch eine Landschaft führen. Die Blumen bilden dort die Gefühle. Die Straßen sind zwar im Moment deutlich, aber letztlich doch vergänglich. Die farbigen Blüten dagegen entstehen immer weiter, auch wenn die Straßen längst vergangen sind.

... und du kannst dich sinken lassen ... angenehm schwer ... und wohlig warm ... während draußen immer irgendwo Vögel zwitschern ... sie aber nicht immer laut zu hören sind ... kannst du nach einem langen Tag ... an dem viel Anstrengendes war ... deinen Muskeln erlauben ... ihre Spannung loszulassen ... kannst auch deinem Ärger erlauben ... seine Anstrengung aufzugeben ... und loszulassen ... was auch immer seine Aufgabe war ... und so den Körper sinken lassen ... und dich ausruhen ...

... und den Ärger sinken lassen ... und die Sorgen sinken lassen ... so dass auch die Seele sich ausruhen kann ... sich vielleicht unsichtbar neben ihren Körper legt ... oder sich an einem schönen Platz im Körper ausruht ... irgendwo, wo sie sich geborgen fühlt ... und zur Ruhe kommt ...

... und in solchen Momenten ... ziehen viele Gedanken in den Kopf ... auch viele Gefühle und Empfindungen ... und durch ihn hindurch ... so sagt man jedenfalls ... denn noch niemand hat einen Gedanken aus einem Kopf kommen sehen ... oder ein Gefühl aus dem Bauch ... so dass sie wohl alle drin bleiben ... oder aber für das normale Sehen unsichtbar sind ...

… und wie dem auch sei … jedenfalls werden alle Gedanken von Gefühlen begleitet …

… und es ist meist gar nicht so leicht … das eine vom anderen zu unterscheiden …

… und wenn man es wollte … könnte man so nebenbei … während Ruhe sich in den Muskeln ausbreitet … und den Körper tiefer sinken lässt … … … die Gedanken grau einfärben … und die Gefühle farbig … mit oder ohne Pinsel …

… vielleicht wie eine Landschaft … in der die Gedanken graue Straßen bilden … … … zwischen denen Wiesen wachsen … mit vielen farbigen Blumen und Gräsern … und die Blumen können die Gefühle sein …

… und so kannst du die Ruhe jetzt genießen … auf deine Art … und dich in den Moment hineinsinken lassen … angenehm schwer und wohlig warm … auf deine Weise … so, wie es gut für dich ist …

… und deine Fantasie nach oben steigen lassen … wie einen warmen Lufthauch … spielerisch und leicht … von der Sonne gewärmt … so dass du unter dir ein Netz von grauen Straßen sehen kannst … und dazwischen viele Farben … … … und aus der Ruhe des richtigen Abstands kannst du erkennen … dass die grauen Straßen sehr klein sind … im Vergleich zu den Farben der Gefühle … … … und wenn du dich weiter nach oben steigen lässt … werden die grauen Straßen sogar irgendwann verschwinden … für das normale Sehen … … … tiefe Ruhe breitet sich aus … und die Farben ergeben ein schönes Bild … an manchen Stellen kräftig gefärbt … an anderen Stellen eher blass …

… und so wird dem … der sich dafür interessiert … deutlich werden … dass die Straßen … auf denen scheinbar alles Wichtige passiert … ganz nebensächlich sind … … … und vergänglich … … … kaum entstanden … schon wieder zerfallend …

… während die Farben sich immer wieder neu anordnen … zu schönen Bildern … zu lebendigen Gestalten … zeitlos … … … und so kannst du die Ruhe des Augenblicks genießen … und es zulassen … dass die Farben sich immer wieder neu ordnen ... so, wie es gut ist für dich ... sich jeweils ändernd ... ohne dass die Straßen wirklich eine Rolle spielen ...

... und die gute Anordnung der Farben ... verbindet deinen Körper mit deiner Seele ... auf eine gute und fruchtbare Weise ... und mit allem anderen ... auf eine gute Art ... so dass du dich wohlfühlst ... mit dir selbst ... irgendwie ...

... und so kannst du dich nun wieder sammeln ... in deiner eigenen Geschwindigkeit ... und dich hierher zurück orientieren ... so schnell oder langsam ... wie es jetzt gut ist für dich ...

Wasserbecken

Die Stimmung wird verglichen mit der Haut. Die Haut umgibt den Körper und schützt ihn. Die Stimmung kann ebenso schützend wirken, wenn sie gepflegt wird.
Die Vorstellung, in ein Wasserbecken einzutauchen, das heilende Stoffe enthält, spricht die eigenen Heilkräfte an – und dient als Brücke zu der Vorstellung, dass die Stimmung ebenso genährt und geheilt werden kann.

Ähnlich mag es sein, die Stimmung durch die natürlichen Geräusche in einem Garten »einzustimmen« auf die gesunden Prozesse der Natur.

... und weil es guttut ... einfach nur hier liegen zu können ... kannst du deine Spannungen loslassen ... und dich gleich jetzt hinuntersinken lassen ... mit dem Ausatmen tiefer ... dorthin, wo es dir gut geht ... mit dem Ausatmen tiefer sinken lassen ... während dein Unbewusstes auf dich aufpasst ...

... und vielleicht magst du dir vorstellen ... wie es sich anfühlt ... deiner Haut etwas Gutes zu tun ... ... und so wie deine Haut deinen Körper bedeckt ... und schützt vor dem, was außen ist ... so könnte man auch die Stimmung als eine Art Haut sehen ... die sich verändert ... die gute Bedingungen braucht ... um dich zu schützen vor dem, was dir begegnet ...

... und in der Natur ... gibt es an manchen Orten Becken voller Wasser ... wie kleine Seen ... nahe nebeneinander ... und das Wasser kommt von innen aus der Erde ... wurde dort gewärmt ... und mit Stoffen angereichert ... die gut sind für die Haut ...

... und weil du jetzt sowieso schon hier liegst ... und dein Unbewusstes für dich sorgt ... kannst du mit deiner Vorstellung hineintauchen ... in ein solches Becken ... das angenehm warme Wasser ist voller Heilkraft ... die tief aus der Erde kommt ...

... und es umspült deine Haut ... gibt ihr, was sie braucht ... es ist klar ... und warm ... das Becken ist eher flach ... so dass du gut stehen kannst ... wenn du magst ... oder auch auf einem Stuhl aus Stein sitzen ... mit dem Kopf über dem Wasser ... und wenn du dich lieber auf das Wasser legst ... dann kannst du loslassen ... denn das Wasser trägt dich ... irgendwie ... du kannst dich sogar drehen darin ... damit spielen ... dass das Wasser einen großen Teil deines Gewichtes trägt ... langsam den Körper drehen ... ... kannst auch einmal untertauchen ... wenn du magst ... für einen Moment ... oder dich einfach hineinsetzen ... und die sanfte Bewegung des Wassers an deiner Haut genießen ... ... kannst die Bäume und Büsche an den Ufern betrachten ... Vögel, die sich von der Luft tragen lassen ... sich Dinge zurufen ... Schmetterlinge, die auf der Luft segeln ... Eidechsen, die sich auf Steinen wärmen ... der blaue Himmel über dir ... während deine Haut wie nebenbei geheilt wird ... genährt wird ... gefestigt wird ... jetzt ...

... und da sind weitere Becken ... und das Wasser ist in jedem Becken etwas anders ... mal kühler ... mal wärmer ... mal prickelnd ... mal weich ... mal gibt es deiner Haut etwas, das sie braucht ... mal entzieht es ihr etwas, das dort nicht hingehört ... und du kannst so von einem Becken ins andere tauchen ... mit viel Zeit ... ... oder gehen ... oder sitzen ... manche Becken haben farbiges Wasser ... sind wie Milch weiß ... rötlich ... oder türkis ... je nachdem, welche Stoffe überwiegend in ihm gelöst sind ...

... und so wie das Wasser deine Haut umspült ... und ihr guttut ... kann deine Seele sich fühlen ... wenn du dich in einen Garten legst ... der nur seine eigenen Geräusche hat ... und seine Stimmungen ... auf den deine Seele sich einstimmen mag ... so dass sie gereinigt wird ... durch die Natur ... und sich einstimmen kann ... so, wie es dir guttut ...

... und vielleicht ist jemand bei dir ... den du magst ... mit dem du einfach schweigen kannst ... und genießen, dass es dir guttut ... ... während das Wasser deine Haut streichelt ... und die Natur deine

Stimmung sanft ausgleicht ... reinigt und festigt ... so dass sie in ihrer eigenen Schwingung pulsieren kann ... ... und so kannst du dir aussuchen ... welches Becken ... und welcher Teil des Gartens ... dir besonders guttut ... mit seinem Wasser ... mit seiner natürlichen Zusammensetzung ... ... und du kannst dich von deinem Gefühl leiten lassen dabei ... ... dir vertrauen ... und deiner Haut zulächeln ... und deinen Stimmungen Raum geben ... damit sie sich entfalten können ... und zu einer kraftvollen, flexiblen Harmonie finden ...

... um zum Abschluss noch einmal in ein erfrischendes klares Wasser zu steigen ... kurz untertauchen ... in das Wasser, das dich reinigt ... und die Haut stabilisiert ... und die Stimmungen ausgleicht ... ... bis tief hinein in dein Inneres ... so dass es dich gut vorbereitet für deine Aufgaben ... so dass du dich wohlfühlst ...

... und kommst nun in deiner eigenen Geschwindigkeit hierher zurück ... wirst dabei mit jedem Einatmen frischer und klarer ...

Spiegelsee

Wenn man zur Ruhe kommt, breiten sich die guten Gefühle im Körper aus, die weniger guten sinken aus dem Körper heraus. Diese Vorstellung fördert die Wirkung guter Gefühle im Hörer.

Bildhaft kann man es sich als See vorstellen, in dem die schweren Teile stets nach unten sinken, so dass er klar wird. Durch die Klarheit kann man das Wesen der Dinge im See erkennen – der ja eine Metapher für das eigene Selbst ist.

Und ein Mensch (ein Verstand), der am See schläft (der das Wissen jenseits seines bewussten Verständnisses zulässt), wird klarer und ruhiger, indem er Antworten auf Fragen erhält, die er (der Verstand) sich vielleicht noch gar nicht gestellt hat.

... und immer wenn der Rücken auf einer weichen Unterlage liegt ... und die Wärme vom Rücken in die Unterlage geht ... und von dort wieder zurück in den Rücken ... wo sie jeden einzelnen Wirbel umspült ... die wohlige Wärme ... ... können die Muskeln im Rücken loslassen ... all die Spannung abgeben ... die sich den Tag über bis jetzt angesammelt hat ... die Spannung in die Wärme der Unterlage hineinsinken lassen ... jetzt ... ... und sie sinkt tiefer ... die Spannung des Tages ... mit dem Ausatmen tiefer ... in die wohlige Wärme ... eine Spannung nach der anderen löst sich aus dir ... sinkt aus dir heraus ... legt sich über die anderen ... wird so schwerer ... und sinkt tiefer ... und es ist gut so ... irgendwie ... auch für die Spannungen ...

... und mit den Spannungen sinken auch die Gefühle des Tages hinunter ... die guten finden Eingang in die Zellen des Körpers ... und in die Bestandteile der Seele ... die weniger guten sinken in die Unterlage ... und von dort tiefer ... von dir weg ...

... wie bei einem See ... der zur Ruhe kommt ... sobald der Wind sich legt ... werden die Wellen ruhiger ... allmählich ... flacher ... bis schließlich irgendwann der See ganz glatt ist ... ... wie ein völlig klarer Spiegel ... den die Stille des Windes geöffnet hat ... für einen klaren Blick der Sterne ... in die Seele der Erde hinein ... ... während unter der Oberfläche die aufgewirbelten Teile nach unten sinken ... ... auf dem Grund zur Ruhe kommen ... ... auch wenn immer mal wieder Wellen entstehen können ... durch ein Geräusch ... einen Windhauch ... einen Fisch ... der aus dem Wasser schaut ... immer wieder kehrt Ruhe ein ... zuverlässig ... geduldig ...

... und der Spiegel klärt sich jedes mal neu ... und die Sterne schauen hinein ... denn in seiner Tiefe liegt das Wissen ... über das Wesen der Schauenden ... auch der Sterne ... die sich im Spiegel erkennen ... ... des Mondes ... der seine Gestalt findet ... immer wieder neu ... ... und am Morgen ... nachdem die Nebel sich verzogen haben ... wie ein feiner Vorhang öffnet sich der See ... für die Sonne öffnet sich sein Spiegel ... er wird rötlich zuerst ... dann gelbgold ... und schließlich weiß ...

... und sie wärmt ihn in ihrem Schauen ... wärmt ihn tief hinein ... und verändert ihn durch ihr Schauen ... auf eine gute Weise ...

... und es ist ihr wichtig ... die Ruhe des Sees nutzen zu können ... wo sonst könnte sie sich sehen ... wie sie ist ... in ihrer gleißenden Helligkeit ... die kein Auge zu sehen bekommt ... da jedes Auge ihren direkten Blick fürchtet ... ... und doch gern ihre Wärme annimmt ... die der See ihr zurückgibt ... und so versteht auch sie sich im Widerschein ... als etwas anderes, als sie sich fühlt ... und wird so zu einem anderen Ganzen im Verständnis des Spiegels ... vielleicht dem wahren

Ganzen ... vielleicht deshalb wärmt sie dankbar den See ... erleuchtet seine Tiefen in ihrer hellen Wärme ...

... und der Spiegel begleitet sie ein Stück ihres Weges ... mit seiner annehmenden Ruhe ... die nicht wertet ... und seiner wissenden Tiefe ... ... und auch die Wolken schauen hinein ... tanzen manchmal über ihm ... miteinander ... oder alleine ... um sich in ihrer Leichtigkeit von allen Seiten sehen zu können ... ... lassen Tropfen hineinfallen ... und beobachten die Wirkung ... die Verwirrung ... und anschließende Klärung ... und gleichgültig ... wie viele Tropfen sie hineinfallen lassen ... am Ende wird der See immer wieder klar und zum Spiegel ... und je mehr Tropfen sie hineinfallen lassen ... desto weniger werden sie geworden sein ... wenn der Spiegel wieder klar geworden ist ... ... und am Rand stehen Bäume und Blumen und Gräser ... und auch sie sehen sich und die Veränderung der Zeit in der tiefen Ruhe ...

... und wer so einige tausend Jahre hineingeschaut hat ... ... immer dann, wenn der See glatt und ruhig war ... und manchmal ist er Tage und Wochen verhangen durch Nebel ... Regen ... Schnee oder Eis ... ... der kann hören ... denn da sind Stimmen im See ... ganz eigenartige Stimmen ... auf uns fremd wirkend ... könnten wir sie hören ... eigentlich sind sie gar keine richtigen Stimmen ... eher ganz fein abgestufte Stimmungen ... die über das Wasser ziehen ... und sich ganz verschieden bemerkbar machen können ... und in ihrer Dichte und Farbe sogar Worte entstehen lassen können ... ... und es ist die Unterhaltung all jener Lebewesen ... die lang genug leben ... und es verstehen ... still zu sein ... und zu lauschen ... die dort zu hören ist am See ... die Bäume sprechen mit den Sternen ... die Sonne spricht mit ihnen ...

... und ein Mensch, der dort schläft ... an einem Tag ... in einer Nacht, in der er klar ist ... der See ... der kann es auch hören ... und weiß es nicht bewusst ... und ist doch am nächsten Tag ruhiger und klarer in sich ... trägt das tiefe Wissen dieses Spiegels in seiner Seele ... ... und wenn er sich ihm zuwendet ... in seinem Selbst ... bekommt er Antworten ... auf Fragen ... die er sich bewusst vielleicht noch gar nicht gestellt hat ...

... und deshalb kannst du es mehr oder weniger einfach nur genießen ... hier zu liegen ... angenehm schwer ... oder leicht ... und wohlig warm ... um einen der Wege zu diesem Spiegel in deinem Inneren mitzubringen ... und in geeigneten Momenten hineinzuschauen ... und zuzuhören ...

... während du dich jetzt hierher zurück integrierst ... in deiner eigenen Geschwindigkeit ... um dich wohlzufühlen mit dir selbst ... für den Rest des Tages ... und darüber hinaus ...

Verständigung

Wir leben mit anderen Menschen und Lebewesen in dieser Welt. Indem wir uns verständigen, erweitern – oder festigen – wir unseren Horizont, unsere Sicht der Welt.

Die Geschichten dieses Kapitels sollen bei beidem helfen. Dort erweitern, wo Toleranz und Entwicklung gut sind, und festigen, wo Unsicherheit die Entwicklung stört.

Atem im Wind

Der Wind ist voll des Atems aller Menschen und anderer atmender Lebewesen. Wie mag es sein, wenn der Atem – und damit der Wind – Gefühle und Wissen transportiert? Dann wäre der Atem, den uns der Wind bringt und den wir wieder einatmen, eine Quelle des Wissens über all das, was je gedacht und gefühlt wurde. Alleine das Zulassen der Vorstellung öffnet den Hörer für Möglichkeiten, die es gibt, für die er bisher vielleicht noch nicht offen war.

... und während du dich hier sinken lässt ... deine unnötigen Spannungen abgibst ... wobei es nicht wirklich wichtig ist ... in welcher Reihenfolge die Spannungen dich verlassen ... ... kannst du deine Schwere angenehm spüren ... und dich mit dem Ausatmen tiefer sinken lassen ... ... und Wohlgefühl entstehen lassen ...

... während du dich erinnern kannst ... vielleicht auch mit deiner Haut ... wie ein leichter Wind sich anfühlt ... der über das Meer herankommt ... über den Strand streicht ... und auf dem Weg zu dir über die Länder zieht ... durch die Wälder streicht ... die Blätter bewegt ... mit ihnen spielt ... Melodien komponiert ... und irgendwann bei dir ankommt ... ... über deine Haut streicht ... sie angenehm kühlt ... oder wärmt ... und den salzigen Geschmack des Meeres mitbringt ... und den Geruch des Waldes ...

einen Teil des Windes atmest du ein ... die Erfahrungen werden ein Teil von dir ... im Erleben ... in den Gefühlen ...

... denn mit all diesen Eindrücken ... die der Wind unterwegs gesammelt hat ... kommen auch Gefühle ... wie Bilder ... oder Melodien ... ziehen sie durch dich hindurch ... ... vermitteln Eindrücke von all dem, was der Wind berührt hat ... ... und er bleibt ein Weilchen bei dir ... lässt dich fühlen ... was es so gibt in der Welt ... und erfährt von dir ... und deinen Gefühlen ... indem du deinen Atem loslässt ... deine Gefühle an den Wind weitergibst ... mit dem Ausatmen ...

... und nachdem er bei dir war ... zieht er weiter ... weg von den Häusern ... wieder in einen Wald ... nimmt dankend mit, was du ihm gegeben hast ... ... kommt irgendwann wieder an einen Strand ... er trägt deinen Atem in sich ... als Teil von sich selbst ... streicht um die Rinden der Bäume ... durch die Blätter ... und Nadeln der Äste und Zweige ... ein Flüstern entsteht ... im Austausch von Wind und Baum ...

... der Wind erzählt dem Wald ... und seinen Tieren vom Meer ... und von seinen Bewohnern ... ... und lässt auch sie fühlen ... wie du dich fühlst ... ... erzählt von Inseln sehr weit draußen im Meer ... und deren Bewohnern ... die sich ihr eigenes Erleben bewahren konnten ...

... und die Bäume mit ihren Blättern ... und die Tiere hören zu ... und stellen sich vor ... wie sich das anfühlen mag ... und wie es wohl aussieht ...

... und sie geben dem Wind ihren Atem mit ... so dass er von ihnen erzählen kann ... überall, wo er hinkommt ... so dass sich das Bewusstsein ausbreiten kann ... für diejenigen ... die sich darauf einstellen ... sich einzufühlen ... ... und so verbreitet sich das Wissen ... über das Wesen allen Lebens ... durch ihren Atem ... der sich im Wind vereinigt ... und das sich über ihn mitteilt ... ... der über das Meer kommt ... oder aus dem Wald ... und deinen Körper berührt ... und ihm erzählt ... was du in der Stille verstehst ... ... und für dich nutzen kannst ... während du einfach nur hier liegst ... und es geschehen lässt ... dass es dir gut geht ... mit allem was du bist ... und mit allem was wichtig ist für dich ... ... so kannst du dich mit dem Ausatmen jetzt noch einmal ruhig sinken lassen ... angenehm schwer ... und wohlig warm ...

... und mit dem Einatmen Frische aufnehmen ... ... so dass du zunehmend wacher und frischer wirst ... um den Rest des Tages ausgeruht und wach zu genießen ...

Der kleine Wind des Atems

Diese Geschichte ist eine Variante der vorherigen und vertieft die dort gegebenen Anregungen – oder bringt sie jemandem näher, als die vorherige es vielleicht kann.

... während du hier liegst ... kannst du deine Aufmerksamkeit auf deinen Körper lenken ... begleitet von Geräuschen und Gedanken ... kannst du dich sinken lassen ... mit dem Ausatmen sinken lassen ... angenehm schwer ... und wohlig warm ... ... und deinen Atem strömen lassen ... er bringt Frische in deinen Körper ... während die Lunge sich mit dem Einatmen öffnet ... und den Atem annimmt ... und weitergibt an den Körper ... ... und der Atem wird Teil von dir ... er strömt wieder aus ... gibt dabei Verbrauchtes ab ... nimmt Spannung mit ... und lässt sie in die Erde sinken ... ... und nachdem er die Spannung losgelassen hat ... ist er leichter geworden ... und freier bewegt er sich weiter ... findet den Weg nach draußen ...

... dort streicht er über die Fenster ... und die Hauswände ... während du einfach hier liegen kannst ... angenehm schwer ... und wohlig warm ... ... freut sich dein Atem ... der nun wieder Wind geworden ist ... über seine Freiheit ...

... er trägt noch Wärme in sich ... die du ihm mitgegeben hast ... und das Gefühl der Erleichterung ... das immer beim Ausatmen gefühlt werden kann ...

... und er trägt noch andere Gefühle mit sich ... die er in dir aufgenommen hat ... bei dir ... und auch schon vorher auf seinem langen Weg ... und teilt sie den Bäumen mit ... denen er begegnet ... den Sträuchern ... durch die er hindurchstreicht ...

... vielleicht nimmt ein Rosenstrauch ein solches Gefühl der Ruhe ... oder einen Traum von dir ... in seine vielen Arme auf ... zwischen die Blüten ... verwandelt es in Farbe ... und das Auge kann es in Vielem sehen ... in der Schönheit der Blüte im Frühjahr ... dein Gefühl ...

… … und der kleine Wind deines Atems … wandert weiter … nimmt Sauerstoff auf … von den Flüssen … von den Pflanzen … teilt mit den Bäumen und den Fischen … was du gefühlt hast … und vielleicht bestehen die Farben der Blüten aus den Gefühlen der Menschen … die der Atem in der Natur verteilt … wer weiß das schon …

… irgendwo auf seinem Weg wird der kleine Wind des Atems wieder eingeatmet … teilt auch dort Gefühle mit … und nimmt neue auf … und Träume … spielt nebenher mit Geräuschen … und sammelt Weisheit in sich … der kleine Wind des Atems … während du einfach nur hier liegst … angenehm schwer … und wohlig warm …

… und irgendwann kommt er wieder zu dir zurück … du atmest ihn ein … du erkennst ihn vielleicht wieder … auf einer deiner unbewussten Ebenen … und er erzählt dir in geeigneten Momenten all das … was er gesehen hat … und gefühlt hat … auf seinem Weg in der Welt …

… und für einen kurzen Augenblick magst du aufhören … mit dem, was du getan hast … und hast auch bewusst das intensive Gefühl … ein Teil der Natur zu sein … fühlst dich vielleicht irritiert im Verstand … aber glücklich und hell und befreit in deinem Inneren …

… und magst den Eindruck … selbst die Natur zu sein … gleichermaßen ein Baum … wie ein Fels … oder ein Vogel … … … und so kannst du geschehen lassen … was ohnehin geschieht … lässt mit dem Ausatmen Spannung los dabei … nimmst mit dem Einatmen Frische auf … … … lässt dich zufrieden sinken … in den Moment … bist für einen Moment einmal völlig zufrieden mit dir … mit dem, was du bisher geleistet hast … und was du bist … … … und jeder Atemzug verbindet dich mit allem, was ist … mit allem, was war … und mit allem, was je sein wird …

… einfach nur hier liegen … angenehm schwer und wohlig warm … … … um dich jetzt allmählich wieder zu sammeln … und in deiner eigenen Geschwindigkeit hierher zurückkehren …

Spiegel

Spiegel haben etwas Geheimnisvolles. Sie können dem Schauenden das Gefühl geben, sie seien Fenster, hinter denen etwas Unsichtbares liegt.

Sie fördern die Fantasie. Vielleicht gibt es da etwas, das man nur sieht, wenn man durch sein Spiegelbild hindurchschaut.

... und du kannst dich jetzt wieder sinken lassen ... in eine angenehme Ruhe sinken lassen ... vielleicht gleich dorthin ... wo es in der letzten Entspannung wirklich gut und locker war ... oder in die Nähe ... denn zu genau wollen wir es nicht nehmen ... dabei die Spannung loslassen ... mit dem Ausatmen ... und hinuntersinken dürfen ... ... angenehm schwer und wohlig warm ...

... und wie es wohl wäre ... wenn es einen Spiegel gäbe ... durch den man in alle Räume schauen könnte ... in denen andere Spiegel hängen ... so als ob die Rückseite aller Spiegel eins wäre ... als ob es nur einen Spiegel gäbe ... mit vielen Vorderseiten ...

... und weil solche Gedankenspiele ... den Verstand vielleicht nicht wirklich interessieren ... könnte er sich jetzt damit beschäftigen ... wie viele verschiedene Räume es mit Spiegeln geben mag ... alleine in der nächstgrößeren Stadt ... oder aber er ruht sich einfach aus ... tut es deinem Körper gleich ... der sich sinken lässt ... die Pause genießt ... und sich gründlich erholt ... während du einfach nur hier liegst ... angenehm schwer und wohlig warm ...

... und wenn man hinter den Spiegel käme ... der so viele Vorderseiten hat ... könnte man in all die Räume hineinschauen ... in denen die Vorderseite des Spiegels hängt ... ... und wie viele verschiedene Möbel man darin sehen könnte ... und Menschen ... und Haarbürsten ...

... und es wären so viele Eindrücke ... dass man sie nur in großer Ruhe auch nur erahnen könnte ... während die Ruhe also auf eine leichte Art tiefer wird ... so dass deine Fantasie auf andere Ebenen gehen kann ... auf denen sich die Dinge neu zusammenfügen ... auf eine gute Art ...

... und die Gefühle, die man nicht haben möchte ... und die nicht gut sind für den Körper ... könnten dem Spiegel gegeben werden ... würden hinter ihm gereinigt ... und können sich von dort als Freude wieder ausbreiten ... in andere Räume ... in andere Städte ... ... können Menschen finden ... die sie gerne aufnehmen ... die sich freuen

... wenn sie sich selbst erblicken ... so wie sie sind ... und sich warm gestreichelt fühlen ...

... und weil das Gefühl mit dem Menschen verbunden ist ... könntest du auf diesem Weg durch den Spiegel Orte aufsuchen ... wo deine Gefühle gereinigt werden ... so dass es dir wirklich gut geht ... ... du könntest dich mit anderen treffen ... mit anderen Gefühlen ... die den Menschen ein Stück weit enthalten ... es wäre eine Versammlung einer bunten Gesellschaft ... und ihr würdet euch austauschen ... euch gegenseitig unterstützen ...

... um dann auch wieder zu dir zurückzukommen ... erholt ... geklärt ... mit neuer Kraft ... mit Ideen ... wie du deine Träume verwirklichen oder verändern kannst ... zu deinem Guten ... ... und all das ... während du einfach nur hier liegst ... angenehm schwer und wohlig warm ... ... und die Erholung in deinen Körper und in deine Gefühle kommen lässt ...

... um dich allmählich wieder zu sammeln ... so schnell oder langsam, wie es gut ist für dich ... und erholt hierher zurückkommen ... mit jedem Atemzug frisch und klar werdend ...

Ausreichend tief

Falls wir in uns so etwas wie Tiefe haben, dann ist der »Aufenthalt« der (unbewussten) Aufmerksamkeit in verschiedenen Tiefen auf unterschiedliche Weise gut (also »richtig«) für uns. Weil die jeweils richtige Tiefe sich ständig woanders in uns befindet, und unser Verstand diese Örtlichkeiten nicht kennt, ist es besser, gar nicht erst zu versuchen, sie mit dem Verstand zu erfassen, sondern diese Aufgabe den unbewussten Anteilen in uns zu überlassen, die damit umgehen können. Damit wir ein Gefühl dafür entwickeln können – vielleicht auch bewusst –, welche Tiefe die jeweils richtige (in diesem Moment für uns gute) ist.

Auf die Gefühle der meisten Menschen kann Musik eine intensive Wirkung haben. Wir wissen nicht wirklich, warum das so ist. Jedenfalls nicht bewusst. Aber vielleicht gibt es tatsächlich so etwas wie einen »Urton«, der alles vereinigt, der alles ist. Ein verrückter Gedanke? Warum nicht? Alles, das nicht ins jeweilige Weltbild passt, ist schließlich mehr oder weniger ver-rückt. Und wenn man es als Fantasiegebilde interpretiert, dann passt es ja wieder.

... und ohne tiefer gehen zu müssen ... als es dir angenehm ist ... ... kannst du dich etwas tiefer gehenlassen ... nicht so tief, wie es sein könnte ... sondern so tief, wie es angenehm ist ... ... und das mag gleich eine andere Tiefe sein ... als eines der letzten Male ... denn die Dinge sind immer in Bewegung ... und so bist du frei ... die Tiefe so zu wechseln ... dass es dir immer gut geht dabei ... ... in einer guten Bewegung bleiben ... die auch minimal sein kann ... ... während du einfach nur hier liegst ... angenehm schwer ... und wohlig warm ... vom Atem locker bewegt wirst ...

... und in der richtigen Tiefe ... die nur dann richtig ist ... wenn sie gut ist für dich ... die das Bewusstsein noch nicht oder noch nicht sicher erkennen mag ... und das ist in Ordnung so ... denn die Dinge ändern sich ... ist eine leichte und helle Weite zu fühlen ... die rundum ausreichend tief ist ... damit du dich gut aufgehoben fühlst ... bei dir selbst ... ... weil dein Unbewusstes gleichzeitig für deine Erholung sorgt ... tief in all deine körperlichen und psychischen Prozesse hinein ...

... und von weisen Menschen wird gesagt ... und sie wissen es wahrscheinlich bewusster ... als die meisten Menschen ... denn sie richten ihre Aufmerksamkeit ausreichend tief auf diese Dinge ... und die noch nicht so weisen Menschen wissen es auch ... aber eben noch nicht so bewusst ... und erkennen es deshalb wieder ... durch ihr Gefühl ... ... dass es einen Ton gibt ... der durch die Welt und durch alle Dinge schwingt ... einen Ton, der sehr angenehm klingt ... und nicht nur von den Ohren wahrgenommen wird ... alles im Körper kann ihn hören ... auch die Zellen ... und die Flüssigkeiten ... ... und der Ton bringt alles in ein gutes Verhältnis ... wenn du dich auf ihn einstimmst ... unbewusst ... oder vielleicht sogar schon bewusst ...

... und der Ton verbindet die Gefühle mit dem Körper ... die Gefühle sind wie der Webfaden ... der alles zusammenhält ... und ihm Farbe gibt ... und die Dinge sich verändern lässt ...

... und ich weiß nicht ... wo du diesen Ton spüren kannst ... oder hören ... wo in dir du ausreichend tief hineinlauschen kannst ... mit dem Teil deines Fühlens ... der dafür geeignet ist ... ... und vielleicht sind es gar nicht die Ohren ... die diesen Ton in erster Linie hören ... und wenn du es ausprobieren möchtest ... gibst du nun deinem Unbewussten den Auftrag hineinzuhören ... und man sagt ... er ist gut im Bauch zu spüren ... oder zu hören ...

... und vielleicht sind es verschiedene Töne ... vielleicht ist es eine Melodie ... die sich anfühlt wie das Schweben einer leichten Feder ... über einer Sommerwiese ... ... getragen von warmer Luft ... über Blumen und Gräser hinwegtreibend ... ... oder wie der feste Stand eines alten Baumes ... in seiner Verbindung mit dem Wind ...

... und vielleicht sieht die Melodie aus ... wie ein in all seinen Farben in der Sonne schillernder Regenbogen ... während er mit den Wolken tanzt ... und sich mit den Blumen verwebt ... ... während die Tiere des Himmels hindurchtauchen ... ...

... und in der ausreichenden Tiefe kannst du es hören ... spüren ... oder auch sehen ... in deinem Bauch ... irgendwie ... in deinem Kopf ... oder sonstwo in dir ... ... und wenn du dich dann auch noch darauf einlassen möchtest ... ausreichend tief ... dann werden die Schwingungen stärker ... gleichmäßiger ... harmonischer ... sie bilden ein sehr angenehmes Gefühl ... mit allem verbunden zu sein ... ... und schaffen eine gute Ordnung in dir ... jetzt auf jeder Ebene deines Seins ... ... und vielleicht erfährt auch dein Bewusstsein etwas davon ... lass dich tragen ... von deiner eigenen Weisheit ... ... falls du magst ... kannst du hineintauchen ... ganz, wie es dir guttut ...

... und kehre dann in deiner eigenen Geschwindigkeit wach und ausgeruht hierher zurück ...

Sonne im Wassertropfen

Der Bauch enthält innere Organe, die eine wesentliche Rolle nicht nur für unsere körperliche Integrität spielen. Das psychische Befinden wird von dem, was in unserem Bauch geschieht, stark beeinflusst. Ein warmer Bauch wird assoziiert mit Wohlbefinden und innerer Ruhe.

Die Vorstellung, unser Bauch sei ein Gefäß wie ein See, dessen Inhalt von der Sonne erwärmt wird, nimmt Einfluss auf die Prozesse in uns, die aus uns heraus gut sind für uns – auf allen Ebenen.

Der Bauch nimmt nicht nur, er gibt der Sonne auch etwas von sich. Die Sonne wiederum schickt kleine Sonnen. Eine Art des Austauschs, der Verständigung.

... und weil dein Körper sein Gewicht gerne sinken lässt ... wenn er sich wohlfühlt ... und weil das etwas ist ... das Wärme fördert ... und einen gelassenen Umgang mit den Dingen ... ... kannst du dir vorstellen ... dass dein Bauch ein Gefäß ist ... oder ein kleiner runder See ... in den die Sonne scheint ... den sie aufwärmt ...

... und die Sonne schickt Wärme in den See ... und auch ihr Licht ... und das Licht verwandelt sich in farbige Strahlen ... sobald es hineintaucht ... ... und je tiefer es kommt ... desto mehr Farben treiben durch das Wasser ... durch den Bauch ... warme Farben ... ... und weil jede Farbe andere Gefühle in dir auslöst ... kannst du dich den Farben zuwenden ... genau denen, die angenehme Gefühle in dir stärken ...

... und der See nimmt Wärme und Licht von der Sonne ... und er selbst schickt ihr kleine Wassertropfen ... sehr klein und für das normale Sehen unsichtbar ... reisen sie von der Wasseroberfläche ... durch die Luft nach oben ... als Geschenk der Sonne entgegen ... ... und die Tropfen freuen sich über die eigene Leichtigkeit ... das Licht und die Wärme ...

... und irgendwo auf dem Weg nach oben ... irgendwo zwischen See und Sonne ... ... nehmen die Strahlen der Sonne die Tropfen auf ... und so reisen die Tropfen auf den Strahlen der Sonne ... durch die Luft nach oben ... der Sonne entgegen ... ... vorbei an ihren großen Verwandten ... den Wolken ... immer höher hinauf ... und es dauert seine Zeit ... und immer wenn sie oben ankommen ... nimmt die Sonne sie an ... sie versenkt eine winzige Sonne in jeden Tropfen ... und schickt ihn damit wieder zurück zum See ...

... und die Tropfen reisen wieder durch die Luft ... dieses Mal nach unten ... an den Strahlen der Sonne entlang ... sie glänzen und glitzern in der Luft ... und freuen sich über ihre Leichtigkeit ... und Freiheit ...

... und sobald sie im See ankommen ... sammeln sie sich in der Mitte des Wassers ... in der Mitte zwischen Boden und Oberfläche ... und fröhlich erzählen sie über ihre Reise ... ... und werden dort ... in der Mitte des Sees ... zu einer kleinen, hellen Sonne ... die wie eine winzige Spiegelung der Sonne am Himmel wirkt ... für einen äußeren Beobachter ...

und wenn du ins Wasser schaust ... und die Sonne siehst im Wasser ... was nicht so einfach ist ... denn man braucht schon etwas Ruhe ... um sich darauf einlassen zu können ... es hilft ... das Gefühl der eigenen Sonne im Bauch zu kennen ... so nimmst du die Sonne durch die Augen auf ... und sie bringt Licht in dein Denken ... und vielleicht auch helle Leichtigkeit in dein Fühlen ... ... und wenn du vom Wasser des Sees trinkst ... dann kommt die Sonne in deinen Bauch ... und bringt Wärme und Licht in deine Gefühle ... und all die Farben des Sonnenlichts breiten sich in deinem Buch aus ... sie sorgen für einen gesunden Ausgleich in dir ...

... die Farben trennen sich ... fügen sich neu zusammen im Körper ... so, wie es gut ist für dich ... neutralisieren die Gefühle ... die zu mächtig sind in dir ... und verstärken diejenigen ... die dir guttun ... ... da mag ein besonderes Blau deine Gedanken klären ... ihnen Weite verschaffen ... als ob du gemütlich irgendwo liegst ... und in den blauen Himmel schaust ... und ein warmes Gelb nährt deine Seele ... so dass sie hell wird ... und leicht ... und freudig ...

... und all die anderen Farben erfüllen ihre Aufgaben ... in deinem Körper ... und in deinem Fühlen ... und du kannst sie lenken durch deine Wünsche ...

... und dann ... zwischendurch ... fügen sie sich immer wieder zusammen ... zu einer warmen Sonne in deinem Bauch ... so dass du es genießen kannst ... dich zu fühlen ... warm und mit einer leichten und intensiven Freude in allem, was du bist ...

... und so bringst du das gute Gefühl mit ... das aus dir selbst entsteht ... weil es an einem guten Platz in dir wohnt ... während du dich sammelst ... ... und in deiner eigenen Geschwindigkeit hierher zurückkommst ... so schnell oder langsam, wie es gut ist für dich ... jetzt ...

Wellen des Meeres und des Atems

Dort, wo das Meer auf den Sand an seinen Ufern trifft, formt es die Ufer. Das geschieht, seit es das Meer und seine Ufer gibt. Es wird wohl auch immer so weitergehen.

Ähnlich ist es in uns: Wir verändern uns ständig im Lauf des Lebens. Wir nehmen Nahrung auf, durch die unser Körper sich verändert. Wir nehmen Eindrücke auf, durch die unser Denken und Fühlen sich ändert. Wir begegnen Menschen und Tieren, wir lassen die Sonne auf unsere Haut scheinen, lassen den Wind uns streicheln, nehmen Geräusche auf … Alles verändert uns. Und sich. Und dann ist es wieder anders und verändert uns anders als vorher.

… und obwohl ich nicht weiß … wie genau das aussieht … kannst du dich auf deine Art sinken lassen … in die weiche Unterlage … und in den Moment hinein … … … und weil das Sinken in die Ruhe unbewusst geschieht … weiß dein Bewusstsein nicht … wie das genau vor sich geht … und es mag sich wundern darüber … dass die Ruhe sich auch dann ausbreitet … wenn es nicht versteht … wie es sie kommen lassen kann …

… und das hat etwas tief Beruhigendes …

… so wie eine Welle an den Strand rollt … ohne Wissen des Sandes … wie es dazu kommt … und das Wasser bringt den Sand zum Glänzen … kühlt ihn … und sinkt dann zwischen die Sandkörner und Steine tief hinunter … unter dem Sand läuft das Wasser zurück … in das Meer … etwas Salz lagert sich ab … während eine nächste Welle heranrollt … und den Sand ein Stück wegschiebt … und mitnimmt … … … und der Sand lässt es geschehen … lässt sich bewegen … und formen … vielleicht genießt er es sogar …

… vielleicht kennst du das Gefühl … wenn du im warmen Sand liegst … dir dort ein weiches und warmes Bett geformt hast … mit deinem Gewicht dich sinken lässt … und das Wasser deine Füße umspült … und die Sonne deinen Körper wärmt … … … und der Sand sich formen lässt von dir … und es vielleicht sogar genießt … von dir berührt zu werden … … … während du einfach nur hier liegst … und es deinerseits genießen kannst … mit deinem Körper hier zu sein … und mit deinen Gedanken woanders sein dürfen …

… und so entsteht jedes Mal eine neue Ordnung … ganz natürlich … dort, wo Wasser und Sand sich begegnen … verändert sich der Verlauf des Strandes … und keine Welle ist wie die andere … deshalb kannst du es genießen … einfach nur hier zu liegen … dein Gewicht dem Sand übergeben … Spannungen loslassen … vielleicht das Rauschen hören …

und immer wenn dein Körper sich bewegt ... passt der Sand sich an ... sogar beim Atmen verschiebt die Bewegung des Atmens den Sand ... wie eine Welle kommt der Atem ... und geht wieder ...

... und man könnte sich vorstellen ... vielleicht ist es eigentlich der Atem ... der das Meer bewegt ... so dass er als ausgeatmeter Wind ... die Wellen über das Meer schiebt ... wer weiß das schon ... wie der Atem das Meer bewegt ... ... so dass die Atmung vieler Lebewesen auf dem Land ... den Wind erzeugt ... sich mit dem Atem der Fische vereinigt ... und so letztlich den Sand bewegt am Strand ... mit den Wellen des Meeres ...

... und wenn du dich ... da, wo du liegst ... einlässt auf die Bewegung des Meeres ... so kann sie sich mit dem Wasser in dir ... zu einer Bewegung verbinden ... die dir guttut ...

... auch wenn der Verstand es nicht so recht versteht ... wie mag es sich anfühlen ... eine Welle zu sein ... oder sie in sich zu spüren ... als eine Fortsetzung der Welle ... die über die Weite des Meeres kommt ... ... stille Harmonie und tiefe Ruhe zulassen ...

... sich in der angenehmen Schwere ... leicht fühlen dürfen ... und in der tiefen inneren Verbindung mit dem Wasser ... und dem Atem heil werden ... in allen Bestandteilen Heilung geschehen lassen ... und sich wohlfühlen damit ...

... und diese Verbindung unbewusst behalten dürfen ... ... während du dich jetzt wieder sammelst ... und hierher zurück orientierst ... so schnell oder langsam ... wie es gut ist für dich ... jetzt ...

Wach werden

Diese Geschichten dienen dazu, noch einmal für relativ kurze Zeit zu entspannen und danach gut wach zu werden.

Wir bewegen uns mit unterschiedlicher Wachheit durch den Alltag. Je nachdem, wie gut wir geschlafen, was wir geträumt haben, wie es uns körperlich und psychisch geht, sind wir mehr oder weniger mit »internen Abläufen« beschäftigt. Eine vorangegangene Trance, aber auch ein Mittagsschlaf kann dazu führen, dass wir uns nicht ganz wach und klar fühlen. Die folgenden Geschichten helfen, die Dinge in einer weiteren kurzen Entspannung für den Moment abzuschließen und wach zu werden.

Frische und Gelassenheit

... und du kannst noch einmal ... mit dem Ausatmen einigermaßen viel Spannung loslassen ... überall, wo es gut ist für dich ... jetzt ... Spannung loslassen ... und nach unten sinken lassen ... dem Erdmittelpunkt entgegen ... sinken lassen ... und leichter werden dabei ... ... so dass dein inneres Orchester sich einstimmt ... auf eine Melodie der Erholung ... mag das Spiel der einzelnen Instrumente anfangs noch ein wenig unruhig sein ... so wird es sich natürlich anpassen ... ruhig ... harmonisch ... angenehm ...

... und du nimmst mit jedem Einatmen Frische auf ... die sich im ganzen Körper verteilt ... die deine Stimmung angenehm hell werden lässt ... und leicht ... Frische einatmen ... die dich reinigt ...

... und du lässt mit dem Ausatmen Gelassenheit zu ... mit dem Ausatmen kann sich Gelassenheit in dir ausbreiten ... überall ... wohltuend ruhige Gelassenheit ... denn Gelassenheit darf ruhig sein ... um wirklich gut zu sein ...

... mit dem Einatmen Frische aufnehmen und mit dem Ausatmen Gelassenheit ... sich in dir ausbreiten lassen ... ... weil irgendwo auf der Welt ... irgend jemand einen schönen Sonnenuntergang genießt ...

... und dabei erholst du dich in dir gründlich ... es fügt sich zusammen, was nötig ist ... damit es dir gut geht ... in der Erholung ... ... mit dem Einatmen Frische in dich aufnehmen ... sie reinigt dich schon jetzt ... die Frische ... und später auch noch weiter.. und bringt Freude mit ... die sich in dir ausbreitet ...

... und mit einem guten Gefühl für dein inneres Orchester ... schließt du diese Dinge nun ab ... und kehrst frisch und wach hierher zurück ... um dich und das Leben anzunehmen und zu genießen ...

... und kannst immer mal wieder daran denken ... in kleinen Pausen des Alltags ... in Sekundenbruchteilen ... einfach so ... und wirst es dann zulassen ... ein gutes Zusammenspiel deines inneren Orchesters ...

... und jetzt wirst du mit dem Einatmen frischer werden ... und mit dem Ausatmen Gelassenheit zulassen ...

Die Erinnerungen der Haut
... und weil nur wenige Minuten bleiben ... lässt du dich vielleicht einfach nur ein Stück hängen ... ... so tief hinein hängen lassen ... in diesen Moment hinein ... wie du eben in diesem Moment hineinsinken kannst ... und dich wohlfühlst dabei ...

... und wenn man hineinsinken kann ... und das Gefühl kennt jeder ... wie würde es sich wohl anfühlen ... wenn man heraussinken würde ... je nachdem, wie schnell du dich sinken lässt ... und wie langsam du wieder ganz rauskommen möchtest ... aus der Ruhe ... ... und erst einmal die Muskeln hineinsinken lassen ... die Knochen sinken lassen ... die Gelenke sinken lassen ... und die Aufmerksamkeit sinken lassen ... in die angenehme Ruhe ...

... während deine Haut ... und alles, was darunter liegt, sich erinnern mag ... an die Wärme der Sonnenstrahlen, die sie schon oft gespürt hat ... ... und deren Wärme sie aufgenommen hat ... um sie sich ausbreiten zu lassen ... und sie deinen Körper spüren zu lassen ... und es tut gut ... bis tief hinein ... die Aufmerksamkeit in die Wärme der Sonne gleiten lassen ...

... und vielleicht erinnerst du dich auch bewusst ... wann war dein Rücken, waren deine Füße das letzte Mal von der Sonne gewärmt ... und auch wenn du dich nicht mehr genau erinnern kannst ... dein Rücken weiß es noch ... und auch deine Füße ... ... und so kannst du dich also hineinsinken lassen ... mit deiner Aufmerksamkeit ... und gute Kraft schöpfen daraus ... ... und sie dann auch mitbringen ... jetzt ... während du mit jedem Einatmen frischer und klarer wirst ... ... und in der Geschwindigkeit wieder wach wirst ... die dir guttut ...

Reorientierung
... und mit dem Ausatmen kannst du jetzt deine Spannung loslassen ... überall, wo es passt ... Spannung loslassen ... und sie nach unten sin-

ken lassen … in die Unterlage … von dort tiefer in den Boden … die Spannung sinken lassen … vielleicht bis zum Erdmittelpunkt … mit dem Ausatmen loslassen …

… mit dem Einatmen nimmst du Frische auf … die sich in deinem ganzen Körper verteilt … helle Frische … sie reinigt dich überall … und dabei erholst du dich … gründlich … jetzt … … … … unbewusst fügt sich dadurch zusammen … was nötig ist … damit es dir gut geht …

… so nimmst du jetzt Frische auf mit dem Einatmen … auch deine Haut atmet … und die Frische reinigt dich … helle Freude breitet sich in dir aus dadurch … jetzt … in jeder Zelle deines Körpers … während du einfach nur hier liegst … angenehm schwer … oder leicht … und wohlig warm … … … es mag sich anfühlen … wie das Zusammenspiel vieler verschiedener Klänge … zu einer schönen Melodie … des Körpers … und der Gefühle …

… und mit einem guten Gefühl für Dein inneres Orchester … schließt du diese Dinge nun ab … und kommst frisch und wach hierher zurück … um den Rest des Tages zu genießen … und dich in diesem Tag mit dir wohlzufühlen …

Literatur

Literatur, auf die im Buch Bezug genommen wurde:

Wilk, D. (1999): Innehalten und Verweilen. Geschichten, die Veränderungen ermöglichen. Bad Krozingen (Juni), 2009.

Wilk, D. (2004): Autogenes Training. Ruhe und Gelassenheit lernen. Bern (Huber), 3. Aufl.

Wilk, D. (2007): So einfach ist Autogenes Training (Buch und CD). Stuttgart (Trias).

Weitere Literatur, die für das Verständnis der Hypnotherapie hilfreich ist:

Grinder, J., R. Bandler u. S. Behrens (2007): Therapie in Trance. NLP und die Struktur hypnotischer Kommunikation. Stuttgart (Klett-Cotta).

Revenstorf, D. u. B. Peter (Hrsg.) (2009): Hypnose in der Psychotherapie, Psychosomatik und Medizin: Manual für die Praxis. Berlin (Springer), 2. Aufl.

Short, D. und C. Weinspach (2010): Hoffnung und Resilienz: Therapeutische Strategien von Milton H. Erickson. Heidelberg (Carl-Auer), 2. Aufl.

Weitere Veröffentlichungen des Autors zum Thema:

Wilk, Daniel (2002): Endlich Schmerzen wirksam lösen (CD). Stuttgart (Trias).

Wilk, Daniel (2005): Auf den Schultern des Windes schaukeln. Heidelberg (Carl-Auer), 5., unveränd. Aufl. 2013.

Wilk, Daniel (2006): Ein Käfer schaukelt auf einem Blatt. Heidelberg (Carl-Auer), 5., überarb. Aufl. 2014.

Wilk, Daniel (2009): Schlafgeschichten. Mit der Hypnotherapie besser schlafen (CD). Bad Krozingen (Juni).

Wilk, Daniel (2010): Auf sich aufpassen. Trancegeschichten als Weg zu den eigenen Heilkräften (CD). Bad Krozingen (Juni).

Wilk, Daniel (2013): Die Ruhe im Wasserglas. Entspannungs- und Trancegeschichten, die Seele und Körper harmonisieren. Heidelberg (Carl-Auer).

Über den Autor

Daniel Wilk, Diplom-Psychologe und Psychologischer Psychotherapeut; Hypnotherapeut (M.E.G.) und Gesprächspsychotherapeut (GWG) mit Weiterbildungen u. a. in Verhaltenstherapie und NLP. Psychotherapeutische Tätigkeit an der Schwarzwaldklinik Orthopädie; vermittelt seit über 30 Jahren autogenes Training und tiefere Entspannungen. Daneben gibt er Fortbildungen in autogenem Training und Hypnose, u. a. für die Deutsche Gesellschaft für Entspannungsverfahren (DG-E). Daniel Wilk ist Autor mehrerer Bücher, darunter *Ruhe wohnt im Augenblick – Vergangenes lassen und leichter weitergehen* (2019), *Auf den Schultern des Windes schaukeln* (7. Aufl. 2018), *Ein Käfer schaukelt auf einem Blatt Entspannungs- und Wohlfühlgeschichten für Kinder jeden Alters* (6. Aufl. 2018), *Innehalten und Verweilen – Geschichten, die Veränderungen ermöglichen* (2014), *Der Fisch, der vom Fliegen träumt – Trancegeschichten für einen anderen Blick auf die kleinen Dinge* (2015).

Kontakt: *www.das-fortbildungshaus.de*
www.daniel-wilk.de